The Blue Book on the Development of
Consumer Goods Industry in China(2013–2014)

2013–2014年中国消费品工业发展

蓝皮书

中国电子信息产业发展研究院 编 著

主 编／ 杨拴昌
副主编／ 闫逢柱

人民出版社

责任编辑：邵永忠

图书在版编目（CIP）数据

2013 ~ 2014 年中国消费品工业发展蓝皮书 / 中国电子信息产业发展研究院 编著；
杨拴昌 主编 . —— 北京：人民出版社,2014.6
ISBN 978-7-01-013327-0

Ⅰ . ① 2… Ⅱ . ①中…②杨… Ⅲ . ①消费品工业—工业发展
—白皮书—中国— 2013 ~ 2014 Ⅳ . ① F426.8

中国版本图书馆 CIP 数据核字（2014）第 048885 号

2013-2014年中国消费品工业发展蓝皮书
2013-2014NIAN ZHONGGUO XIAOFEIPIN GONGYE FAZHAN LANPISHU

中国电子信息产业发展研究院　编著
杨拴昌　主编

人 民 出 版 社 出版发行
（100706　北京市东城区隆福寺街 99 号）

北京艺辉印刷有限公司印刷　新华书店经销

2014 年 6 月第 1 版　2014 年 6 月第 1 次印刷
开本：787 毫米 ×1092 毫米　16 开　印张：16.5
字数：275 千字

ISBN 978-7-01-013327-0　定价：58.00 元

邮购地址　100706　北京市东城区隆福寺街 99 号
人民东方图书销售中心　电话（010）65250042　65289539

代　序

以改革创新精神奋力开创新型工业化发展新局面
——中国工业和信息化发展系列蓝皮书

近年来，在党中央、国务院的正确领导下，经过全行业的共同努力，我国工业和信息化保持持续健康发展。工业经济总体规模持续扩大，综合实力明显增强，产业结构调整取得新进展，企业创新能力不断提升，信息化和工业化融合深入推进。工业和信息化发展有力地带动了国内其他产业的创新发展，在促进国民经济增长、调整优化经济结构、扩大城乡就业以及改善人民生活质量等方面发挥了巨大作用，推动了我国工业化、信息化、城镇化、农业现代化进程。

当前，我国工业和信息化发展已经进入到新阶段，国内外环境正在发生广泛而深刻的变化，既有难得的机遇和有利条件，也面临着诸多可以预见和难以预见的困难、风险和挑战。去年底的中央经济工作会议和今年的全国"两会"，对今年经济工作作出了全面部署，强调要坚持稳中求进工作总基调，把改革创新贯穿于经济社会发展各个领域各个环节，切实提高经济发展质量和效益，促进经济持续健康发展、社会和谐稳定。工业和信息化系统要认真学习、深刻领会和全面贯彻落实党中央、国务院决策部署，紧紧围绕"稳中求进、改革创新"的核心要求，着力激发市场主体活力，着力强化创新驱动，着力推进两化深度融合，不断在转型升级、提质增效上迈出新步伐，努力保持工业和信息化持续健康发展，奋力开创新型工业化事业发展新局面。

一是要以深化改革激发市场活力。按照中央部署要求，以使市场在资源配置中起决定性作用和更好发挥政府作用为核心，处理好政府与市场的关系，积极推进重点领域和关键环节改革取得实质性进展，释放改革红利，激发市场主体活力。

当前的重点，是要加快深化行政审批制度改革，转变政府职能，创新管理方式，鼓励引导民间资本进一步进入电信、军工等领域，推动清理和废除对非公有制经济各种形式的不合理规定。同时，认真履行行业管理职责，积极主动作为，及时反映行业、企业情况和诉求，协调推进国有企业、财税、金融、资源性产品价格等领域改革，强化产业对外合作，推动制造业扩大对外开放。要注重加强组织领导，加强调查研究，加强督促检查，严格落实责任，细化完善方案和措施，确保工业和信息化领域改革开好局、起好步。

二是要以扩大内需增强发展内生动力。坚持把优化供给和培育需求结合起来，扩大消费需求，改善供给质量，优化投资结构，使工业发展建立在内需持续扩大的基础上。要着力提高工业产品供给水平，加强质量品牌建设，优化工业产品供给，满足居民对大宗耐用消费品及新兴消费领域产品的需求。要大力培育发展信息消费，支持 4G 加快发展，全面推进三网融合，鼓励移动互联网新技术新业务发展，加快移动智能终端、智能电视、北斗导航终端、智能语音软件研发应用和电子商务发展，抓好信息消费试点市和智慧城市试点。高度重视解决小微企业发展面临的困难和问题，狠抓政策完善和落实，切实减轻企业负担，进一步激发民间投资活力。同时，充分利用"两个市场、两种资源"，落实好各项政策，巩固和扩大国际市场份额，积极开拓海外市场

三是要以调整优化结构提升发展质量和效益。坚持进退并举、有保有压，加快调整产业结构，提升产业素质和竞争优势。改造提升传统产业方面，要加强企业技术改造，提高并严格执行能耗、环保和安全等行业准入标准，着力化解产能严重过剩矛盾，加快淘汰落后产能，推进企业兼并重组，强化工业节能减排，加快航空、卫星及应用、轨道交通、海洋工程、智能制造等领域重大技术装备研制和技术开发。发展壮大战略性新兴产业方面，要推动健全完善体制机制，着力突破关键核心技术，强化市场培育，在新一代移动通信、集成电路、物联网、大数据、先进制造、新材料等方面赶超先进，引领未来产业发展。同时，要大力促进制造业与服务业融合发展，开展制造业服务化试点示范，加快发展工业设计、现代物流、信息技术服务等面向工业的生产性服务业。

四是要以创新驱动提升产业核心竞争力。坚持把创新驱动作为新型工业化发展的原动力，紧紧抓住增强自主创新这个关键环节，协调推进科技体制改革，促

进科技与经济紧密结合，推动我国工业向全球价值链高端跃升。当前，要加快健全技术创新市场导向机制，强化企业创新主体地位，落实促进企业创新的财税政策，推动扩大研发费用加计扣除范围，研究实施设备加速折旧政策，改进财政补助方式，鼓励企业设立研发机构，推动建设企业主导的产业创新联盟。要依托国家科技重大专项、重大创新发展工程和应用示范工程，结合实施工业强基工程，加大技术攻关力度，力争在信息技术、智能制造、节能环保、节能与新能源汽车等领域，突破一批重大关键核心技术和共性技术，推进科技成果转化和产业化，加快新技术新产品新工艺研发应用，抢占产业发展制高点。

五是要以两化深度融合提升发展层次和水平。适应新科技革命和产业变革趋势和要求，积极营造良好环境，汇聚政策资源，激发企业行业内在动力，促进信息网络技术广泛深入应用。要尽快建立和推广企业两化融合管理体系标准，发布两化融合管理体系基本要求和实施指南，选择部分企业开展贯标试点。要促进信息技术与制造业融合创新，推进智能制造生产模式的集成应用，开发工业机器人等智能基础制造装备和成套装备，推进智能装备、工业软件在石化、机械加工等行业示范应用。要加强重点领域智能监测监管体系建设，提高重点高危行业安全生产水平、重点行业能源利用智能化水平。同时，要加快信息网络基础设施建设，全面落实"宽带中国"战略，大力发展信息技术产业，切实维护网络与信息安全，为两化融合提供有力支撑和保障。

推进工业和信息化转型升级、提质增效、科学发展，既是当前紧迫性的中心工作，也是长期性艰巨任务。工业和信息化系统要更加紧密地团结在以习近平同志为总书记的党中央周围，坚持走新型工业化道路，以改革创新精神，求真务实，开拓进取，狠抓落实，不断以良好成效在建设工业强国征程中迈出坚定步伐，为全面建成小康社会、实现中华民族伟大复兴中国梦做出新的更大贡献。

工业和信息化部部长 苗圩

2014 年 5 月 4 日

前　言

消费品工业是国民经济和社会发展的基础性、民生性、支柱性、战略性产业，涵盖了轻工、纺织、食品、医药等工业门类。改革开放30多年以来，我国消费品工业稳步、快速发展，规模持续壮大，结构不断变化，技术装备水平稳步提高，已经建立了较为完善的产业体系，国际化程度日趋加深，成为世界消费品制造和采购中心，对国内外消费需求的保障和引领作用进一步增强。

2013年是实施"十二五"规划的关键之年，面对人民币持续快速升值、流动性缺乏、劳动力和燃料成本快速上涨、大宗原材料价格高位运行、欧美经济复苏乏力等诸多不利因素，消费品工业坚持走中国特色新型工业化道路，把握好扩大内需这一战略基点和稳中求进的工作总基调，以转型升级为主攻方向，更加注重"十二五"规划的贯彻落实，更加注重自主品牌和诚信体系建设，更加注重淘汰落后产能、企业兼并重组、产业集聚和有序转移，更加注重行业准入管理、技术改造、两化深度融合、标准规范建设，攻坚克难，创新进取，巩固了消费品工业平稳回升态势。全年消费品工业增加值同比增长9.6%，与全国工业基本持平；利润总额同比增长15.1%，高于全国工业2.9个百分点，占全部工业的31.8%。消费品工业对整个工业平稳健康发展发挥了重要支撑作用。

进入2014年，我国消费品工业发展面临的形势依然严峻。从国内看，国民经济下行压力依然较大，消费品工业多年累积的结构性矛盾并没有得到根本性解决，不协调、不平衡、不可持续的问题仍将在较长时期内存在，流动性短缺之势短期内难以扭转，劳动力市场的逐年承压之势会进一步加剧。从国际看，欧美经济何时真正复苏仍是个变数，量化宽松政策退出时间表尚不明确，进口需求增长的内在动力明显不足，我国消费品工业的出口形势难言好转。

为全面把握过去一年我国消费品工业的发展态势，总结评述消费品工业领域一系列重大问题，中国电子信息产业发展研究院消费品工业研究所在去年积极探索实践的基础上，继续组织编撰了《2013—2014年中国消费品工业发展蓝皮书》。该书基于全球化视角，对过去一年中我国及世界主要国家消费品工业的发展态势进行了重点分析，梳理并剖析了国家相关政策及其变化对消费品工业发展的影响，预判了2014年世界主要国家以及主要消费品行业的发展走势。全书共分为综合篇、行业篇、区域篇、园区篇、展望篇五个部分。

综合篇。首先从整体、区域和重点国家重点行业三个层面分析了2013年全球消费品工业的发展情况。其次，从发展环境、运行状况以及存在问题三个维度分析2013年我国消费品工业的发展状况。第三，梳理总结2013年我国消费品工业领域的重点政策，并进行评析。最后，就2013年我国消费品领域的若干热点事件进行分析，探讨这些事件对我国消费品工业相关行业发展的影响。

行业篇。选取纺织、医药、食品和家电四大消费品行业，分析行业发展态势，剖析存在的突出问题。在发展态势上，重点从运行、效益以及重点产品或重点领域三个维度展开分析。

区域篇。从整体、主要行业、重点省（区、市）三个方面，分析2013年我国东部、中部、西部三大区域消费品工业的发展情况，重点分析运行、出口、效益等指标的基本情况。

园区篇。以新型工业化产业示范基地为蓝本，从整体、重点行业和重点园区三个层面分析我国消费品工业园区发展的基本情况和集群发展态势。重点行业上选取了生物医药、食品、家电三个领域，重点园区上选取了上海张江生物产业园、河南汤阴食品产业园、安徽合肥家电产业园、浙江绍兴纺织产业园。

展望篇。首先从发展环境和产业政策两个层面对2014年我国消费品工业发展面临的国内外需求及政策走势进行预判。其次，从整体、重点行业和重点区域三个维度对2014年我国消费品工业的发展态势进行预判。

分析新一年我国消费品工业发展，既面临着困难挑战，也不乏有利因素。为促进消费品工业持续健康发展，必须全面贯彻落实党的十八届三中全会精神，坚持稳中求进工作总基调，以深化改革促进转型升级和创新发展，着力推进六个方面工作：一是配合推进医药卫生体制、棉花管理体制、食盐管理体制等改革，进一步深化改革；二是加强战略、规划、政策、标准等行业管理职责，促进消费品工业稳定增长；三是积极落实扩大内需战略，大力发展新型消费品，促进轻纺行业自主品牌建设，加快培育新增长点；四是推动婴幼儿配方乳粉行业企业兼并重组，加强轻纺行业准入管理和淘汰落后产能，推进新疆纺织产业发展，努力促进行业结构调整优化；五是加快实施创新驱动战略，组织实施生物医药和生物基材料重大工程以及生物医药发展专项、消费品工业强基工程，促进轻纺行业两化深度融合以及文化创意、工业设计与生产制造的融合创新发展，激发内生发展活力；六是加强食品诚信体系建设和质量安全检测能力建设，组织基本药物定点生产试点，保障甲巯咪唑等低价、短缺小品种药与部分抗艾滋病药及儿童药等品种的生产供应，大力提升食品药品质量安全保障能力，促进民生改善。

作为消费品工业领域的一家专业研究机构，中国电子信息产业发展研究院消费品工业研究所拥有一批专业人才，具备了较强的研究能力，成立 3 年多以来先后承担了多项课题的研究，对我司工作给予了大力支持。此次编撰的《2013—2014 年中国消费品工业发展蓝皮书》内容丰富，资料详实，具有一定参考价值。但由于消费品工业行业众多，国家间、行业间、地区间差异大，需要深入研究探讨和专题研究的问题很多，因此疏漏和不足在所难免，希望读者以爱护和支持的态度不吝批评指正。

工业和信息化部消费品工业司司长

2014 年 4 月

目　录

代　序（苗圩）
前　言（王黎明）

综 合 篇

第一章　2013年全球消费品工业发展状况 / 2
　　一、整体态势 / 2
　　二、发达国家与EIE及其他发展中国家的比较 / 3
　　三、主要国家重点行业情况 / 6

第二章　2013年中国消费品工业发展状况 / 22
　　一、发展状况 / 22
　　二、存在问题 / 37
　　三、对策建议 / 41

第三章　2013年中国消费品工业重点政策解析 / 43
　　一、家电节能补贴政策退出 / 43
　　二、《中西部地区外商投资优势产业目录》发布 / 45
　　三、国务院颁布《关于巩固完善基本药物制度和基层运行新机制的意见》/ 46
　　四、《关于深化药品审评审批改革进一步鼓励药物创新的意见》发布 / 47

第四章　2013年中国消费品工业热点事件解析 / 49
　　一、国务院发布《深化收入分配制度改革若干意见》/ 49
　　二、苹果公司"双重标准" / 51
　　三、白酒塑化剂风波 / 55
　　四、葛兰素史克案的反思 / 60
　　五、食品安全责任险遭"冷遇" / 64

行 业 篇

第五章　纺织工业 / 70
　　一、发展情况 / 70
　　二、存在问题 / 81

第六章　医药工业 / 84
　　一、发展情况 / 84
　　二、存在问题 / 94

第七章　食品制造业 / 98
　　一、发展情况 / 98
　　二、存在问题 / 105

第八章　家电制造业 / 107
　　一、发展情况 / 107
　　二、存在问题 / 115

区 域 篇

第九章　东部地区 / 118
　　一、东部地区消费品工业发展情况 / 118
　　二、典型行业发展情况：医药工业 / 124
　　三、典型地区发展情况：江苏省 / 128

第十章　中部地区 / 135
　　一、中部地区消费品工业发展情况 / 135
　　二、典型行业发展情况：食品工业 / 142
　　三、典型地区发展情况：河南省 / 147

第十一章　西部地区 / 153
　　一、整体发展情况 / 153
　　二、典型行业发展情况：纺织工业 / 160
　　三、典型地区发展情况：宁夏 / 165

园 区 篇

第十二章　消费品工业产业园区发展基本情况 / 170

　　一、发展现状 / 170

　　二、区域分布 / 172

　　三、行业分布 / 174

　　四、主要问题 / 176

第十三章　主要消费品行业产业园区发展情况 / 178

　　一、生物医药 / 178

　　二、食品工业 / 181

　　三、家电工业 / 185

第十四章　典型消费品工业产业园区发展情况 / 189

　　一、上海张江生物医药产业园 / 189

　　二、河南汤阴食品产业园 / 194

　　三、安徽合肥家电产业园 / 198

　　四、浙江绍兴纺织产业园 / 200

展 望 篇

第十五章　2014年中国消费品工业发展环境展望 / 206

　　一、整体发展环境展望 / 206

　　二、产业政策环境展望 / 209

第十六章　2014年中国消费品工业发展走势展望 / 212

　　一、整体运行走势 / 212

　　二、重点行业发展走势展望 / 214

　　三、重点区域发展走势展望 / 220

附　录 / 225

后　记 / 247

综 合 篇

第一章　2013年全球消费品工业发展状况

2013年以来，全球经济虽呈现出明显的复苏态势，但经济增速明显小于预期水平，消费增长依然乏力，全球消费品工业的发展受到很大的影响。主要国家中，美国经济表现较好，但财政紧缩状况以及不断升温的量化宽松政策（QE）退出预期加大了未来经济走势的不确定性。日本经济虽也有较好的表现，但因全球经济不景气，出口增长乏力，国内生产总值（GDP）增速也低于预期。与美日不同的是，欧元区经济衰退情况超出预期。除了发达经济体外，各国、尤其是发达经济体量化宽松政策负面效应的集中爆发，包括中国在内的新兴经济体国家和其他发展中国家的经济表现也不尽如人意，下行压力较大。

一、整体态势 [1]

2013年以来，美日等发达国家经济的温和复苏带来了全球制造业产出增速的反弹。进入6月，全球制造业采购经理指数（PMI）为50.6%，较上月持平，连续七个月位于50%以上。制造业的复苏态势带来了产出水平的增长。与2012年同期相比，第二季度全球制造业产出同比增速达到了2.2%。与第一季度相比，全球制造业产出的环比增速为1.0%，继续呈现较好的复苏态势。预计2013年全年，全球制造业产出增速有望达到2.7%，较2012年的2.2%相比将提高0.5个百分点，工业增加值增速也将由2012年的0.3%提高至0.7%。其中，发达经济体的产出增速预计将由2012年的0.3%提高至2013年的0.7%。相比之下，受中国、印度

---

[1] 本部分数据来源：UNIDO，《World Manufacturing Production Statistics for Quarter II，2013》。

及巴西三大金砖国家经济下行的影响，新兴市场和发展中国家的增速不明显。

在制造业的复苏过程中，消费品工业起到了重要的推动作用。从同比增速看，消费品工业的 10 大行业中[1]，纺织、烟草两个行业的同比增速低于制造业平均水平，其中家具、木材加工、服装三个行业的表现尤为显著。进一步来看，10 大行业中只有食品与饮料、纺织、服装三个行业的同比增速较第一季度相比有所回落，其他 7 个行业的增速水平均有不同程度的提高。从环比增速看，尽管 10 个行业中只有烟草、家具 2 个行业的增速超过制造业平均水平，但 10 个行业中仍然有 5 个行业的产出水平较第一季度相比增加，烟草、家具 2 个行业的增长尤其明显。

表 1–1　2013 年第二季度全球主要消费品行业产出增速

行业	同比增速	环比增速
食品与饮料	2.9%	0.4%
烟草	4.6%	7.7%
纺织	4.0%	−1.5%
服装	3.7%	−2.1%
皮革与鞋帽	4.6%	−0.6%
木材加工（不含家具）	4.3%	−1.4%
造纸	1.6%	0.9%
印刷与出版	−2.1%	−0.5%
橡胶与塑料制品	3.2%	0.6%
家具及其他制造业	5.1%	1.9%
整个制造业	2.2%	1.0%

数据来源：UNIDO，2013 年 9 月。

二、发达国家与 EIE 及其他发展中国家的比较

在全球经济复苏与消费品工业生产增速的反弹过程中，以"金砖"国家为代表的新兴经济体（EIE）及其他发展中国家与发达国家消费品工业的发展态势有所不同。

（一）发达经济体

随着 2012 年美联储、欧元区、日本等国家和地区新一轮量化宽松政策的实施，整个制造业复苏提速。2012 年第四季度，整个制造业产出同比增速为 −1.7%，到

---

[1]　国际消费品工业的统计口径与我国的统计口径有所不同。

2013 年 2 季度提高至 –0.2%，增速回升幅度达到 1.5%，远高于全球制造业回升幅度的 0.9%。

　　与整个制造业的复苏有所不同的是，受制于消费信心的低迷、尤其是欧元区消费信心的持续低迷以及量化宽松政策对大宗原料价格的助推，消费品工业的复苏较整个制造业相比缓慢。2012 年第四季度,10 大消费品行业中只有食品与饮料、木材加工、家具及其他制造业 3 个行业的产出增速高于整个制造业增速平均水平，其他行业产出增速均不同程度低于整个制造业平均水平。进入 2013 年第二季度，这一局面依然没有得到好转，其中，服装行业的产出增速与整个制造业平均增速的差距进一步拉大。

表 1–2　2012 年第四季度至 2013 年第二季度发达经济体主要消费品行业产出同比增速

行业	2012Q4	2013Q1	2013Q2
食品和饮料	–0.4%	0.0%	–0.4%
烟草	–2.2%	–2.7%	–3.8%
纺织	–2.6%	–2.9%	–1.4%
服装	–4.5%	–4.5%	–7.4%
皮革与鞋帽	–5.3%	–1.6%	–0.5%
木材加工（不含家具）	–0.1%	1.7%	2.4%
造纸	–2.5%	–2.0%	–1.4%
印刷与出版	–5.6%	–3.4%	–3.4%
橡胶与塑料	–2.6%	–1.3%	0.5%
家具及其他制造业	–1.4%	–0.8%	0.6%
整个制造业	–1.7%	–1.5%	–0.2%

数据来源：UNIDO，2013 年 9 月。

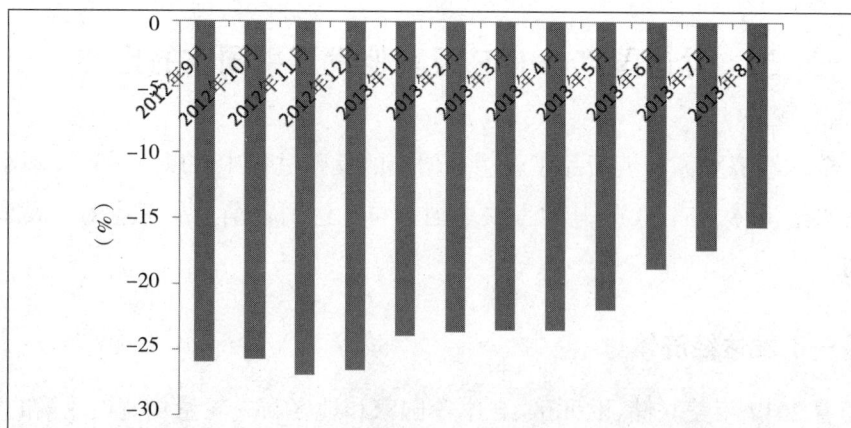

图 1–1　2012 年 9 月至 2013 年 8 月欧元区消费信心指数变化

数据来源：UNIDO，2013 年 9 月。

（二）EIE及其他发展中国家

受出口下降和发达经济体量化宽松政策负面效应传导的影响，整个制造业回暖形势不容乐观。2012年第四季度，整个制造业的产出增速为6.8%，到2013年2季度增速仅提高了0.3%，提高幅度不仅低于发达经济体的平均水平，也低于全球平均水平。与整个制造业的缓慢回暖有所不同的是，消费品行业的产出增速提升则喜忧参半。

从整个制造业自身层面看，2012年第四季度10大消费品行业中仅有4个行业的产出增速高于制造业平均水平的6.8%，其他6个行业的产出增速均低于制造业平均水平。进入2013年第二季度后，形势有所好转，10大行业中产出增速低于整个制造业平均水平的仅有烟草和纺织2个行业。从全球消费品行业层面看，与2012年第四季度相比，2013年第二季度10大消费品行业中只有服装、印刷与出版等5个行业的产出增速回升幅度高于全球同类行业的平均水平，其他5个行业的产出增速回升幅度均低于全球同类行业平均水平。其中，家具及其他制造业的表现最差，产出增速回升幅度仅为1.2%，远低于全球该行业平均水平的6.5%。

表1-3 2012年第四季度至2013年第二季度EIE及其他发展中国家主要消费品行业产出增速

行业	2012Q4	2013Q1	2013Q2
食品和饮料	6.4%	7.5%	7.5%
烟草	9.7%	3.8%	5.9%
纺织	6.9%	7.1%	6.3%
服装	3.0%	9.9%	8.9%
皮革与鞋帽	5.7%	6.9%	7.2%
木材加工（不含家具）	6.3%	7.8%	9.3%
造纸	2.6%	4.8%	8.2%
印刷与出版	0.2%	2.4%	7.5%
橡胶与塑料	6.8%	7.8%	8.2%
家具及其他制造业	8.5%	6.4%	9.7%
整个制造业	6.8%	7.1%	7.1%

数据来源：UNIDO，2013年9月。

5

三、主要国家重点行业情况

（一）纺织服装业

1. 越南 [1]

纺织服装业是越南国民经济的重要行业，是就业和三大出口创汇大户之一，也是中国在国际市场上的一个重要竞争对手和中国企业"走出去"的主要目标地。近年来，凭借廉价的劳动力和优惠的国内政策，越南的纺织服装业快速发展，在国际市场的地位进一步提升，出口贸易快速发展。

2012年，越南纺织品产量达到1219.5MN m²，其中棉织品为265.6 MN m²，化纤织物为953.9MN m²，同比增速分别为7.3%、–8.6%。服装产量达到1906.61MN unit，同比增长5.9%；纺织服装产品出口总额为150.4亿美元，国际市场占有率为2.7%。其中，服装出口额为71.0亿美元，国际市场占有率为3.7%。进入2013年，受国际经济不景气和劳动力成本快速上涨的影响，越南纺织服装产业发展有所放缓。

生产方面，2013年6月越南纺织品产量达到82.1MN m²，其中棉织品为27.3 MN m²，化纤织物为54.8 MN m²，同比增速分别为6.7%、5.2%。服装产量达到234.1MN unit，同比增长13.6%；整个上半年，越南纺织品总量达到496.2MN m²，其中棉织品为146.2 MN m²，化纤织物为350MN m²，同比增速分别为–2，2%、–7.9%。服装总产量为1262.5MN unit，同比增速为8.1%。整个上半年，纺织业生产价格指数同比下降了0.1%，但服装行业生产价格指数同比上涨了5.5%。受国际需求疲软、尤其是中国对上游的纱线等产品需求下降的影响，上半年越南纺织业库存有所增加，库存指数上涨了2.9%，但服装行业的库存指数却下降了1.3%。

出口方面，2013年上半年越南纺织服装行业出口额为79.8亿美元，同比增速为16.8%。这一规模占年初制定的195亿美元的出口目标比只有40.9%。从出口市场分布看，美国是越南纺织服装行业第一大出口市场，上半年对美累计出口额达到35.7亿美元，占越南纺织服装行业总出口的比达到了44.8%。其次为欧盟和日本，出口额分别为11.7亿美元和10.0亿美元。

预计2014年，随着全球经济、尤其是美国经济复苏加快，越南纺织服装行

---

[1] 本部分数据来自越南统计局、联合国统计司。

业的生产和出口增速将会有所反弹，特别是服装行业。但因欧盟经济走势的不确定性较大，加之国内在生产配套、金融、税收制度、法律法规体系等方面的劣势，越南的纺织服装行业仍面临诸多的潜在风险。特别需要指出的是，近年来不断攀升的用工成本已经使生产成本越来越接近中国，越南纺织服装行业的引资优势逐步稀释。

2. 意大利 [1]

纺织服装产业是意大利历史悠久的传统产业，具有非常完善的产业链，是国民经济、社会发展和对外贸易的支柱部门。特别是其服装行业更是"意大利制造"的杰出代表，拥有诸多世界级品牌。目前，纺织服装产业增加值占整个制造业工业增加值总量比约为9%，年均纺织服装出口额超过330亿美元，国际市场占有率约为5.2%，在其国内制造业各行业中位居第三。

2008年以来，受金融危机和主权债务危机的冲击，意大利工业发展陷入困境，纺织服装产业表现尤为突出，生产与市场交易下滑且波动加剧。进入2013年，因主权债务问题的不确定性，意大利的纺织服装产业以及整个制造业复苏形势依然不容乐观。

生产方面，2011年1月—2013年7月期间的31个月中有16个月整个制造业的工业生产指数IPI（Industrial production index）低于100，表明制造业发展速度下滑，发展前景不明朗。同期，31个月中有24个月纺织服装产业的IPI低于100，有20个月纺织服装产业的IPI低于制造业。这表明，相对于整个制造业的低迷，纺织服装产业的衰退更为明显。不过可喜的是，2013年以来，无论是纺织服装产业还是整个制造业，IPI均呈上升趋势，产出增速反弹。1—7月，纺织服装产业IPI的均值为93.8，超过了制造业平均水平的95.3，7月份更是达到了113.9。从产业内部看，2011年1月—2013年7月间的31个月中，纺织、服装两大行业IPI低于100的有20个月。不过相比之下，纺织业的整体生产状况要好于服装行业，34个月中纺织业IPI均值为90.4，而服装行业仅为88.0。

---

[1] 本部分数据来自意大利统计局、联合国统计司。

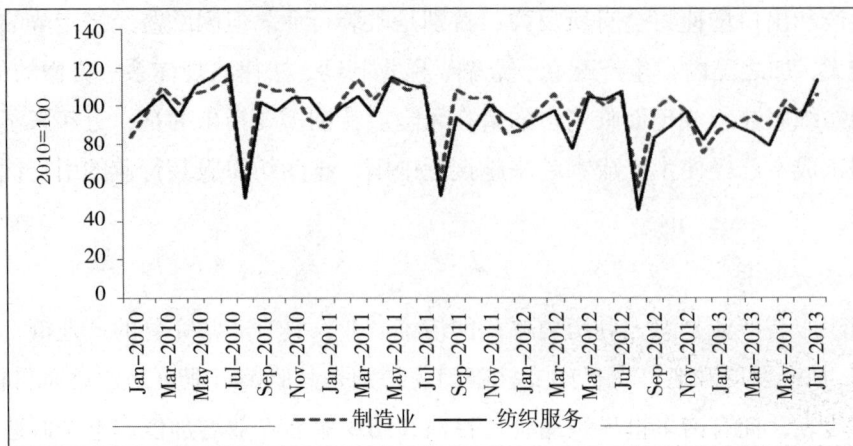

图1-2　2010年1月至2013年7月意大利制造业和纺织服装产业工业生产指数（IPI）比较

数据来源：Italian National Institute of Statistics，2013年9月。

国内销售与贸易方面，2011年1月—2013年5月期间，意大利纺织服装产业的总订单指数均值为103.5，整体表现还比较好。但进一步观察发现，总订单指数超过100的根本动力不是其国内的需求，而是国际需求。在同期，意大利纺织服装产业的国内订单指数均值仅为98.1，远低于国际市场订单指数均值的112.8。不过值得关注的是，进入2013年以来，意大利纺织服装产业的市场销售前景看好，1—5月总订单均值达到了106.8，其中国际市场订单指数均值更是提

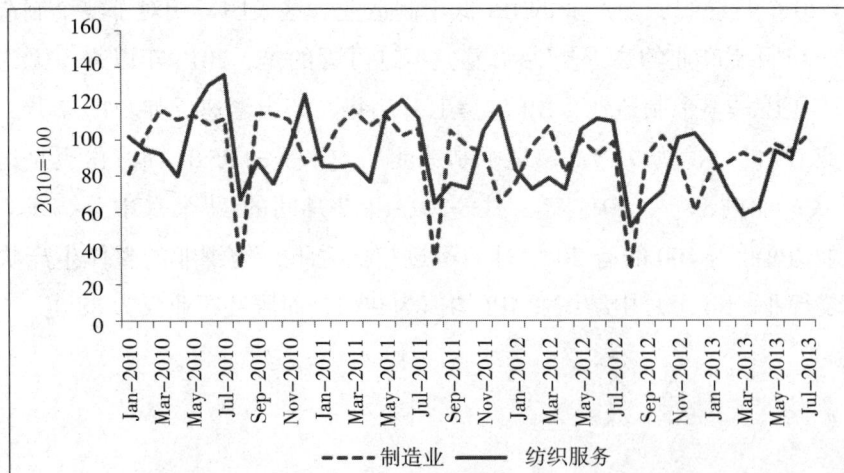

图1-3　2010年1月至2013年7月意大利纺织、服装行业工业生产指数（IPI）变化

数据来源：Italian National Institute of Statistics，2013年9月。

高至 121.3。在产业内部，纺织行业的订单指数明显好于服装行业。而且相对于纺织业，服装行业的总订单指数波动明显。

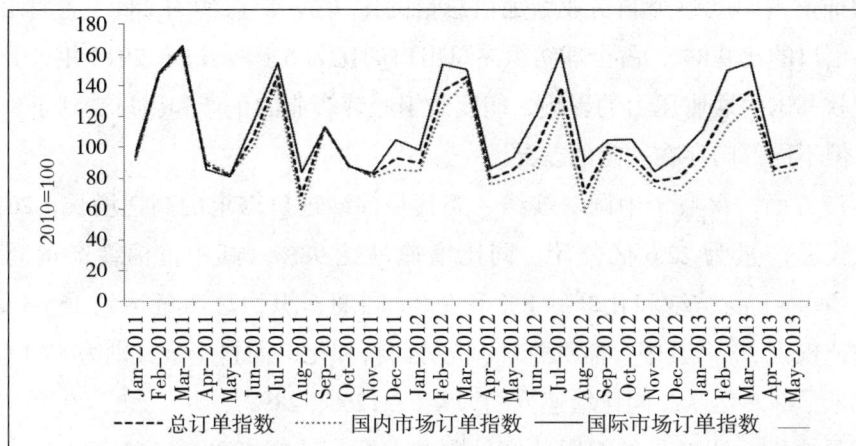

图1-4　2011年1月至2013年5月意大利纺织服装产业订单指数变化

数据来源：Italian National Institute of Statistics，2013 年 9 月。

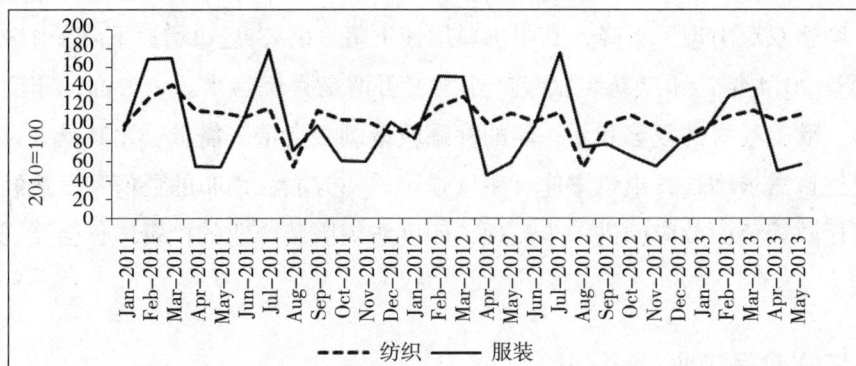

图1-5　2011年1月至2013年5月意大利纺织、服装行业总订单指数比较

数据来源：Italian National Institute of Statistics，2013 年 9 月。

预计 2014 年，随着全球经济、尤其是美国经济复苏加快，意大利纺织服装行业的生产和市场销售形势会有所好转，特别是出口贸易形势有望明显改善。但由于主权债务危机以及量化宽松政策逐渐退出，国内市场形势明显好转的可能性不大。

3. 印度 [1]

纺织服装产业是印度的支柱产业，是仅次于农业的第二大部门。2012年，工业增加值占印度整个制造业增加值总量的比7%，出口额为284.7亿美元，占总商品出口的比9.8%，占全球纺织品总出口的比为5.1%。进入2013年，受国际需求疲软和国内通胀压力的影响，印度纺织服装产业的生产和出口受到了一定的冲击，但不同部门存在一定的差异。

生产方面，得益于中国对纱线、尤其是棉纱进口需求的高速增长，2013年6月纱线总产量为22.6亿公斤，同比增速高达98%。其中，棉纱产量同比为130%，远高于混纺纱和化纤纱8%和9%；同期，织物总产量达到155.8亿米，同比增速仅为3%。其中，棉质面料、混纺面料和化纤面料产量分别为87.1亿米、24.5亿米、44.2亿米，同比增速分别为4%、12%、28%。

贸易方面，印度是纺织服装贸易顺差大国。就规模看，2013年4月，印度纺织服装累计进出口额为28.8亿美元。其中，出口额为24.6亿美元，进口额为4.2亿美，贸易顺差为20.4亿美元。在出口中，纱线居于主导地位，出口额达到了10.3亿美元，占纺织服装产业总出口比达到了41.9%。就变化看，与去年同期相比，进出口增速双双出现了下降，其中出口增速下降8.6%，进口增速下降了1.3%。

预计2014年，印度纺织服装产业发展可谓是喜忧参半。一方面，印度卢布的贬值、欧美经济的复苏和新一轮的补贴政策刺激会带来需求、尤其是来自中国的纱线进口需求增长，出口增速有望反弹。另一方面，卢布的贬值和发达经济体量化宽松政策负面效应的进一步显现，印度纺织服装产业的投资增长会受到极大的抑制。

（二）食品工业

1. 荷兰 [2]

荷兰是世界食品工业大国和强国。在荷兰，食品工业是工业领域的第一大产业，与化工、机械制造三足鼎立，在经济发展、就业和对外贸易中起着举足轻重的作用。受欧债危机影响，在经历2009年的大幅下滑、2010年及2011年的好转后，2012年荷兰食品工业发展再次陷入低谷，工业生产总值较2011年相比下降了2.4

---

[1] 本部分数据来自印度纺织部、联合国统计司。
[2] 本部分数据主要来源于荷兰统计局、世界银行WDI数据库和UN-COMTRADE数据库。

个百分点，主营业务收入零增长，出口额由 623.6 亿美元降至 594.9 亿美元。

表 1-4　2012 年荷兰食品工业主要经济指标

指标	绝对数	占整个制造业比（%）
工业总产值(亿欧元)	669.5	22.0
工业增加值（亿欧元）	146.2	21.0
就业人数（万人）	13.6	16.0
企业数量(个)	4795	9.0
出口总额（亿美元）	594.9	16.1

数据来源:《The Dutch statistical yearbook-2013》、UN-COMTRADE 数据库，2013 年 9 月。

　　进入 2013 年上半年，荷兰经济虽仍处于衰退中，但整个制造业出现一定的复苏态势，工业生产总值出现微弱的增长。与制造业的发展趋势有所不同的是，低迷的欧元区需求使得食品工业的复苏更加缓慢。

　　生产方面，2013 年 1 月以来，荷兰食品工业生产指数整体上呈现出微弱的上升趋势，较 2012 年有所改善，特别是在 5 月达到了 102.2。但与整个制造业相比发现，1—7 月食品工业生产总值指数均值为 98.4，低于整个制造业平均水平的 100.0。这表明相对于整个制造业，食品工业发展复苏更加艰难。在食品工业内部，食品加工与制造、饮料制造、烟草三大行业的发展态势也不尽相同。1—7 月，两大行业工业生产指数均值分别为 99.1 和 97.0，食品加工与制造行业的表现明显好于饮料制造。但进一步观察发现，3 月后饮料制造业反弹明显。

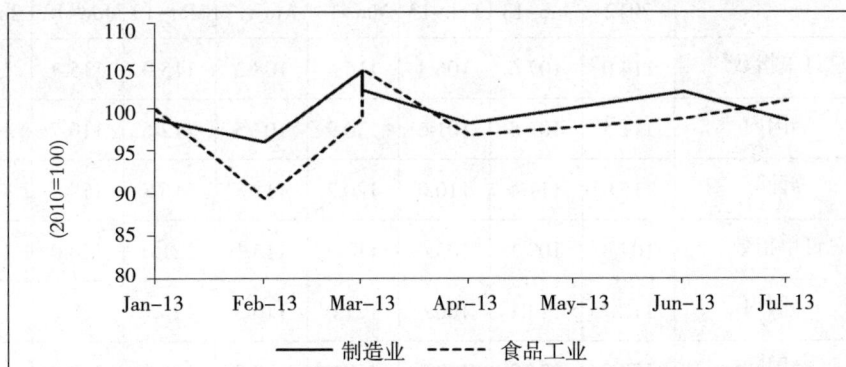

图1-6　2013年1—7月荷兰食品工业与整个制造业产值变化比较

数据来源：Statistics Netherlands，2013 年 9 月。

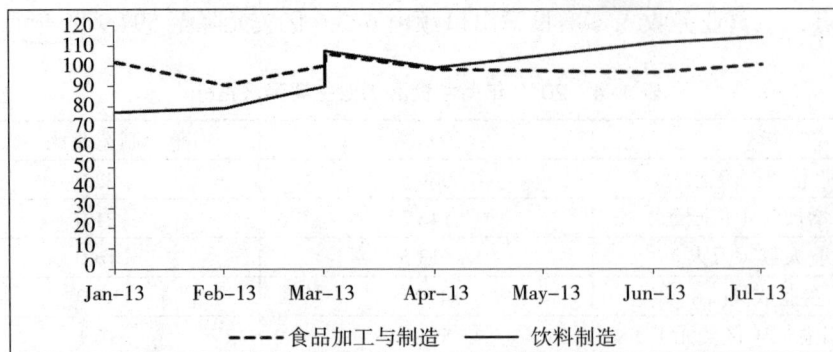

图1-7 2013年1—7月荷兰食品工业两大行业产值变化比较

数据来源：Statistics Netherlands，2013年9月。

销售与贸易方面，2013年以来荷兰食品工业总订单指数呈现上升趋势。1—7月，总订单指数均值为113.5，不仅高于同期制造业平均水平的11.8，也高于2012年食品工业平均水平的107.3。其中，国内订单指数的上升较为明显。这说明，食品的消费需求明显回暖。结合生产的低迷态势不难发现，订单指数的上升主要在于消化库存。就食品工业内部看，1—7月食品加工与制造业的总订单指数的均值为114.5，高于同期饮料制造业的106.9。与2012年全年的平均水平相比发现，食品加工与制造业市场缺口明显好转，而饮料行业则继续低迷。

表1-5 2013年荷兰食品工业订单情况及其比较（2010=100）

		2012	Jan-13	Feb-13	Mar-13	Apr-13	Mar-13	Jun-13	Jul-13
制造业	总订单指数	114.0	107.6	106.3	116.4	108.2	115.0	115.4	113.5
	#国内	111.5	102.8	101.6	110.9	103.5	112.6	110.7	109.8
	#国际	115.9	111.4	110.0	120.7	111.8	116.8	119.0	116.4
食品工业	总订单指数	107.3	109.1	103.4	115.7	113.1	121.0	114.0	117.9
	#国内	112.7	114.1	106.6	121.0	116.3	125.3	118.2	122.4
	#国际	102.0	104.2	100.2	110.4	109.9	116.9	109.8	113.4

数据来源：Statistics Netherlands，2013年9月。

表1-6　2013年荷兰食品加工与制造和饮料行业订单情况及其比较（2010=100）

		2012	Jan–13	Feb–13	Mar–13	Apr–13	Mar–13	Jun–13	Jul–13
食品加工与制造	总订单指数	107.8	111.8	105.3	116.5	113.9	122.1	114.3	117.7
	#国内	113.3	117.7	108.8	122.7	117.4	126.5	118.2	122.2
	#国际	102.1	105.7	101.6	110.2	110.3	117.5	110.2	113.1
饮料制造	总订单指数	105.9	88.2	88.4	107.9	109.9	115.9	115.0	123.3
	#国内	107.3	76.2	84.3	107.9	108.6	116.5	124.0	131.4
	#国际	104.4	100.1	92.5	107.9	111.1	115.3	105.8	115.2

数据来源：Statistics Netherlands，2013年9月。

预计2014年，随着全球经济、特别是欧元区经济的复苏，荷兰经济将走出低谷，食品工业发展的回暖态势有望延续。但考虑欧元区经济存在一定的不确定性，生产及销售水平的真正回升还需要一段时间。2014年，全年荷兰食品工业的各项指标有望达到2011年的水平。

2. 法国[1]

得益于优越的农业资源禀赋，法国在世界食品工业领域居于重要的地位。同时，食品工业也是法国最重要的工业部门。从国际视角看，法国是世界食品出口大国。2012年，法国食品工业出口额为493.6亿美元，位居美国、德国、荷兰、巴西之后，国际市场占有率达到了8.9%。从国内看，食品工业是仅次于机械和运输设备、化学工业的第三大制造业部门，工业增加值占整个制造业增加值比达到了26%，出口占整个工业品总出口比为11.0%。

受国际金融危机冲击，法国经济从2008年第二季度起曾连续四个季度下滑，到2009年第二季度才开始恢复增长。但随后又受到欧洲主权债务危机的拖累，特别是2012年全年更是零增长。整个经济的不振对食品工业的发展形成了明显的冲击。进入2013年，法国经济仍然没有表现出实质性的好转迹象。第一季度经济状况与2012年没有差别，进入第二季度后情况有所好转。

[1] 本部分数据主要来源于法国统计局、世界银行WDI数据库和UN–COMTRADE数据库。

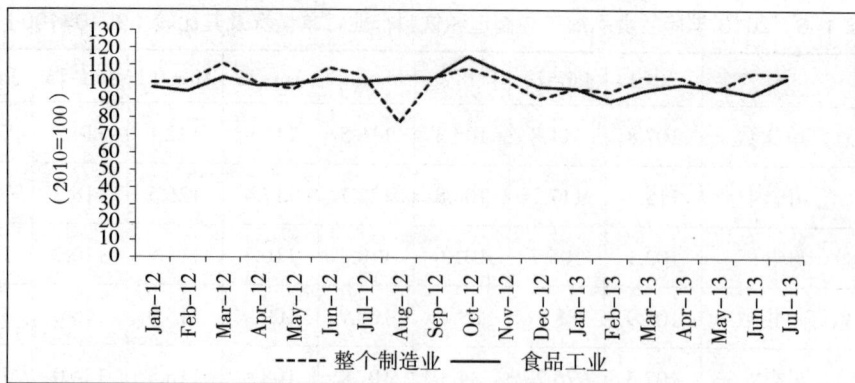

图1-8　2012年1月至2013年7月法国食品工业与整个制造业工业生产指数（IPI）比较

数据来源：法国统计局（INSEE），2013年9月。

　　生产方面，2012年法国整个制造业的工业生产指数月度平均值为100.0，食品工业[1]为101.7，这说明食品工业的发展情况较整个制造业相比要稍好。但进入2013年后这一情况发生了改变，1—7月，整个制造业的IPI均值为100.5，而食品工业仅为96.7，食品工业的低迷态势拖累了整个制造业的复苏。就食品工业内部看，2012年全年，食品加工与制造业的IPI均值为101.6，同期饮料制造业的IPI均值为102.4，说明饮料行业的发展态势要好于食品加工与制造业。但进入2013年后局面发生了改变，1—7月食品加工与制造业IPI均值为98.2，而同期

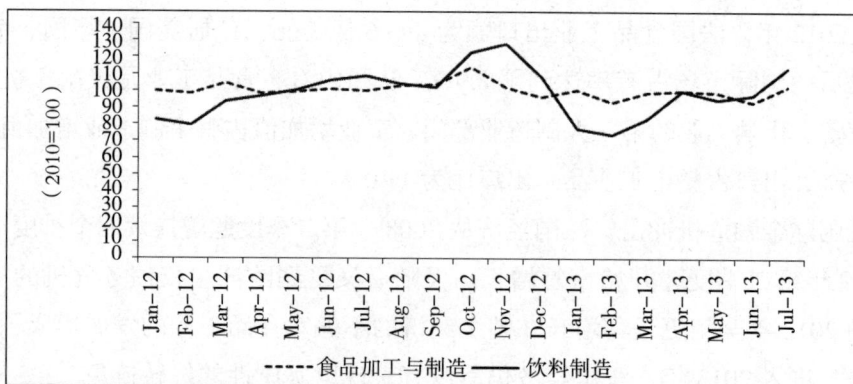

图1-9　2012年1月至2013年7月法国食品加工与制造、饮料制造工业生产指数（IPI）比较

数据来源：法国统计局（INSEE），2013年9月。

---

[1]　此处的食品工业口径包含了烟草。

饮料制造业 IPI 均值仅为 91.2，饮料行业较食品加工与制造业相比境况恶化。进一步比较 2013 年 1—7 月和 2012 年全年两大行业的 IPI 均值发现，无论是食品加工与制造业还是饮料制造业均处于衰退之中。

销售与贸易方面，2012 年全年，食品工业主营业务收入指数均值为 11.2，高于同期整个制造业平均水平的 109.2。进入 2013 年后，这一局面仍得到了延续。出口方面，欧元区是法国食品工业的主要市场。但受欧元区经济衰退的影响，对欧元区的出口受到明显的冲击。2012 年全年，法国食品工业对欧元区出口指数均值为 108.6，远低于同期对非欧元区出口指数均值的 136.8。进入 2013 年，这一局面仍在延续，来自非欧元区国家的食品需求仍然是法国食品工业复苏的主要动力。

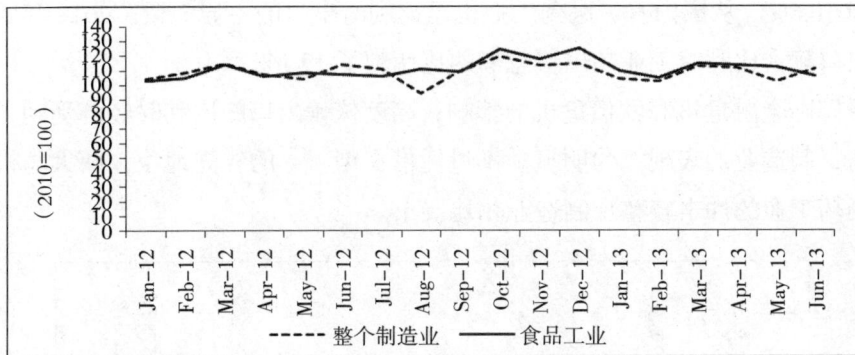

图1-10　2012年1月至2013年6月法国食品工业与整个制造业主营业务收入指数比较

数据来源：法国统计局（INSEE），2013 年 9 月。

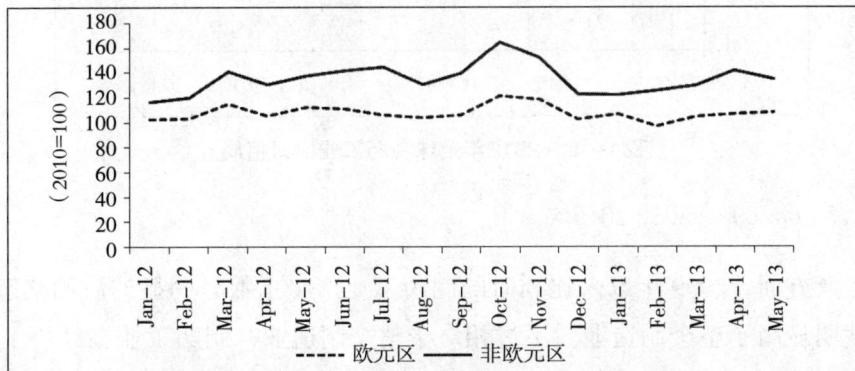

图1-11　2012年1月至2013年5月法国食品工业对欧元区和非欧元区出口比较

数据来源：法国统计局（INSEE），2013 年 9 月。

预计 2014 年，随着欧元区经济的缓慢复苏和国内经济的反弹，法国食品工业有望复苏。但考虑欧元区经济依然存在的风险以及发达经济体量化宽松政策的退出时间表尚未确定，法国食品工业的出口恢复充满了诸多的不确定性，全面复苏还需要经历一段较长时间。

（二）制药工业

1. 比利时

比利时是世界医药工业强国和国际知名的全球制药产业技术中心。从国际视角看，比利时在世界药品出口贸易中居于显著地位。2012 年，比利时医药工业的出口额高达 4219.8 亿美元，仅次于德国和瑞士，位居世界第三位，国际市场份额为 10.6%。从国内看，医药工业也是比利时出口的主导力量。2012 年，医药产品出口额占比利时工业品出口总额的比达到了 13.1%。

受国际金融危机和欧债危机的影响，高度依赖出口的比利时经济受到了明显的冲击，制造业的表现尤为明显。不过凭借在创新上的领先地位，两大危机对比利时制药工业的冲击较整个制造业相比要小。

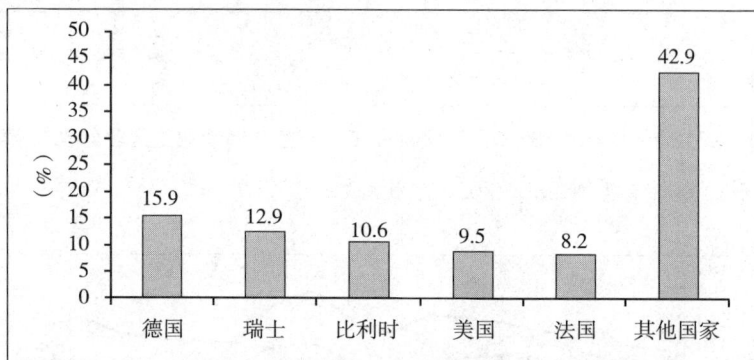

图1-12　2012年全球制药工业出口格局

数据来源：UN-COMTRADE，2013 年 9 月。

生产方面，2009 年以来比利时的制药工业产出指数呈明显的波动状态，波动程度明显高于整个制造业。不过相对于整个制造业，制药工业在经历了 2009 年的急剧下滑后，生产上呈现微弱的复苏态势。特别是 2012 年第四季度以来，制药工业的复苏势头明显好于整个制造业，2012 年 9 月—2013 年 6 月期间的

10个月中，制药工业产出指数均值为123.4，远高于同期整个制造业平均水平的104.2。在制药工业内部，基本药物部门与制剂部门的发展情况有所不同。在2009年1月—2010年12月期间，基本药物部门的发展情况较制剂部门要稍好。但在其后，随着欧债危机的进一步发酵，政府公共卫生支出急剧下降，基本药物部门的发展受到了较为明显的冲击。相比之下，以生物技术为主要特征的制剂部门发展明显好于基本药物部门。特别是2013年1—6月期间，制剂部门不仅产出水平显著回升，而且波动幅度明显减小。

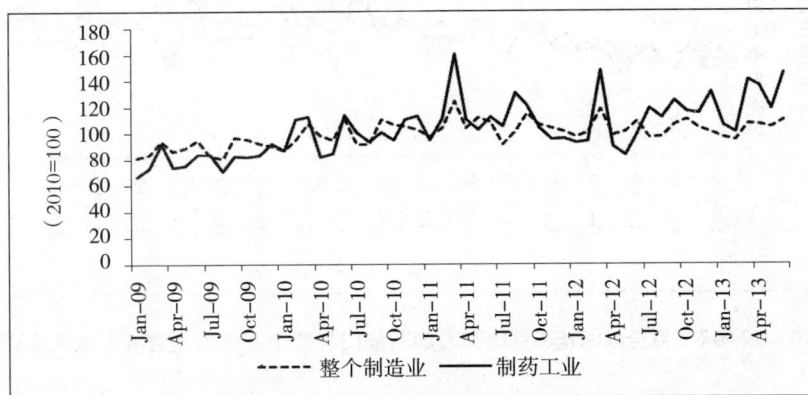

图1-13　2009年1月至2013年6月比利时制药工业与整个制造业产出指数比较

数据来源：比利时统计局（DGSEI），2013年9月。

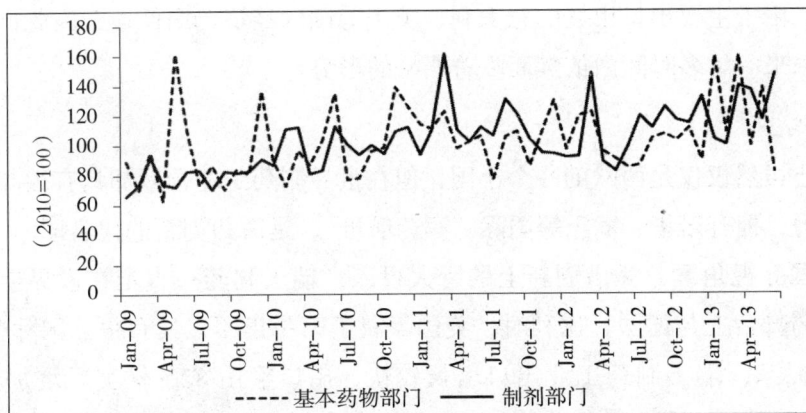

图1-14　2009年1月至2013年6月比利时基本药物部门与制剂部门产出变化比较

数据来源：比利时统计局（DGSEI），2013年9月。

销售方面，受政府公共卫生支出的限制，比利时制药工业的销售情况受到明显的冲击。与整个制造业相比，制药工业的主营业务收入不仅波动大，而且绝对水平也较低。2009年1月—2010年12月期间，制药工业主营业务收入指数均值仅为90.7，低于整个制造业平均水平的92.2。其后，销售状况虽有所改善，但较整个制造业相比还是存在一定的差距，特别在2013年1—5月表现更为明显。

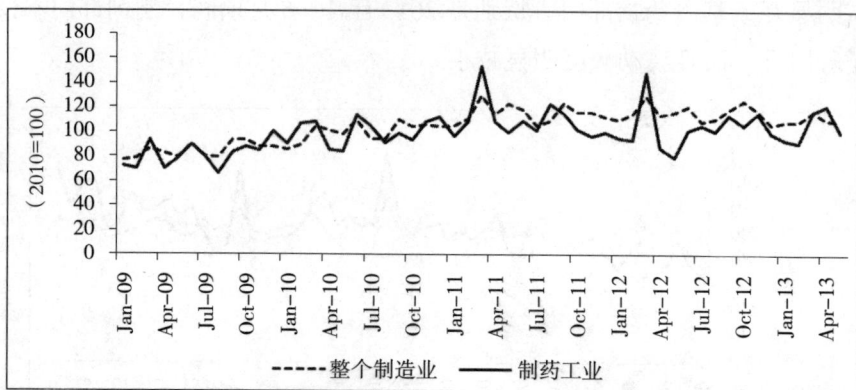

图1-15　2009年1月至2013年5月比利时制药部门与整个制造业主营业务收入变化比较

数据来源：比利时统计局（DGSEI），2013年9月。

预计2014年，比利时制药工业的复苏有望加快。但考虑到比利时制药工业的出口市场集中于欧盟各成员国，因此其复苏进程将主要取决于欧元区经济的复苏态势。由于主要出口市场的意大利、英国等国的经济仍旧低迷，因此比利时制药工业未来一年多时间内依然面临着严峻的形势。

2. 瑞士

瑞士虽然仅仅是西欧的一个小国，但在世界制药工业领域却具有很高的地位和影响力，拥有诺华、罗氏等国际"医药航母"，是医药创新的代名词。

从国际视角看，凭借创新上的巨大投入，瑞士制药一直走在世界前列，在世界制药舞台上与德国、比利时、美国等属于第一集团，具有很强国际竞争力。2000年以来，瑞士制药工业出口增长较快，出口额由82.5亿美元增加至2012年543.5亿美元，国际市场份额（IMS）也是呈现平稳上涨之势，由9.0%提高至12.7%。特别值得指出的是，瑞士制药工业在欧元区内部地位更是显赫。2012年，瑞士制药工业总产出达到了323.8亿欧元，占整个欧元区制药工业产出比高达 15.7%，高出德国 2.7 个百分点。

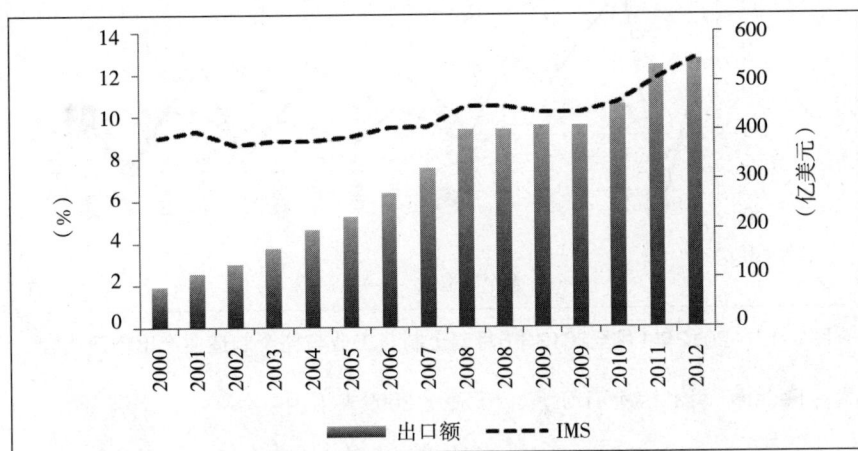

图1-16　2000—2012年瑞士制药工业出口额及国际市场份额（IMS）

数据来源：UN-COMTRADE，2013 年 9 月。

从其国内看，制药行业始终是国家经济的重要支柱，突出体现在两个方面：一是出口创汇效应。2012 年，瑞士制药工业出口额占全部工业品出口额的比例高达 26.1%；二是就业效应。目前，瑞士制药工业从业人数接近 4 万人。除了直接的就业效应外，制药工业通过产业关联对就业产生了巨大的作用。据不完全估计，在瑞士与制药工业关联行业的从业人员高达 10 万人。

与比利时一样，近年来受国际金融危机和欧债危机的影响，高度依赖出口的瑞士制药工业发展受到了较大的冲击。但与比利时及其他欧元区国家有所不同的是，由于受欧债危机的冲击相对较小，瑞士制造业的复苏势头也较好。此外，与整个制造业相比，制药工业的发展呈现出不同的特点。

生产方面，2012 年 1—12 月瑞士制药工业月度产出同比增速均值为 11.7%，远高于整个制造业平均水平的 1.9%，这表明制药工业的发展态势要明显好于整个制造业。但进入 2013 年后这一局面发生了逆转，1—6 月虽然制药工业与整个制造业的月度产出指数均值基本持平，但制药工业与以前月度相比产出增速回落明显。而且，与整个制造业的发展情况有所不同的是，制药工业的产出波动很显著。进一步，与其他制造业部门相比，制药工业的产出同比增速较低，回落幅度较大。

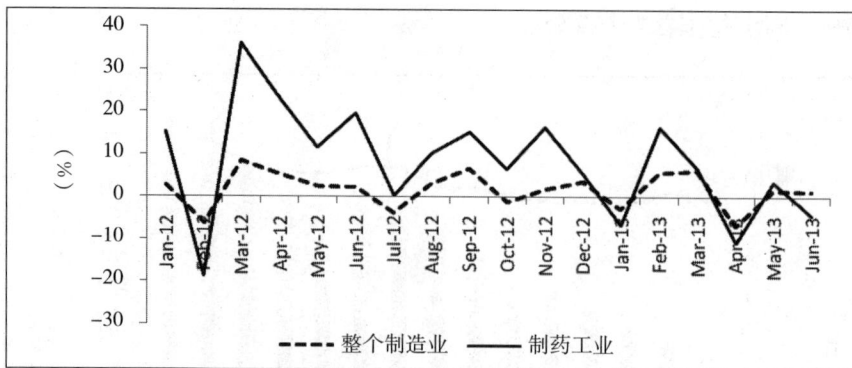

图1-17　2012年1月至2013年6月瑞士制药工业与整个制造业产出增速比较

数据来源：Federal Statistical Office (FSO)，2009 年 9 月。

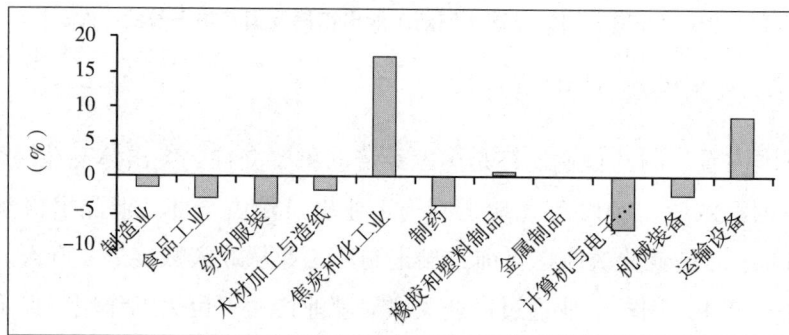

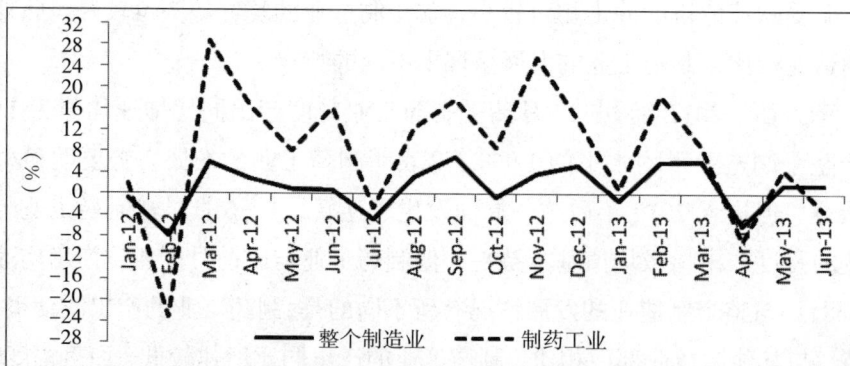

图1-18　2013年第二季度瑞士制药工业其他典型行业产出增速比较

数据来源：Federal Statistical Office (FSO)，2009 年 9 月。

图1-19　2012年1月至2013年6月瑞士制药工业与整个制造业主营业务收入增速比较

数据来源：Federal Statistical Office (FSO)，2009 年 9 月。

销售方面，2012 年 1—12 月瑞士制药工业主营业务收入同比增速月度平均值为 10.3%，高出整个制造业平均水平 10 个百分点，表明制药工业市场需求形势好于整个制造业。进入 2013 年，这一态势仍在延续，1—6 月制药工业主营业务收入同比增速均值为 3.5%，仍然高于同期整个制造业 1.4%。但将 2012 年全年与 2013 年上半年的情况进行比较发现，2013 年以来，制药工业的市场需求在衰退，衰退程度超过整个制造业平均水平。

预计 2014 年，瑞士经济复苏有望加快，制药工业的生产和销售形势将得到改善。

第二章　2013年中国消费品工业发展状况

2013年1—9月，我国消费品工业亏损状况有所好转，但受宏观经济下行压力和国际需求持续疲软的影响，内需增速放缓，生产增速持续下滑，出口形势喜忧参半。未来，消费品工业面临的发展环境更加严峻，既有世界经济复苏乏力、国际贸易环境恶化等外部挑战，也面临着成本压力高涨、消费信任危机升级等内部不利因素。针对上述形势，应进一步扩大内需，着力改善出口环境，加快消费品工业转型升级，强化市场准入和行业监管等建议。

一、发展状况

（一）运行情况

1. 固定资产投资增速趋缓

2013年1—8月，全国固定资产投资规模（不含农户）263000亿元，同比增长20.3%。其中，工业固定资产投资为111000亿元，同比增长17.2%。消费品工业固定资产投资规模为25133.2亿元，同比增长23.3%，高于制造业18%的平均水平。其中，农副食品加工、饮料制造、纺织服装服饰业、家具制造、文教工美、印刷业、木材加工、皮革及毛皮制造、医药制造、塑料制品业等行业固定资产投资增速均超过了制造业平均水平，表明在扩大内需战略的指引下，消费品工业在工业体系中的地位得到加强。其中，饮料制造业和医药制造业固定资产投资同比分别增长36%和33%，在制造业各行业中位列第二和第三。

虽然1—8月份我国消费品工业固定资产投资高于制造业18%的平均水平，

但与 2012 年同期相比增速明显放缓，尤其是食品制造、化学纤维制造两个行业，其固定资产投资增速还不到 2012 年同期水平的 70%。

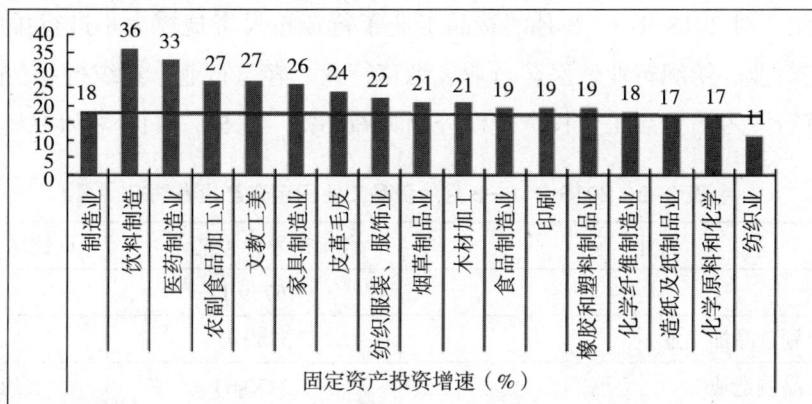

图2-1　2013年1—8月主要消费品行业固定资产投资增速（%）

数据来源：国家统计局。

表 2-1　2013 年 1-8 月主要消费品行业固定资产投资增速与去年同期之比（单位：%）

行业	1-2月	1-3月	1-4月	1-5月	1-6月	1-7月	1-8月
制造业	68.9	75.3	75.5	72.7	69.7	68.8	75.2
农副食品加工业	77.6	59.3	69.7	67.7	73.9	78.3	77.2
食品制造业	28.4	37.0	43.7	38.7	47.9	51.6	62.4
酒、饮料和精制茶制造业	210.8	170.3	151.4	140.7	116.7	104.5	101.8
皮革、毛皮、羽毛及其制品和制鞋业	127.3	94.8	99.5	149.9	151.6	155.9	144.9
木材加工及木、竹、藤、棕、草制品业	45.2	63.8	77.7	82.5	94.6	82.1	74.5
家具制造业	116.5	112.2	127.2	139.4	113.9	101.6	97.8
造纸及纸制品业	-1.6	39.4	32.9	63.4	57.6	67.3	91.2
印刷和记录媒介复制业	229.3	192.9	179.3	117.4	147.1	95.8	90.3
文教、工美、体育和娱乐用品制造业	96.7	113.3	183.9	210.0	175.6	202.3	166.3
医药制造业	76.7	101.0	83.3	94.9	83.1	84.2	85.5
纺织业	36.0	75.5	57.2	56.9	85.7	64.9	79.3
纺织服装服饰业	83.6	111.7	115.5	74.6	80.5	89.0	94.2
化学纤维制造业	48.8	51.0	44.8	50.7	78.0	60.7	64.9

数据来源：国家统计局。

分行业来看。轻工行业的投资规模为 16739.12 亿元，纺织行业的投资规模为 5431.2 亿元，医药行业的投资规模为 2797.7 亿元，烟草行业的投资规模为 165.2 亿元。对 2013 年 1—8 月消费品工业子行业按投资规模大小进行排序，依次为轻工行业、纺织行业、医药行业、烟草行业。轻工行业、纺织行业、医药行业、烟草行业占消费品工业投资规模分别为 66.6%、21.6%、11.1% 和 1%。

表 2-2　2013 年 1—8 月消费品工业固定资产投资情况

行业	自年初累计（亿元）	同比增长(%)
轻工	16739.12	–
其中：农副食品加工业	5259.41	27.2
食品制造业	2230.63	19
酒、饮料和精制茶制造业	2107.46	36.2
皮革、毛皮、羽毛及其制品和制鞋业	991.58	23.7
木材加工及木、竹、藤、棕、草制品业	1753.65	21
家具制造业	1157.68	25.9
造纸及纸制品业	1618.46	17
印刷和记录媒介复制业	780.85	19.2
文教、工美、体育和娱乐用品制造业	839.4	27.3
纺织	5431.24	–
其中：纺织业	2872.85	11
纺织服装服饰业	1898.9	21.8
化学纤维制造	659.49	17.8
医药	2797.67	32.5
烟草	165.16	20.7

数据来源：国家统计局。

2. 生产增速持续下滑

受内外需双重不利因素的影响，2013 年 1—9 月，我国消费品工业生产情况不容乐观。上半年，虽然我国 GDP 增速（7.6%）高于 7.5% 的设定目标，但整体上仍然呈现持续下降态势。从欧美经济发展情况看，虽呈现一定程度的复苏态势，但短期内难以明显好转。受上述两方面因素的影响，2013 年 1—9 月，我国消费品工业生产增速持续下滑。各行业中，受新版 GMP 认证截止期逼近影响，1—9

月医药工业累计工业增加值增速由年初的 16% 降至 8.6%，降幅明显。相比之下，轻工行业生产则相对平稳，降幅较小，纺织行业生产略有增加。

表 2-3　2013 年 1—9 月消费品各行业工业增加值增速（％）

行业	1-2月	1-3月	1-4月	1-5月	1-6月	1-7月	1-8月	1-9月
轻工	10.4	10.2	10.1	10	9.8	9.8	9.8	10.0
医药	16.0	14.0	13.7	13.0	12.6	12.7	12.7	8.6
纺织	9.3	9.3	9.5	9.2	8.9	8.7	8.6	10.0

数据来源：国家统计局。

与 2012 年同期相比，1—9 月，主要消费品行业工业增加值增速均出现不同幅度的回落。其中，医药行业工业增加值增速与 2012 年同期之比由年初的 98.2% 下滑至 89.0%，而轻工和纺织两个行业的工业增加值增速与 2012 年同期水平的差距则有所缩小。

表 2-4　2013 年 1—9 月主要消费品行业工业增加值增速与上年同期之比（单位：％）

行业	1-2月	1-3月	1-4月	1-5月	1-6月	1-7月	1-8月	1-9月
轻工	75.4	72.3	76.5	81.3	81.7	83.1	83.8	87.0
其中：农副食品加工	56.2	55.1	57.6	58.2	59.1	58.8	60.3	63.7
食品制造	66.7	75.7	77.2	86.7	94.4	92.7	91.2	92.6
酒、饮料和精制茶制造	63.9	73.2	74.0	68.7	67.4	69.3	73.7	74.1
造纸及纸制品	74.8	66.7	69.0	74.8	76.2	80.4	85.9	92.1
医药	98.2	84.3	89.5	87.2	88.1	87.6	87.0	89.0
纺织	73.8	71.0	75.4	77.3	79.5	78.4	78.9	81.1
其中：纺织业	78.0	69.5	72.2	73.0	73.8	72.9	71.9	73.6
纺织服装服饰	72.9	77.8	88.2	94.0	96.2	96.1	100.0	105.6
化学纤维制造	56.9	62.3	62.1	65.2	72.9	74.8	74.4	76.9

注：2012 年同期工业增加值均为正数。
数据来源：国家统计局。

3. 出口形势喜忧参半

受欧美等发达国家需求疲软等多重因素影响，2013 年第一季度，消费品工业各行业中，除农副食品加工业、文教、工美、体育和娱乐用品制造业、家用电器制造业、化学纤维制造业等行业的出口交货值增速仍保持在 10% 以上的增速外，其他行业均降至 10% 以下。特别是酒、饮料和精制茶制造业，出口交货值持续负增长。进入第二季度，消费品工业出口交货值增速持续低位运行，各行业中只有农副食品加工业出口交货值增速保持10%以上的增速。第三季度，在国家促出口政策的大力推动下，1—9月份我国消费品工业累计出口交货值达到25842.60亿元，较去年同期增长6.5%。

表2-5　2013年1—9月主要消费品行业出口交货值增速（%）

行业	1-2月	1-3月	1-4月	1-5月	1-6月	1-7月	1-8月	1-9月
轻工	10.1	8.4	7.2	6.5	6.7	5.8	5.2	4.91
其中：农副食品加工	21.9	15.5	14.0	13.7	13.5	13.3	10.8	10.10
食品制造	1.6	4.9	5.6	10.1	9.6	8.0	9.2	9.30
酒、饮料和精制茶制造	−5.8	−8.9	−5.1	−5.1	−5.8	−2.6	1.9	−0.80
皮革、毛皮、羽毛及其制品和制鞋	11.4	8.2	5.5	4.9	5.3	5.4	4.6	4.60
家具制造	7.3	6.6	5.4	5.1	4.1	3.9	4.6	4.80
造纸及纸制品	4.7	3.2	1.3	0.0	−0.9	0.3	0.5	0.30
印刷和记录媒介复制	4.9	−1.3	−0.9	0.8	0.7	0.2	−0.4	0.20
文教、工美、体育和娱乐用品制造	19.6	16.2	13.0	9.7	6.5	6.6	5.1	5.10
家用电器制造	13.3	11.4	10.9	10.2	9.8	7.5	7.3	6.20
医药	1.1	9.4	8.3	8.2	7.3	6.8	7.1	6.26
纺织	7.0	6.3	7.0	7.3	7.5	7.0	6.9	7.03
其中：纺织业	8.7	6.8	7.9	8.5	7.9	7.4	7.2	7.40
纺织服装服饰业	5.2	5.4	5.7	6.0	7.0	6.6	6.7	6.90
化学纤维制造	11.6	12.2	11.2	10.2	8.9	8.1	5.7	4.80

数据来源：国家统计局。

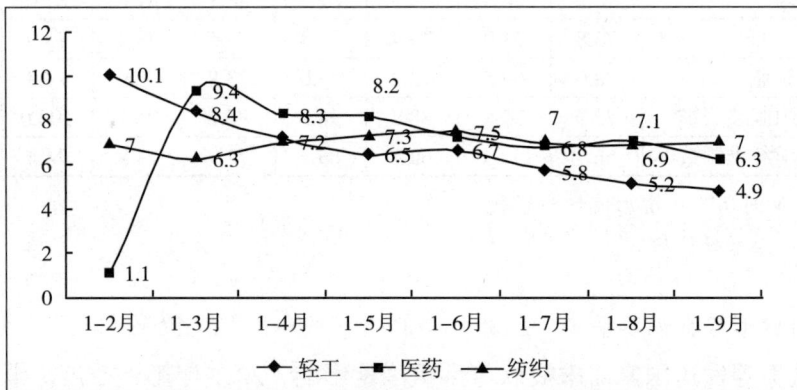

图2-2　2013年1—9月消费品工业各行业出口交货值增速变化

数据来源：国家统计局。

从分行业看，纺织行业各子行业增速反弹最为明显，而轻工各子行业出口交货值增速普遍下滑。尤其是酒、饮料和精制茶行业以及文教、工美、体育和娱乐用品制造两个行业，1—9月份累计出口交货值增速与去年同期相比回落12个百分点以上。

表2-6　2013年1-9月份主要消费品行业出口交货值增速与去年同期之差（%）

行业	1-2月	1-3月	1-4月	1-5月	1-6月	1-7月	1-8月	1-9月
轻工	6.5	1.1	−0.7	−1.2	−1.2	−2.3	−2.8	−3.5
其中：农副食品加工	8.8	2.0	1.4	1.0	1.5	1.1	−0.5	−1.8
食品制造	−24.5	−12.3	−12.4	−4.9	−5.0	−6.3	−4.4	−5.1
酒、饮料和精制茶制造	−10.6	−25.0	−15.3	−17.6	−20.7	−16.2	−9.2	−12.8
皮革、毛皮、羽毛及其制品和制鞋	8.2	−0.5	−3.2	−3.8	−2.9	−2.5	−2.7	−3.5
家具制造	4.8	0.8	−1.2	−1.9	−3.8	−3.7	−3.0	−2.6
造纸及纸制品	9.6	0.3	0.1	−0.5	−1.3	0.3	1.4	1.6
印刷和记录媒介复制	4.4	−8.9	−4.1	−2.8	−3.3	−3.9	−5.2	−3.8
文教、工美、体育和娱乐用品制造	10.4	−1.1	−1.3	−2.6	−8.4	−10.0	−13.1	−13.5
家用电器制造	16.9	9.0	5.9	4.7	3.5	2.5	3.5	1.9
医药	−15.7	2.8	0.4	1.4	1.4	−5.9	1.7	−0.6
纺织	5.4	2.6	4.4	5.9	6.4	1.2	5.7	5.9
其中：纺织业	8.0	5.4	8.0	9.7	8.8	6.1	6.9	6.2
纺织服装服饰业	1.5	−2.0	−0.5	1.5	3.8	6.9	4.6	5.7
化学纤维制造	22.3	21.2	19.5	16.0	12.2	4.9	6.5	4.6

数据来源：国家统计局。

4. 内需增速放缓

消费需求方面，虽然扩大消费需求一直是国家宏观经济政策的重点，但消费需求增速依然低于去年同期水平。从消费者信心指数看，2013年1—4月，我国消费者信心指数的平均水平为103.7，虽较第一季度水平有所下滑，但相对平稳。但自5月份开始，消费者信心指数开始回落，平均水平跌至100以下。从商品零售价格指数看，2013年1—9月，商品零售价格指数基本保持稳定。截至9月底，全社会累计消费品零售总额达到168817亿元，同比增长13.3%，与2012年同期相比增速下降了0.8个百分点。但就整体趋势来看，社会消费品零售总额增速呈现平稳上升的态势。

表2-7 2013年1—9月我国商品零售价格指数（上年同期=100）

	9月	8月	7月	6月	5月	4月	3月	2月	1月
商品零售价格指数	101.4	101.3	101.3	101.2	101.2	101.3	101.4	101.7	101.3
食品类	104.4	104.2	104.2	104	103.8	103.9	103.9	104.5	102.8
饮料、烟酒类	100.9	101	101.1	101.2	101.3	101.5	101.6	101.7	101.9
服装、鞋帽类	102.3	102.3	102.3	102.3	102.4	102.3	102.3	102.2	102.4
纺织品类	101	101	101	101	101	100.9	100.8	100.8	101.2
家用电器类	98.2	98.2	98.1	98.1	98.1	98.1	98	98	98.1
文化办公用品类	98.5	98.5	98.5	98.4	98.4	98.3	98.2	98.1	98.1
日用品类	100.9	101	101	101.1	101.1	101.2	101.3	101.3	101.5
体育娱乐用品类	100.8	100.8	100.9	100.9	101	101	101	101	101.1
家具类	101.1	101.1	101.1	101.1	101.1	101	101	100.9	100.9
中西药品及医疗保健用品类	101.1	101	101	100.9	100.9	100.9	100.9	100.9	100.9

数据来源：国家统计局。

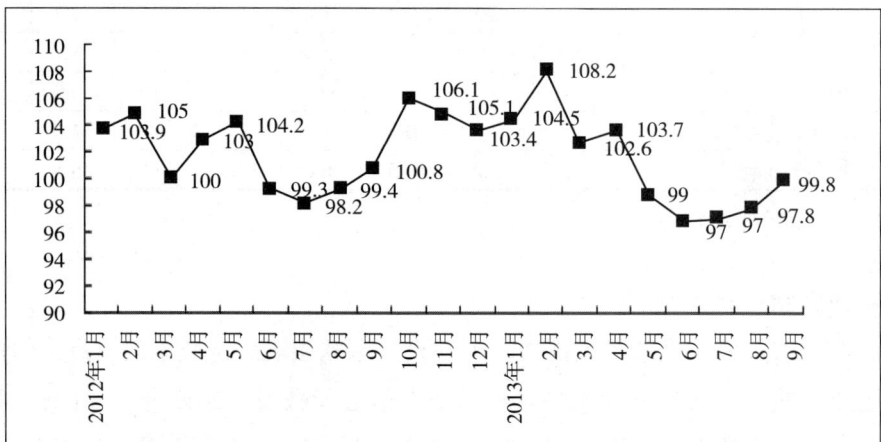

图2-3 2012年12月至2013年1—9月我国消费者信心指数变化

数据来源：国家统计局。

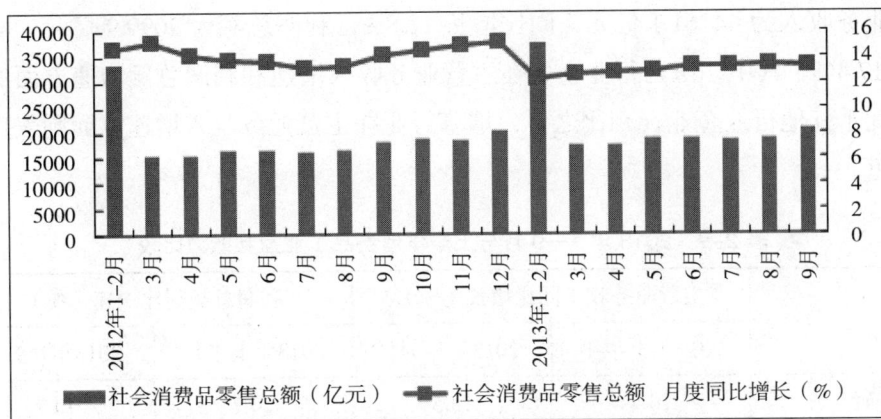

图2-4　2012年12月至2013年1—9月我国社会消费品零售总额增速（%）

数据来源：国家统计局。

（二）经济效益情况

1.盈利能力分析

（1）利润增速高于主营业务收入增速

2013 年 1—9 月，消费品工业累计实现主营业务收入 211244.2 亿元，较上半年增长 32%，利润总额达到了 12875.9 亿元，较上半年增长 36.9%。

表 2-8　2013 年 1—9 月消费品工业盈利能力

	主营业务收入（亿元）	主营业务收入同比增长（%）	利润总额（亿元）	利润总额同比增速（%）
轻工	143994.0	13.5	8195.2	14.7
烟草	6571.4	9.5	1041.1	15.1
医药	15917.7	18.3	1539.7	17.0
纺织	44761.1	11.8	2099.9	17.4

数据来源：国家统计局。

就子行业来看，2013 年 1—9 月，轻工行业企业实现主营业务收入为 143994.0 亿元，同比增长 13.5%，利润总额为 8195.2 亿元，同比增长 14.7%；烟草行业企业实现主营业务收入为 6571.4 亿元，同比增长 9.5%，利润总额为 1041.1 亿元，同比增长 15.1 %；医药行业企业实现主营业务收入为 15917.7 亿元，同比增长 18.3%，利润总额 1539.7 亿元，同比增长 17.0 %；纺织行业企业实现主营业务收入为44761.1亿元，同比增长11.8%，利润总额为2099.9亿元，同比增长17.4%。其中，医药行业企业在主营业务收入增速和利润总额增速方面的表现要优于其他行业企业，相比之下，烟草行业在主营业务收入增速方面则表现不够出色。

表2-9　2013年1—9月与上半年消费品工业盈利能力比较

	主营业务收入同比增长（%）		利润总额同比增速（%）	
	2013年上半年	2013年1-9月	2013年上半年	2013年1-9月
轻工	14.4	13.5	14.7	14.7
烟草	10.1	9.5	14.8	15.1
医药	19.5	18.3	16.2	17.0
纺织	13.4	11.8	16.6	17.4

数据来源：国家统计局。

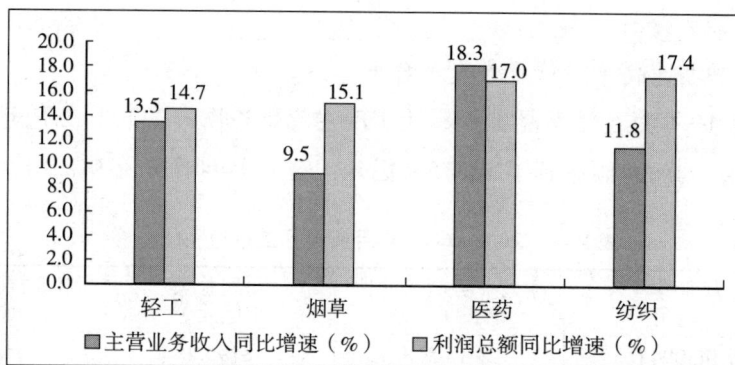

图2-5　2013年1—9月消费品工业主营业务收入和利润总额增长率及其变化

数据来源：国家统计局。

　2. 偿债能力分析

（1）资产负债率大致稳定

2013年1—9月，我国消费品工业资产合计为180978.7亿元，负债合计93937.3亿元，资产负债率为51.9%。由于总资产与总负债同比增速大致相同，且前两个季度资产负债率分别为52.1%和52.2%，故消费品工业资产负债率比较稳定，说明我国消费品工业长期偿债能力保持稳定。同期，就各行业来看，轻工行业资产合计为 116670.1 亿元，负债合计 62456.1 亿元，资产负债率为 53.5%；烟草行业资产合计为 8032.6 亿元，负债合计 2112.3 亿元，资产负债率为 26.3%；医药制造行业资产合计为 18997.2 亿元，负债合计 8312.1 亿元，资产负债率为 43.8%；纺织行业资产合计为 37278.8 亿元，负债合计 21056.8 亿元，资产负债率为 56.5%。

表 2-10　2013 年前三季度消费品工业资产负债率（自年初累计数）

	资产合计（亿元）	负债合计（亿元）	资产负债率（%）
1-3月	167815.4	87491.5	52.1
1-6月	174044.3	90793.6	52.2
1-9月	180978.7	93937.3	51.9

数据来源：国家统计局。

表 2-11　2013 年前三季度主要消费品行业资产负债率情况

		1-3月	1-6月	1-9月
轻工	资产合计	107990.9	112150.3	116670.1
	负债合计	58215.4	60456.2	62456.1
	资产负债率(%)	53.9	53.9	53.5
纺织	资产合计	34716.8	36002.3	37278.8
	负债合计	19749.2	20509.0	21056.8
	资产负债率(%)	56.9	57.0	56.5
医药	资产合计	17527.8	18210.2	18997.2
	负债合计	7663.3	8041.9	8312.1
	资产负债率(%)	43.7	44.2	43.8
烟草	资产合计	7579.9	7681.5	8032.6
	负债合计	1863.6	1786.5	2112.3
	资产负债率(%)	24.6	23.3	26.3

数据来源：国家统计局。

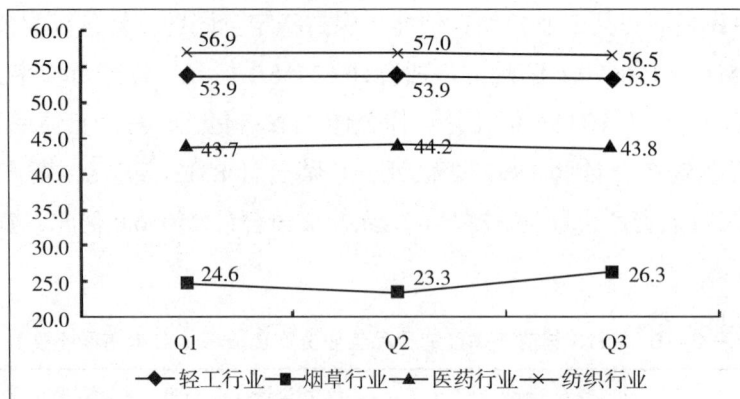

图2-6　2013年1—9月消费品工业行业资产负债率（％）

数据来源：国家统计局。

（2）亏损程度有所缓解

2013年1—9月份，我国消费品工业累计共有18986户企业发生亏损，亏损企业占企业总数的比重（亏损面）为13.2%，企业亏损面较2012年全年扩大了2.8个百分点；亏损企业累计亏损额为798.8亿元，亏损深度为6.2%，较2012年增加了1个百分点。但因利润增速上升相对较快，企业亏损深度有所下降，亏损企业债务偿还能力有所好转。

表2-12　2013年1—9月消费品工业亏损面及亏损度

	2013年1-6月		2013年1-9月	
	亏损深度（％）	亏损面（％）	亏损深度（％）	亏损面（％）
轻工	8.0	14.0	6.7	12.5
烟草	0.2	12.6	0.2	12.6
医药	4.2	13.1	4.1	12.6
纺织	10.3	17.0	8.6	15.0

数据来源：国家统计局。

从各个子行业看，在行业去库存和经营战略调整的努力下，纺织业亏损情况明显扭转，前三季度纺织行业累计企业个数为37370家，其中亏损企业个数达5597家，亏损面为15.0%，较去年同期（15.4%）减少了0.4个百分点，亏损总额达181.6亿元，亏损度为8.6%，较2013年上半年降低了1.7个百分点；同时，随着经济大环境的缓慢复苏，医药行业亏损面和亏损深度也微幅收窄。前三季度医药行业累计企业个数为7430家，其中亏损企业个数达939家，亏损面为

15.0%，较 2012 年同期水平略有下降，亏损总额达 60.3 亿元，亏损度为 4.1%，较 2013 年上半年降低了 0.1 个百分点；轻工行业亏损面稍有扩大，但亏损深度减少。前三季度轻工行业累计企业个数为 99128 家，其中亏损企业个数达 12433 家，亏损面为 12.5%，同比增长 0.6 个百分点。亏损总额达 552.3 亿元，亏损度为 6.7%，较 2013 年上半年减少了 1.2 个百分点；烟草行业累计企业个数为 135 家，其中亏损企业个数达 17 家，亏损面为 12.6%，较 2012 年同期（14.1%）减少了 1.5 个百分点。亏损总额达 1.9 亿元，亏损度为 0.2%，较 2013 年上半年水平持平。综合消费品工业的各个子行业的亏损情况，整体来说，亏损状况已得到控制。从上述各个子行业看，整体来说，消费品工业各主要行业的亏损情况得到控制。

表 2-13　2013 年 1—9 月消费品工业主要行业企业亏损情况比较

	轻工		烟草		医药		纺织	
	累计	增长	累计	增长	累计	增长	累计	增长
亏损企业（户）	12433	5.2	17	-10.5	939	1.7	5597	-2.6
亏损总额（亿元）	552.3	9.8	1.9	11.8	63.0	11.3	181.6	-4.7
利润总额（亿元）	8195.2	14.7	1041.1	15.1	1539.7	17.0	2099.9	17.4
亏损面（%）	12.5	0.6	12.6	-1.5	12.6	0.2	15.0	-0.4

数据来源：国家统计局。

3. 营运能力分析

（1）资金利用效率有所下降

2013 年 1—9 月，消费品工业主营业务收入得到较快增长，累计实现 211244.2 亿元，同比增长 14.6%。在主营业务收入较快增长的同时，消费品工业的应收账款增速也有所增加。1—9 月份，消费品工业应收账款 21833.4 亿元，同比增长 15.9%。不过需要注意的是，虽然主营业务收入增速实现较快增长，但增速始终低于应收账款增速，说明消费品工业资金利用效率有所下降。

表 2-14　2013 年 1—9 月消费品工业应收账款、主营业务收入情况

	主营业务收入(亿元)	主营业务收入同比增长(%)	应收账款(亿元)	应收账款同比增长(%)
2013年1—3月	118698.4	15.6	34807.3	15.8
2013年1—6月	136172.6	14.4	20592.5	14.9
2013年1—9月	211244.2	14.6	21833.4	15.9

数据来源：国家统计局。

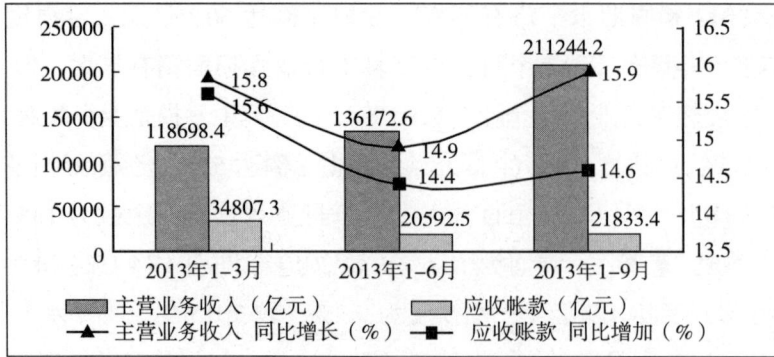

图2-7　2012年至2013年1—9月消费品工业应收账款和主营业务收入增速比较

数据来源：国家统计局。

就各子行业看，2013年1—9月，医药行业主营业务收入同比增速最高，为18.3%，居各子行业之首；烟草行业主营业务收入同比增速最小，为9.5%。从同期应收账款看，烟草行业应收账款同比增速最大，为22.3%，纺织行业应收账款同比增速最小，为10.9%。

表2-15　2012年至2013年上半年消费品工业主要行业应收账款、主营业务收入情况

行业	应收账款同比增长(%)			主营业务收入同比增长(%)		
	1-3月	1-6月	1-9月	1-3月	1-6月	1-9月
轻工	15.9	14.6	13.8	15.8	14.4	13.5
其中：农副食品加工	24.4	14.0	15.6	17.4	15.4	14.4
食品制造	17.9	10.6	11.5	18.3	17.5	16.5
酒、饮料和精制茶制造	21.1	16.9	19.1	15.2	12.5	12.0
皮革、毛皮、羽毛绒制造	13.2	11.8	9.4	13.8	11.7	11.4
家具制造	12.8	13.0	17.1	10.2	8.9	13.4
造纸及纸制品	14.6	16.7	14.7	14.6	14.4	8.7
印刷和记录媒介复制	15.9	14.0	17.0	15.8	14.4	13.9
医药	18.7	19.2	17.3	20.6	19.5	18.3
其中：医药制造业	19.5	19.7	17.5	20.5	19.6	18.4
纺织	13.8	12.3	10.9	13.3	13.4	11.8
其中：纺织业	14.0	12.1	12.1	15.2	14.3	12.8
纺织服装服饰业	12.0	10.4	8.0	12.8	12.3	10.8
化学纤维制造	19.2	20.3	15.9	6.5	12.3	10.1
烟草	5.8	22.4	22.3	11.2	10.1	9.5

数据来源：国家统计局。

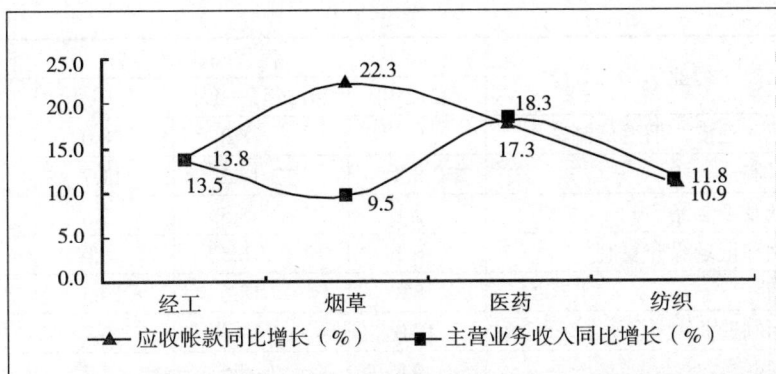

图2-8　2013年1—9月消费品工业各行业应收账款和主营业务收入增速比较

数据来源：国家统计局。

（2）存货压力有所加大

就存货来看，2013 年 1—9 月，消费品工业存货总量为 27737.3 亿元，同比增长 13.0%，全年存货同比增速总体呈上升趋势，库存压力有所加大。其中，轻工行业存货为 16409.7 亿元，同比增长 8.5%；纺织行业存货为 6005.0 亿元，同比增长 9.4%；医药行业存货为 2319.1 亿元，同比增长 16.3%；烟草行业存货为 3003.5 亿元，同比增长 28.9%，各子行业存货增速均有所加大。

表 2-16　2012 年 12 月至 2013 年 1—9 月消费品工业存货情况

	存货(亿元)	同比增长(%)
2012年1–12月	133431.0	9.3
2013年1–3月	47197.8	12.5
2013年1–6月	27508.4	13.3
2013年1–9月	27737.3	13.0

数据来源：国家统计局

表 2-17　2012 年至 2013 年 1—9 月消费品工业主要行业存货情

行业	存货同比增长(%)			
	2012年	2013年1–3月	1—6月	1—9月
轻工	9.7	9.6	10.1	8.5
其中：农副食品加工	15.0	11.9	12.1	7.6
食品制造	6.5	10.5	6.5	7.4
酒、饮料和精制茶制造	15.2	17.9	19.1	14.5

（续表）

行业	存货同比增长(%)			
	2012年	2013年1—3月	1—6月	1—9月
皮革、毛皮、羽毛绒制造	9.6	8.2	8.0	6.6
家具制造	8.3	13.2	11.7	12.6
造纸及纸制品	2.1	5.5	2.8	1.2
印刷和记录媒介复制	6.2	6.5	8.0	11.6
医药	18.8	18.6	16.5	16.3
其中：医药制造业	19.0	18.7	16.7	17.5
纺织	9.8	8.5	7.7	9.4
其中：纺织业	10.1	7.2	8.7	9.7
纺织服装服饰业	9.5	10.5	8.5	9.6
化学纤维制造	8.8	9.4	2.1	7.7
烟草	19.6	25.9	27.8	28.9

数据来源：国家统计局。

4. 成长能力分析

（1）所有者权益持续增长

2013年，消费品工业及各主要行业所有者权益均实现持续较快增长。整体来看，行业成长能力向好。2013年1—9月，消费品工业累计所有者权益达到了87041.4亿元，同比增速为16.3%。这表明，消费品工业的增长态势较好，企业持续发展的能力较强。分行业来说，2013年1—9月，轻工行业所有者权益为54214亿元，同比增长17.5%；纺织行业所有者权益为16222亿元，同比增长12.3%；医药行业所有者权益为10685.1亿元，同比增长20.6%；烟草行业所有者权益为5920.3亿元，同比增长9.3%。

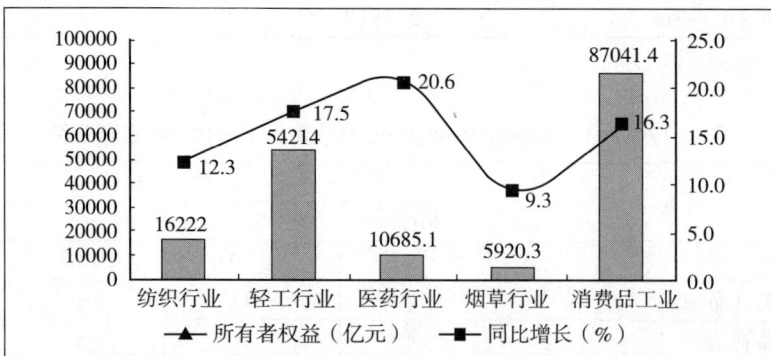

图2-9　2013年1—9月消费品工业所有者权益情况

数据来源：国家统计局。

表2-18　2012年至2013年1—9月我国消费品工业所有者权益（亿元）

	2012年1—6月	2012年1—9月	1—12月	2013年1—6月	1—9月
纺织行业	13824.7	14446.5	15603.0	15493.3	16222
轻工行业	43499.5	46132.5	50165.9	51694.1	54214
医药行业	8506.3	8856.9	9504.0	10168.3	10685.1
烟草行业	5201.5	5415.3	5284.6	5895.0	5920.3
消费品工业	71032.0	74851.2	80557.5	83250.7	87041.4

数据来源：国家统计局。

（2）从业人员增速平稳

消费品工业是国民经济和社会发展的战略性、民生性、支柱性产业，涵盖了轻工、纺织、食品、医药等工业门类，产业关联度和资源配置效率极高，且多是传统产业，行业门类多、进入门槛低、产能规模大、企业数量多、产业链长、市场竞争激烈，属于较为典型的劳动密集型行业。2013年1—9月，我国消费品工业全部从业人员增速平稳，表明消费品工业的就业贡献能力较强。由于纺织行业和烟草行业分别属于传统劳动密集型行业和管制型行业，吸纳就业人员的能力相对饱和有限，而轻工行业和医药行业中的新兴领域则能提供相对更多的就业岗位。

二、存在问题

（一）国内层面

1. 成本压力持续上升，挤压企业利润空间

一方面，美国持续推行量化宽松政策导致全球大宗原料价格进一步上涨，我国消费品工业面临的输入性成本上涨压力持续承压，企业利润空间将被进一步挤压。另一方面，用工成本持续快速上涨，物流成本不断攀升，信贷成本居高不下，大宗原料价格高位运行，企业生存压力不减。特别是轻工、纺织两大劳动密集型行业，劳动力成本的快速上涨已经直接危及企业的生存，外资企业更是将工厂迁出，转往墨西哥、越南等地。2013年，在我国最低工资标准排名前十的省市中，轻工和纺织工业相对密集的东部地区占8个。

表2-19 2013年全国各地月最低工资标准（单位：元）

序号	省区市	工资	序号	省区市	工资	序号	省区市	工资
1	深圳	1500	12	西藏	1200	23	青海	1070
2	浙江	1470	13	福建	1200	24	四川	1050
3	上海	1450	14	黑龙江	1160	25	海南	1050
4	北京	1400	15	湖南	1160	26	重庆	1050
5	新疆	1340	16	吉林	1150	27	安徽	1010
6	河北	1320	17	陕西	1150	28	广西	1000
7	江苏	1320	18	山西	1125	29	甘肃	980
8	天津	1310	19	辽宁	1100	30	贵州	930
9	山东	1240	20	湖北	1100	31	江西	870
10	河南	1240	21	宁夏	1100			
11	内蒙古	1200	22	云南	1100			

数据来源：人力资源和社会保障部。

2. 食品安全问题依然突出

2013年以来，各类食品安全事件依然频频发生，对我国食品工业带来较大的负面影响。一方面，食品质量问题导致我国食品工业出口受到阻碍。2013年1季度，我国出口农食产品类被扣留（召回）原因排名前三位的是非食用添加物、农兽残留和品质不合格，占所有被扣留（召回）产品的60.7%。另一方面，婴幼儿乳品和肉类产品等食品安全问题已经引发较大范围的消费信任危机。从婴幼儿奶粉汞含量超标到假羊肉、病猪肉事件，无一不令消费者对国内食品工业企业产生信任危机。

3. 用工难与用工成本持续上涨并存

一方面，劳动力成本呈现明显上涨趋势。2013年，消费品工业集中的浙江、江苏、广东、山东等地再次上调最低工资标准，涨幅均达到10%以上。随着最低工资水平的上调，劳动密集型轻纺工业的工资水平快速上涨，与工资水平密切相关的企业社会福利负担加重。另一方面，目前我国人口红利正接近末期，随着劳动者对个人权利、工作环境、工资福利意识和要求的提升，以纺织为代表的劳动密集型企业用工难问题日益突出。

4. 消费信任危机依然突出

一方面，婴幼儿乳品和肉类产品的食品安全问题已经引发较大范围的消费信任危机。从婴幼儿奶粉汞含量超标到假羊肉、病猪肉事件，无一不令消费者对国内食品工业企业产生信任危机。另一方面，葛兰素史克"行贿门"和多美滋"第一口奶"事件也让本就岌岌可危的消费信心再次雪上加霜，引发了社会各界对食品医药企业、行业管理和医疗卫生机构的信任危机。

（二）国际层面

1. 国际经济复苏乏力

首先，全球增长进入低速档位，经济下行风险持续存在。国际货币基金组织再次下调全球经济增长预期，并表示经济复苏过于缓慢、公共债务居高不下、财政可持续性弱以及全球金融条件收紧等债务遗留问题都将影响经济的演变进程，预测 2013 年和 2014 年全球经济将分别增长 2.9% 和 3.6%。其次，新兴经济体增长放缓。世界银行发布《东亚及太平洋地区经济展望》称东亚及太平洋地区发展中经济体 2013 年将增长 7.1%，较 2013 年 4 月发布的预测低了 0.7 个百分点。随着经济刺激措施退出，东亚及太平洋地区经济体内部需求增长出现放缓势头。再次，美国经济增长受到过度财政整顿的拖累。美国经济仍处于世界经济局势的核心位置，联邦政府关门危机导致美债安全担忧升级，可能给世界经济带来小幅动荡。最后，国内经济正从周期高峰下滑。2013 年以来，由于 PMI 指数始终徘徊在荣枯线上、企业家信心不足、居民资产缩水等不利因素的影响，国内消费和投资动力不足，经济增长面临的形势依然严峻。

表 2-20　2012—2014 年全球及主要经济体 GDP 增速预测（单位：%）

区域和国家	2012年（实际增速）	2013年	2014年
全球	3.2	2.9	3.6
发达经济体	1.5	1.2	2.0
中东欧	1.4	2.3	2.7
亚洲发展中国家	6.4	6.3	6.5
拉美及加勒比地区	2.9	2.7	3.1
中东和北非	4.6	2.1	3.8
南部非洲	4.9	5.0	6.0
中国	7.7	7.6	7.3

数据来源：IMF, World Economic Outlook Database, October 2013.

2. 贸易壁垒不断翻新，出口环境持续恶化

首先，全球贸易保护主义升级。欧债危机爆发之后，美国和欧盟国家连续出台多项对华贸易保护措施，贸易争端数量和种类不断升级。2013年以来，除传统贸易救济措施外，还出现两大新的趋势：一是以威胁国家安全为由阻止某些中国产品进入美国市场或阻止中国企业在美投资；二是以知识产权保护为由加大排斥中国的力度。贸易保护措施的不断翻新，使我国消费品企业出口面临更大的成本压力和贸易风险。除欧美发达国家外，巴西、印度等发展中国家发起的贸易争端数量也在上升，2012年有70.1%的贸易救济案件与发展中国家和新兴市场有关。据商务部预计，2013年贸易摩擦形势不容乐观，贸易救济案件可能比2012年增多，我国消费品出口将受到抑制。

其次，"隐秘"保护主义正在抬头。由于全球经济疲软，温和不刺激贸易伙伴的"隐秘"保护主义持续升温。独立贸易监测组织（GTA）统计显示，隐秘贸易保护措施占全球贸易救济措施的比重接近60%，其中包括政府对国内特定行业施以援手、向国内生产商发放补贴、抵制企业外迁、在劳工政策上加以限制、减税吸引企业回迁等。与直接贸易保护行为相比，隐秘保护主义更加难以应对。

最后，人民币持续升值。2013年在诸多经济体量化宽松政策的打压下，我国人民币汇率持续升值，2013年1—9月期间升值幅度达到了0.141。人民币的持续、快速升值大大降低了我国出口产品特别是轻纺产品的价格优势，企业出口效益明显下降。

3. 大宗原料价格居高不下

近期，虽然大宗商品价格走势出现下跌趋势，但与消费品工业相关的大宗原料价格始终处于高位。截至2013年4月26日，郑州棉花期货价格处于20000元/吨的高位水平上，与进口棉花的价差超过5000元/吨，国内外价格扭曲的现象依然没有得到缓解。6月13日，芝加哥商品交易所大豆期货价格为1512美分/60磅，较年初上涨7.2%，英国布伦特原油现货价格为103.4美元/桶，同比上涨6.3%。粮、棉、油料及原油价格的高位运行，一方面增加了食品、饮料、日化、纺织、化纤等行业的原料成本，另一方面也推动了燃料及动力成本的上涨。2013年4月份，我国燃料、动力购进价格同比上涨24%，企业的利润空间被进一步挤压。

三、对策建议

（一）进一步落实扩大内需政策

一是完善制度设计，加大医疗、教育、社会保障等政府公共服务支出的力度，落实医疗卫生体制改革新方案，完善大病保障制度，改善居民消费预期，释放潜在消费能力。二是优化城市消费信贷结构，逐步调低住房贷款在消费贷款中的比重，深度开发高档耐用消费品、教育、旅游等信用消费产品。同时，扩大个人消费信贷，尤其是农村消费信贷，确定合理的消费信贷率，促进消费升级。三是鼓励和引导民间资本进入消费品工业领域，研究出台民间资本进一步进入消费品工业领域的具体事项和试点办法，完善对民间资本投资消费品工业的服务。四是深入推进产业转移和行业兼并重组，完善行业准入和标准体系，鼓励优势企业跨地区、跨行业的兼并重组，充分发挥固定资产投资在保增长、调结构、扩内需中的积极作用。五是进一步细化和落实《国务院关于深化流通体制改革加快流通产业发展的意见》，降低流通环节费用，遏制大型零售企业违规收费行为，建立良好的市场秩序，营造安全便捷的消费环境。

（二）进一步优化出口环境

一是以转变政府职能为契机，认真落实《国务院办公厅关于促进外贸稳定增长的若干意见》，加强在出口退税、金融服务、出口信保等方面的措施，改善出口金融服务，提高贸易便利化水平。二是加强对出口企业的分类指导，加大对出口信贷和出口保险的财政支持，鼓励重点消费品企业建立海外出口基地和生产基地。三是大力支持企业的品牌建设，加强检验检测、品质认证等公共服务平台建设，提升我国消费品工业产品的国际信誉和知名度。四是加强与新兴市场国家的区域贸易合作，加快推进中韩、中国与墨西哥等多边自贸区谈判，从政策上为企业出口市场开拓创造条件，降低对欧美国家的出口依赖和出口风险。

（三）多渠道推进消费品工业转型升级

一是进一步加大对消费品工业转型升级的支持。充分发挥国家重大科技专项、产业调整和振兴专项的作用，积极支持医药行业的新版 GMP 改造、婴幼儿乳粉行业的 GMP 改造，提升生物医药、高新纤维材料等领域进一步加强自主创新能力；二是紧紧抓住新一轮城镇化的重大机遇，把产业用纺织品、智能家电、功能和休闲食品加工等行业培育成消费品工业新的经济增长点；三是提升消费品工业的公共服务水平。充分发挥行业协会、科研院所的作用，围绕科技研发、技术推广、工业设计、质量检测、现代物流等方面积极发展新兴业态，大力完善公共服务体系建设。

（四）强化市场准入和行业监管

一是要抓紧修改和完善行业准入标准，逐步提高医药、食品行业的准入门槛，从源头上遏制行业的小、散、乱；二是完善食品等行业部际协调机制，理顺和整合行业监管职能，加大对食品行业的监管，提升消费信心；三是以食品、药品可追溯体系建设为契机，深入推进从源头到终端的监管体系建设，强化企业的第一主体责任。

（五）加强行业经济监测预警

一是建立消费品行业运行监测体系，加强对国内市场供求形势的监测分析，及时发布信息，引导企业进行生产决策和市场运营。二是对出口市场进行分类，加大对重点大宗商品的出口情况及重点出口市场需求和政策走势的跟踪监测和预判，建立出口预警机制和常态化的贸易壁垒跟踪机制，以有效指导外贸出口，减少贸易摩擦，降低出口风险。三是加强对重要原料、能源进口市场经济形势监测，密切关注棉花、大豆等进口依赖程度高的原料价格波动情况，建立相对稳定的能源、原材料来源，确保国家能源安全。

第三章　2013年中国消费品工业重点政策解析

一、家电节能补贴政策退出

（一）政策背景

为了扩大内需，节约能源，提倡环保，自 2012 年 6 月国家开始实施家电节能补贴政策。这一政策的实施极大地推动了我国家电行业的发展，截至 2013 年 6 月，国家财政已对购买节能家电的消费者补贴资金 122 亿元，推广空调、平板电视、电冰箱、洗衣机、热水器五类节能家电 6500 多万台，拉动居民消费支出超过 2500 亿元。从月销售数量来看，节能家电每月销售从 2012 年 6 月的 160 余万台增加到 2013 年 5 月的 700 万台左右。从市场占有率来看，节能家电的市场占有率显著提高，平板电视、节能空调、洗衣机、冰箱的市场占有率分别达到 93%、53%、46%、57%。节能家电补贴推广政策取得显著效果，促进了我国家电行业的壮大，同时推广了新型的家电节能技术。

但是自 2013 年 6 月 1 日起，这一政策将不再实行。在家电行业海外市场需求低迷，国内成本不断提高，利润水平不断下降，创新能力不足的背景下，这一政策的退出必然会对我国家电行业发展产生巨大影响。

（二）政策要点

财政部、国家发展和改革委员会、工业和信息化部日前联合下发通知，主要内容如下：

一是从 2013 年 6 月 1 日起，消费者购买空调、平板电视、电冰箱、洗衣机、热水器五类高效节能家电产品不再享受中央财政补贴政策。

二是节能家电推广企业应尽快收集和整理产品生产、销售情况，及时将相关信息填报至"节能产品惠民工程信息系统";同时，编制年度补贴资金清算报告，报企业注册所在地财政、发展改革、工业和信息化主管部门审核后，于2013年6月30日前将逐级上报至财政部、国家发展和改革委员、工业和信息化部。

三是财政部、国家发展和改革委员、工业和信息化部将根据企业上报数据和相关审核情况，对补贴资金进行清算。

四是相关企业、地方各有关部门要相互协作，通过电视、网络、报纸等多种途径做好宣传工作，使广大消费者及时准确了解政策规定。地方各有关部门在加强宣传的同时，统筹协调好各个环节，认真审核并及时上报企业推广材料。

（三）政策评析

1. 家电节能补贴政策的退出短期内将使家电行业增速放缓

在家电节能补贴政策的刺激下，我国家电行业产销两旺，增速较快，但同时也透支了部分消费需求，家电产品作为耐用品本身存在着5—8年的消费周期，在此次家电销售大幅增加之后，必然伴随着消费收紧的后续效应。家电节能补贴政策退出之后，国家为促进家电行业发展而推动的家电下乡、以旧换新和节能补贴三大政策全部结束，我国家电市场进入到2008年以来的第一个"补贴空白期"，消费者缺乏消费动力，在缺少需求拉动的背景下，我国家电行业在短期内将增速放缓。

2. 家电节能补贴政策的退出将提高行业集中度

家电节能政策实施以来，依靠着国家的补贴资金，使原先相当一些不符合市场需求的中小企业得以发展。这些企业大多依赖于国家补贴，以低廉的价格吸引消费者，其产品和服务的市场竞争力差。家电节能补贴政策的退出，使家电行业进入"补贴空白期"，小企业缺少了补贴支持，在价格竞争中不再具有优势，由于产品和服务缺乏竞争力，很难在市场中生存。家电行业中，弱势品牌将逐渐退出，优势品牌也将逐渐壮大，市场资源将不断向龙头企业集中，市场集中度不断增加。

3. 家电节能补贴政策退出将加剧家电行业竞争

家电节能补贴政策退出后，家电企业的需求量将较以前减少，在行业成本不断上升，利润不断下降的大背景下，生产商面临着巨大的生存压力，一旦决策失误就很有可能被市场淘汰，为了继续生存，必须使出各种竞争手段，在有限的需求中争取尽可能多的消费者，厂商之间的竞争将更加激烈。

二、《中西部地区外商投资优势产业目录》发布

（一）政策内容

《中西部地区外商投资优势产业目录（2013 年修订）》（以下简称《目录》）于 2013 年 6 月 10 日正式实施，同时，2008 年 12 月 23 日国家发展和改革委员会、商务部发布的《中西部地区外商投资优势产业目录（2008 年修订）》废止，新版《目录》对原目录进行了以下几方面的调整：

一是鼓励领域拓宽。共列条目 500 条，相比原目录新增加了 173 条。其中，消费品工业领域主要新增条目集中在农副产品加工、纺织、医药等方面。例如，山西省"高档棉、毛、麻、丝、化纤的纺织、针织及服装加工生产"以及"天然药、原料药、中成药的深加工（列入《外商投资产业指导目录》限制类、禁止类的除外）"；内蒙古自治区"绿色农畜产品（乳、肉、绒、皮毛、马铃薯、蔬菜）生产及加工（列入《外商投资产业指导目录》限制类、禁止类的除外）"；安徽省"医疗设备及关键部件开发及生产"；江西省"脐橙、苎麻、竹、山药、莲、葛等特色、优势植物种植及深加工"；重庆市"动植物优良品种选育、繁育、保种、开发及产品深加工（列入《外商投资产业指导目录》限制类和禁止类的除外）"；四川省"红薯及非粮作物加工和副产物综合利用"以及"葡萄酒及特色水果酿酒"；宁夏回族自治区"沙生中药材、沙区生态经济林、沙区瓜果、沙区设施农业、沙料建材、沙区新能源和沙漠旅游休闲等沙产业"。

二是产业导向优化。除传统制造业外，《目录》中增加了服务业领域相关条目，如湖北、山西、辽宁、江西等大部分省市增加了"医疗和养老服务机构"或"医疗和养老服务业"，陕西省增加了"一般商品的批发、零售"。

三是鼓励省份增加。《目录》包括全国 22 个省（区、市）鼓励类产业条目。其中，根据《国务院关于推进海南国际旅游岛建设发展的若干意见》（国发〔2009〕44 号）要求，新增符合海南省发展实际情况的饮用天然矿泉水生产、甘蔗、蔗糖精深加工及副产品综合利用、中药、民族药的研发、生产以及观光农业、休闲农业的开发和经营及其配套设施建设等为鼓励类项目。

（二）政策影响

一是提高了环保要求。《目录》严格限制了我国明令淘汰的落后生产能力和

高耗能、高排放等不符合国家产业政策的项目向中西部地区转移。鼓励外商在中西部地区发展符合环保要求的劳动密集型产业，推进资源节约和综合利用。

二是增强了承接产业转移的优势。《目录》注重充分发挥中西部地区特定资源、产业基础以及劳动力、资源等比较优势，大部分省市新增加了纺织、食品、医药的相关内容，有利于中西部地区积极吸引外资和承接国内外产业转移发展相关产业。

三是有利于健康服务业的发展。从多省市增加的医药和养老服务机构看，将促进中西部地区医疗卫生服务业的发展，进一步完善医疗机构、老年护理院、康复疗养等养老机构的转诊与合作机制，有利于社区、农村健康养老服务的发展。

三、国务院颁布《关于巩固完善基本药物制度和基层运行新机制的意见》

（一）政策内容

2013年2月20日，国务院办公厅发布《关于巩固完善基本药物制度和基层运行新机制的意见》。为了进一步完善基本药物制度，意见强调"坚持保基本、强基层、建机制"的基本原则，着力解决基层医疗卫生体制改革面临的新问题，不断完善政策体系，健全长效机制。该意见内容涵盖：1.完善基本药物采购和配送；2.加强基本药物使用和监管；3.深化编制、人事和收入分配改革；4.完善稳定长效的多渠道补偿机制；6.进一步提升基层医疗卫生服务能力；7.稳定和优化乡村医生队伍；8.加强基层医疗卫生服务监管。并且该意见提出在组织实施方面要坚持落实目标责任、加强督导考核和宣传培训。

（二）政策影响

1.巩固基本药物招标采购制度，提高了基本药物可及性

根据该意见要求，在集中采购方面，要求针对不同类型的基本药物品种采取不同的管理方式以保证供应，比如对于对经多次采购价格基本稳定的基本药物试行国家统一定价；对独家品种实行国家统一定价；对少数基层必需但用量小、市场供应短缺的基本药物，采取招标定点生产等方式确保供应。

在优化"双信封"制方面，对经济技术标评审中提出了更高、更综合的指标要求，激励企业提高基本药物质量；在商标评审中，对竞标价格明显偏低的药品

进行综合评估，能够有效避免恶性竞争。

在保障供应方面，强调做好偏远、交通不便地区的药品配送服务；并且要求基本药物采购机构对基层医疗卫生机构基本药物货款统一支付，鼓励通过设立省级基本药物采购周转资金等方式优化付款流程，确保货款及时足额支付。同时，要求省级卫生部门加强对基本药物货款支付情况的监督检查，严厉查处拖延付款行为，并向社会公布，有效保障制药企业。

同时，该意见要求各地要严格执行诚信记录和市场清退制度，对于违法违规行为，要按照规定严肃查处并定期向社会公布，进一步规范制药企业招标行为，优化招标采购环境。

2. 完善基层运行机制，提升了基层医疗服务质量

该意见要求通过深化编制和人事改革、加强对基层医疗卫生机构及其负责人的考核和提高基层医疗卫生机构人员待遇，促进基层医疗卫生机构公益性的回归，并将有效避免在回归公益的同时出现的低效率现象。

该意见要求通过落实财政对基层医疗卫生机构的专项补助经费、完善财政对基层医疗卫生机构运行的补助政策、保障基本公共卫生服务经费等多渠道的补偿方式，使得基层医疗卫生机构能够得到有效补偿，有利于提高基层医疗服务质量。

四、《关于深化药品审评审批改革进一步鼓励药物创新的意见》发布

（一）政策内容

为进一步鼓励新药创制，加快临床亟需药品的审评审批，破解儿童专用药缺乏难题，2013 年 2 月 22 日，国家食品药品监督管理局发布了《关于深化药品审评审批改革进一步鼓励药物创新的意见》。该意见从进一步加快创新药物审评、实行部分仿制药优先审评、加强药物临床试验质量管理、鼓励研制儿童用药四个方面，提出了 13 条具体政策措施，最后提出了完善《药品注册管理办法》、强化药物研究技术指导原则体系建设、优化药品审评审批资源配置等 6 条配套措施。

（二）政策影响

1. 有助于营造鼓励创新的政策环境

这个政策出台的意义，使有效的审评资源能够更好地服务于有临床价值的创

新药物和临床急需仿制药。对于企业来说，政策的出台是非常积极的信号，企业非常认同和支持文件中的规定。

2. 仿制药优先审批使我国仿制药产业迎来战略机遇

从2011年开始，全球将有上百个专利药物陆续专利到期，涉及的销售额高达千亿美元，医药领域的"专利悬崖"正在对全球的医药生产和市场格局产生重要的影响。由于其中一些品种的临床应用短期内很难有新品种替代，这将为仿制药释放很大的市场空间。发达国家为减轻财政负担，控制医药费用支出，纷纷出台政策鼓励仿制药的二次开发和生产。发展中国家为提升医药产业的竞争力，也纷纷出台激励政策，将承接仿制药产业转移作为未来几年医药产业的发展重点。根据我国《药品行政保护条例》规定，专利药在国外的专利到期后，在我国行政保护也自行失效。故原研药的"专利悬崖"带来的药品市场空缺和药品市场扩容及《关于深化药品审评审批改革进一步鼓励药物创新的意见》中对仿制药的优先审批将给我国仿制药行业带来巨大的发展机遇。

3. 对提高我国仿制药战略地位、构建完善产业发展支撑配套体系意义重大

目前，我国正处在由"仿制药大国"向"仿制药强国"转变的关键时期。我国仿制药行业的企业能力不强，生产的仿制药品仍以低水平仿制为主，即便能够满足国内的药品市场需求，也很难在国际市场竞争中获得一席之地。加之我国制药企业数量多、规模小，市场集中度不高，产品品种单一，企业竞争力和抗风险能力较弱，需要政府为振兴我国仿制药行业制定相关扶植政策。此次意见的发布，对于提高我国仿制药战略地位、构建完善产业发展支撑配套体系和促进产业结构战略性调整，实现我国仿制药行业的突破和发展具有十分重要的意义。

4. 有助于儿童用药创新及用药安全

近年来尽管我国出台了一系列促进儿童安全用药的政策和措施，但仍面临儿童专用药品少、适宜儿童使用的低剂型药物匮乏、药物规格偏大、企业研发成本高等问题。亟需国家出台相关配套政策，鼓励企业量身定制儿童用药，破解儿童专用药缺乏难题。此次意见的出台，是国家药监局第一次具体、详细的规定了新增了鼓励研制儿童用药的内容，初步规范了药物标准剂型和规格包装，有助于鼓励企业开发和生产适于不同年龄段儿童使用的剂型和规格药品。

第四章　2013年中国消费品工业热点事件解析

一、国务院发布《深化收入分配制度改革若干意见》

（一）背景

改革开放以来，我国收入分配制度改革取得显著成效，实现了居民收入较快增长和来源多样化，但收入分配领域仍面临着城乡区域发展差距和居民收入分配差距较大、初次分配秩序混乱、再分配机制不健全等一系列结构性问题。据国家统计局数据显示，2013年上半年，我国城镇居民人均收入增幅为6.5%，落后于GDP增速，增速较2012年同期回落了3.2%。农村居民人均收入仅4817元，增速较一季度回落0.1%，基尼系数仍然偏高。为进一步推动收入分配制度改革，党的十八大明确提出，要"实现发展成果由人民共享，必须深化收入分配制度改革"。为贯彻落实党的十八大提出的要求，继续深入推进"十二五"规划实施、收入分配结构和制度、增加城乡居民收入、缩小收入分配差距、规范收入分配秩序，2013年2月5日国务院发布了《关于深化收入分配制度改革的若干意见》，标志着我国的收入分配制度改革进入了一个新的阶段。

（二）主要内容

《深化收入分配制度改革若干意见》给出了收入分配制度改革方案的宏观框架。该意见围绕深化认识收入分配制度改革的重要性，结合当前形势，全面阐述了下一步深化收入分配制度改革的总体要求和方向，提出两个"坚持"、三个"重点"、四个"目标"。在总体要求中，明确要"在发展中调整收入分配结构，着力创造公开公平公正的体制环境"，强调要"坚持初次分配和再分配调节并重"，体现了初次分配以市场为基础、注重效率、创造机会公平的竞争环境，再分配以政府为主导、更加注重社会公平的原则。该意见从完善初次分配、健全再分配、促进农民增收和形成合理分配秩序等四个方面，提出了30条具体政策措施。

（三）对消费品工业发展的影响

1. 消费主导型经济发展战略的确立将为消费品工业发展提供重要保障

长期以来，我国经济增长的主要动力来源于投资和净出口，消费始终是短板。国内消费的不足决定了消费品工业对国际市场的依赖度较高，受到国际经济环境变化尤其是欧美经济走势的严重冲击。在目前我国投资需求已经稳定保持在高位水平的情况下，只有转变长期以来的"以投资为主导的发展战略"为"消费主导型经济发展战略"，才能支撑我国经济的持续增长。消费需求增速增长的关键在于依赖收入分配的增长。收入分配制度的改革有利于消费主导型经济发展战略的确立。

2. 居民消费水平提升为消费品工业扩大内需提供广阔空间

收入分配制度改革是扩大内需的关键。目前，我国居民实际收入水平低成为制约消费水平的重要因素。只有打破垄断，调节各阶层利益，改革不利于消费的体制机制，进行有效的资源分配，切实提高居民收入，缩小城乡差距、贫富差距、行业差距和区域差距，才能更进一步扩大国内消费需求，构建消费增长的长效机制，消耗过剩产能。

3. 为消费品工业转型升级提供有利的市场空间

随着收入分配制度改革和居民收入水平及社会保障水平不断提高，居民消费结构将逐渐以生存为主的温饱型转向小康型的消费模式，城镇居民的享受型消费模式日益显现。居民对消费品的购买数量、频率会相应增加，产品更新换代速度也会要求提高，这为消费品行业转型升级提供了有利的市场空间。

4. 多项政策支持激发了企业积极性

该意见中明确提出，要继续推进费改税，进一步清理整顿各种行政事业性收费和政府性基金，坚决取消不合法、不合理的收费和基金项目，收费项目适当降低收费标准、合理调整部分消费税的税目和税率，将部分高档娱乐消费和高档奢侈消费品纳入征收范围等这些政策为企业发展提供了保障。

二、苹果公司"双重标准"

（一）事件背景

在 2013 年央视 3·15 晚会上，美国苹果公司被曝"在我国的维修服务政策与国外不一致，旗下多款产品违反国家三包规定"。因"中外有别"的售后服务政策涉嫌歧视，令这个具有无限光环的企业陷入前所未有的舆论风暴，我国消费者的不满集中爆发，纷纷声讨苹果公司的售后"双重标准"，国家质检总局也向全国工商系统发出了《加强对苹果等电子产品企业利用合同格式条款侵害消费者权益行为执法监督的通知》，要求对"苹果"等电子产品加大市场监管，查处存在不公平的"霸王"条款，维护消费者合法权益。虽然苹果公司于 4 月 1 日发布了《致尊敬的中国消费者的一封信》，承诺改进针对我国的产品维修政策，但这一事件留给了我们太多的反思。

（二）主要内容

得益于消费者的青睐和巨大的市场，苹果在我国市场获利颇丰。但在进入我国获取巨额利润、连续 6 年被《财富》杂志评为年度最受尊敬的公司背后，却隐藏着另一个苹果，这就是"店大欺客"。尽管苹果提供的是相同的产品，也存在若干相同的质量问题，但却唯独对在我国的售后服务"缺斤短两"，实施一种有别于欧美的双重标准。这一行为既是对我国法律的挑战，也是对我国消费者权益的践踏，直接影响了我国监管部门的公信力。

1. 苹果的"双重标准"挑战了我国法律

源于对自身创新能力、产品的高度自信以及我国消费者对苹果产品的热爱甚至溺爱，苹果的"傲慢"在我国展现得淋漓尽致。长期以来，苹果针对我国消费者售后服务制定的"霸王"条款与我国现行法律存在严重冲突。不仅如此，这些"霸王"条款还成为其拒不执行中国法律、法规的挡箭牌。

一是"三包有效期"大幅缩水。按照苹果规定，更换后三包期最多为 90 天。我国《移动电话商品修理更换退货责任规定》第 21 条明确规定，换货后商品三包有效期自换货之日起重新计算。但在苹果 4 月 1 日修改其在我国的售后服务条款之前，其给我国消费者换机之后不重新计算保修期，但在欧美国家苹果公司却执行另一种标准。

二是苹果的售后服务条款违反我国的法律。根据我国《微型计算机商品修理更换退货责任规定》：电脑整机保修1年，主要部件包括主板、驱动器、显示卡、CPU、硬盘、电源、内存保修2年。但苹果电脑无论是整机还是主要部件，只保修1年。"买得起修不起"已成为消费者的一种无奈。另外，苹果还规定，"维修可用翻新件、维修造成产品损坏仅赔维修款、运输损坏不能免费维修"，明显违反我国《消费者权益保护法》、《合同法》、《产品质量法》、《物权法》以及手机三包规定等多项法律法规，属于既不合理也不合法的"霸王"条款。

2. 苹果的"双重标准"严重侵害了消费者合法权益

在苹果售后服务"双重标准"被曝光后，苹果一开始的表现依然傲慢。2012年，苹果在我国的销售收入达到238亿美元，成为仅次于美国的苹果第二大市场。但在售后服务上苹果将我国消费者当作二等公民区别对待，显然与我国消费者对其的贡献并不相称。

一是实施消费歧视。目前，苹果对我国和发达国家消费者采取双重标准，我国消费者用相同甚至更高的价格购买苹果，但获得的售后服务却低于发达国家的消费者。这种有选择性的对待消费者的做法，严重伤害了我国消费者的信任与忠诚度。

二是危机之后依然傲慢。自3·15晚会曝光至4月1日期间，面对消费者的质疑及其受损权益，苹果公司延续了一贯的"霸王"姿态，仍坚称其维修方式完全符合我国法律。尽管后来在国家质检总局的高压下，苹果修改了部分维修条款，但其修改"解释模糊"、"意思含混"，条款核心内容并未改变，有敷衍消费者之嫌。

作为消费者心目中最具信誉和创新精神的一家知名公司，在我国消费者为苹果花费重金、将其视为电子产品的"标杆"时，其服务口碑却日渐下滑。2012年消协共受理苹果产品投诉2170件，其中涉及售后服务的投诉占25.6%，高出家电全行业平均水平7个百分点。

3. 苹果的"双重标准"违背了WTO的《服务贸易总协定》

从本质上看，苹果在我国的售后服务属于跨境服务，也就是服务贸易。根据《服务贸易总协定》，该服务即为"一成员的服务提供者通过在任何其他成员领土内的商业存在提供服务"，应该遵循WTO的公平竞争和最惠国待遇原则。就公平竞争看，售后服务是企业的一种竞争手段，苹果对我国消费者实施"双重标准"显然违背了这一原则。就最惠国待遇看，加入WTO后美国给予了我国永久性最惠国待遇。根据《服务贸易总协定》有关最惠国待遇的规定，苹果公司应该将其对其他任何成员国消费者提供的服务立即和无条件地给予我国消费者，但实际情况却是"双重标准"。

4. 苹果的"双重标准"影响了政府的社会公信力

保护广大消费者的合法权益是政府职责所在。但近年来，洋品牌在国内"双重标准"猖獗，部分洋品牌利用我国国家标准低于国际标准及其企业标准的现状，对我国实行低于发达国家的质量标准和高于发达国家的价格。随着洋品牌享受超国民待遇事件的不断爆发，一些消费者的不信任已经从企业层面上升到政府层面，这直接影响了政府监管部门的社会公信力。可喜的是，这次事件中我国的监管部门真正履行了监管职责。

（三）主要影响与启示

纵观此次事件，它反映的绝不是苹果的单方面过错，我国在法律法规及执法等方面的缺陷也需要引起足够的反思。

1. 法律漏洞与立法缺失

目前，我国现行法律、法规在保护消费者权益方面还不够完善。

首先，国家标准偏低。苹果将"更新除后盖外整套手机组件并保修90天"视为合法的依据是，其做法比国内大部分手机生产厂家"根据中国法律仅提供30天保修"做得好，这已然成为苹果的有力借口。

其次，三包法存在盲点。此次事件中，苹果对iPAD主要部件不执行两年的保修期，也是钻了我国三包法存在盲点的空子，即在中国3C认证的标注为"便携式电脑"，而非国家三包中提及的"笔记本微型机"。根据我国三包法的规定，"国家鼓励销售者、生产者制定更有利于维护费者合法权益的严于本规定的三包承诺。"由于这一规定更多具有建议或引导性质，因而实际上难于执行，也给类似苹果的企业留下了"不作为"的空间。

再次，公益诉讼制度缺失。目前，我国法律尚未规定公益诉讼制度。消协只能支持权益受损的消费者提起诉讼，或者通过媒体谴责损害消费者权益的不良行为，而消费者通过诉讼途径维权的成本过高、耗时过长，难以维护自身合法权益。因此，多数消费者在遭遇侵权后只能自己买单。

2. 行政执法主体不健全

此次事件暴露出的一大突出问题就是我国现行消费者权益保护体制的制度困局。

首先，消费者权益保护的行政执法主体不健全。在现行体制下，除工商总局、质检总局对不合格产品、缺陷产品召回等具备执法权外，对于服务标准中外有别、国产产品偷工减料或改用低档材质等现象，目前并没有专门部门监管。由于消协没有执法权，消费者对强势企业的"霸王条款"更难以撼动，在法律法规缺失、消协无权追责的情况下，政府相关部门的缺位，实质上对企业的傲慢行径起到了推波助澜的作用。其次，部分监管部门过于迷信洋品牌，并给予其超国民的待遇，放松了对产品的监管。

3. 违法成本低

处罚力度不够是目前我国监管链条上的薄弱环节。与在其他国家动辄大面积召回、巨额赔款的补救措施相比，洋品牌针对我国消费者的回应态度明显要怠慢。目前，我国关于家电维修违法行为行政罚款的最高限额仅为三万，违法成本远远低于违法受益，不足以起到威慑和惩罚的作用。违法成本低成为企业对于曝光问题敷衍了事的重要原因。

（四）应对举措

苹果现象只是众多洋品牌在我国采取双重标准的典型。防范"双重标准"的再次发生，需要我国在完善法律制度建设的基础上，健全消费者权益保护的机制，加大监管力度，切实提升监管能力和监管水平。

1. 完善法律制度建设

"双重标准"问题归根到底是我国相关消费者权益保护法律及细则不健全。在群体性的消费者难以进行集体抱团维权的情况下，相关部门必须加快推进法律制度建设。

一是要修订消费者权益保护法律，赋予消费者更便捷、更经济维权途径的同时，加重违法者的违法责任与成本；二是要适时调整3C产品相关三包规定，完善维修合同中易引起争议的"空子"和细则；三是要效仿国外维权组织，逐步建立集团诉讼制度，以增加消费者的维权途径，通过强大的民间维权团体和维权律师对企业形成震慑。

2. 健全企业监管机制

在有关部门出面叫停治标不治本、法律法规尚未细化的情况下，监管部门应进一步发挥其规范、引导作用，加强监管工作。

一是要明确我国消费者权益保护的行政执法主体及部门职能；二是负有监管责任的职能部门应加强部门间的协同协调合作，以实现消费者权益保护在各部门之间有机衔接和对双重标准、霸王条款、虚假宣传等重大问题的全程无缝管理，做到责、权、利、效相统一，有效防范监管体系中的脱节、错位问题。

3. 加大执法力度

一是针对我国国家标准和企业标准偏低、与国外标准不统一、差距明显等问题，支持行业协会、行业标委会和重点企业，做好行业性标准国际化规划工作，提高产品与服务标准，促进质量、技术、服务标准国际化，提高应对"双重标准"的能力；二是要加大对违规企业惩罚力度，提高企业的违规成本，规范洋品牌在我国的发展；三是要出台相关配套法规，强化对企业的监管手段。通过建立健全行业法律法规体系以及政策扶持，严厉整治虚假选宣传、霸王售后等问题，让企业行为在法律规则范围内展开。

三、白酒塑化剂风波

（一）事件背景

2012 年 11 月，一场由湘酒鬼引发的塑化剂（学名"邻苯二甲酸酯类物质"）含量超标事件引发舆论高度关注，国内几家知名酒企被推上了风口浪尖，"国酒"茅台也未能幸免。据媒体最新报道，茅台酒已在香港检测出 DEHP（塑化剂的一种）较国家标准高出 120%。一时间，塑化剂成为众矢之的，整个白酒行业被推上风口浪尖：白酒板块全线下跌，企业资产集体跳水，国人的目光再次聚焦食品安全监管。此后，尽管这些企业纷纷出面辟谣，但事件持续发酵对消费者、白酒市场及整个食品行业造成的影响不断蔓延。

（二）主要影响

从表面看，此次塑化剂只是个别企业的危机事件和逆向选择行为，但它影响的却是包括白酒在内的整个食品行业，同时进一步加剧了消费者的不信任和对政府食品安全监管的质疑。

1. 诱发全面的消费信任危机

"塑化剂"风波发生后，部分消费者开始质疑塑化剂是否与三聚氰胺一样，是白酒行业的"潜规则"。一时间，消费者谈塑化剂色变。特别需指出的是，当媒体曝出"塑化剂毒性堪比三聚氰胺三倍"的消息后，消费者的反应已经不是简单的"不敢再喝白酒"，而是对国内市场是否还有安全食品产生了普遍质疑，白酒塑化剂效应被快速放大。不仅如此，该事件爆发后，食品包装、医疗用品、儿童玩具、化妆品、服装行业也受到了不同程度的影响，可谓"城门失火，殃及池鱼"。

2. 危及民族产业与民族品牌

白酒行业不仅是我国具有优势的民族产业和就业与税收贡献大户，同时还承载着传承历史与民族文化的责任。此次事件爆发后，表面上是少数白酒企业或白酒行业利益受损，股价全面下滑，资产连续蒸发。从更深层次分析，是长期以来维系企业和消费者关系的民族及文化情结受到了重创，凭借多年积淀形成的民族产业良性发展态势面临危机，民族品牌的影响力一落千丈。特别是茅台酒塑化剂被曝光后，"国酒"二字的使用也备受指责。

3. 损害政府形象

保护广大消费者的健康消费权是政府职责所在，也是政府在大多数人民群众心目中形象的基石。可是近年来，随着地沟油、三聚氰胺牛奶、瘦肉精、膨化剂等一系列食品安全事件的相继爆发，一些消费者的不信任已经从企业层面上升到政府层面，有关政府监管不力的讨论愈演愈烈，对食品安全监管体制的批评声不断。

综上，"国以民为本，民以食为天，食以安为先"，食品安全关系国计民生和社会和谐。要从根本上防范食品安全事件，其核心在于今后必须加快标准体系建设，完善食品安全监管体制，强化第三方检验检测制度，大力推进诚信和可追溯体系建设，建立信息披露及动态预警机制。

（三）评价与启示

此次事件暴露出诸多问题：

1. 暴露行业检测标准缺失

自 2011 年台湾地区发生塑化剂污染事件后，依据《食品安全法》及其实施条例的规定，卫生部将塑化剂列为食品中可能违法添加的非食用物质，并设定了塑化剂在食品和食品添加剂中的临时限量。但这仅仅是卫生部办公厅的一个临时函件，并不是国家标准，未上升到法律法规层面。具体到白酒行业，一直以来塑化剂限量值标准缺位，不仅造成企业"无标准可依"，也使得监管机构行使职能时面临"无法可依"的窘境，因而也就难以真正做到"执法必严"和"违法必究"。

2. 食品安全监管存在真空地带

此次塑化剂事件暴露出的一大突出问题就是我国现行食品安全监管体制的制度困局。在现行体制下，由卫生部承担全国食品安全综合协调与综合监管职能，负责食品安全标准的制定。具体到实践中，采用的是"分阶段监管为主、品种监管为辅"、"综合监管与具体监管相结合"的多头监管体制。在系统监管乏力的情况下，这一多头管理犹如"九龙治水"，各监管部门只管自己的"一亩三分地"，缺乏对食品安全系统性的认识，食品安全监管难以做到无缝对接。具体到本次塑化剂事件，由于卫生部门没有明确的白酒塑化剂标准，导致塑化剂在质检部门的白酒安全检测标准中成为一个真空地带，工业管理部门也难以对白酒生产企业的塑化剂添加实施有效监控，最终导致塑化剂成为白酒行业监管的盲区和风险点。

3. 产品质量存在系统性缺陷

国民经济各行业的发展不是独立的，而是相互依存、相辅相成的。任何一个行业的产品质量都会对其它行业的发展产生不同程度的影响。具体到本次塑化剂事件，初步调查结果基本排除了白酒企业人为添加塑化剂的可能性，白酒中的塑化剂可能来自生产和贮存过程中成本低廉的塑料容器或引导管污染等，而目前国内塑料行业使用的塑化剂 80% 是 DOP、DBP 等价格低廉的邻苯类产品，已经是一个不争的事实。从这个角度讲，白酒塑化剂问题已不再是白酒行业自身的质量安全问题，而是一个系统性的产品质量缺陷问题。这一问题不仅仅危及行业自身发展，而且在投入产出角度对与之相关的行业都有不同程度的影响。

4. 食品可追溯体系建设滞后

食品安全是一个系统性的安全问题，涉及了从"农田到餐桌"一个很长的链条。这一链条上的任何一个节点发生问题都会危及整个链条的安全。为了解决这一系统性安全问题，欧美等发达国家在完善的标准体系基础上，大力实施可追溯体系，以真正做到食品安全问题"有迹可循"。从我国的实践看，尽管从 2002 年开始启动可追溯体系建设至今已逾十年，但目前仍然停留在部分产品和少数地区的试点阶段，推进工作缓慢，可追溯系统建设明显滞后，食品安全信息系统的集成化水平不高。据工业和信息化部对 25 个省（自治区、直辖市）795 家规模以上白酒企业的可追溯信息体系建设情况调查结果，仅有 28 家建立了可追溯体系，其中 15 家企业的可追溯体系还是 ISO 质量认证体系下的产品质量追溯。

（四）应对举措

"国以民为本，民以食为天，食以安为先"，食品安全关系国计民生和社会和谐。为了从根本上解决食品安全问题，需要我们在完善标准体系建设的基础上，进行体制机制创新，切实提升食品安全的监管能力和监管水平。

1. 加快推进标准体系建设

我国食品安全问题归根到底是监管部门的分段管理和标准缺失所致，相关部门必须加快推进标准体系建设。

一是要建立科学的标准体系。卫生部门应尽快制定并出台包括塑化剂在内的食品行业各类添加剂标准，尽可能细化到各子行业乃至重点产品。二是建立健全检测体系。对应生产环节的添加标准，尽快建立健全检测标准体系，做到生产和流通环节标准体系的无缝对接。三是积极推进标准体系的国际化进程，为企业的出口提供保障。

2. 完善食品安全监管体制

相关部门应加强部门间的协同协调合作，探索跨部门协调机制有效发挥作用的新模式，就食品安全发展的重大问题达成共识。

一是按照"分段监管"体制要求，进一步细化并明确各部门职责，做到责、权、利、效相统一，有效防范监管体系中的脱节、错位问题。二是建立部际食品安全联席会议制度，按照国务院食品安全委员会的统一要求，定期开展食品安全监管交流与协作，提升整个监管体系应对食品安全风险的能力。三是借鉴发达国家成功经验，健全食品安全召回制度，加大对违规企业惩罚力度，提高企业的违规成本，实现食品安全由"要我做"到"我要做"的转变。

3. 强化第三方检验检测制度

检测是食品安全监管的重要环节。就我国政府部门而言，既要促进食品行业发展，又要监管食品安全，在职能上必然存在一定的对立性。因此，必须强化第三方检验检测制度，保证检测的客观性与公正性。

一是完善制度设计，赋予独立第三方机构在食品安全检验检测方面的权利和义务，弥补政府检测机构的不足。二是引进和培育独立的第三方检验检测机构，加强对独立第三方机构的监督、资信认证与评估，政府、行业组织应定期对第三方检测机构的资质、检测范围等进行授权和认证，加强对第三方检测质量的控制。三是加强国际合作，积极推进检验检测结果的互信，全面推进我国检验检测制度的国际化进程。

4. 大力推进诚信和可追溯体系建设

诚信和可追溯体系建设在增加消费者的知情权、强化企业责任、提高企业信誉和提高企业风险控制能力等方面具有重要的作用，是保证食品质量安全的重要举措。

一是要加大财政资金对食品企业诚信和可追溯体系系统建设力度。二是加大食品企业诚信和可追溯体系的信息化水平，促进食品信息可追溯体系标准化和规范化发展。三是加大信息引导，大力宣传食品生产企业诚信和可追溯体系建设的经验和做法，引导更多企业重视和建设诚信和可追溯体系。四是加强对食品企业高级专业技术人员进行产品溯源、ERP 信息系统等专门培训，培养一批专业技术人才。

5. 建立信息披露及动态预警机制

一是要尽快查明白酒及食品中塑化剂的成因，为下一步有针对性的工作提供依据。二是建立健全公共食品安全信息披露制度，及时向社会公开食品安全的相关信息，特别是重大食品安全事故的有关信息，三是构建事前－事中－事后预警机制，对可能发生和可以预警的食品安全事件及时向社会做出预测，真正实现静态监管与动态监管相统一，事前、事中、事后监管为一体。

应注意的是，由于塑化剂易溶于油脂、酒精，相关部门除了应持续关注酒类产品外，还要举一反三，关注油脂类产品的食品安全问题。目前存在塑化剂安全隐患较大的行业主要包括桶装食用植物油、桶装水、医用塑料制品、食品保鲜膜等。建议行业主管部门尽快摸排风险因素，以提前制定和采取应对措施。

四、葛兰素史克案的反思

（一）事件背景

2013年7月11日，跨国药企葛兰素史克深陷"行贿门"，其在华高管为打开药品销售渠道，提高药品销售价格，涉嫌行贿政府官员和医生等，被公安部门立案侦查。此事一经披露，立即引发社会各界的广泛关注。以药养医、行业潜规则等词语迅速成为各大搜索引擎的搜索热词。那么，此次"行贿门"事件到底有何影响？折射出我国医药行业发展过程中的哪些问题？今后如何避免此类事件再次发生，以更好地保障消费者享受公平医疗的权益，促进医药产业健康持续发展，值得深思。

（二）主要影响

葛兰素史克案是我国医药行业的一次重要事件。葛兰素史克案之所以在社会各界如此轰动，一方面是由于其跨国制药巨头的显赫身份，另一方面也是因为此次事件的披露再度引发公众对以药养医、药价虚高等医药行业诟病问题的关注。葛兰素史克案虽然只是个体事件，但其影响的却是整个医药行业的发展。

1. 危及产业发展

从博弈论的角度看，葛兰素史克通过商业贿赂获取市场份额是一个负和博弈，对我国医药行业的发展产生了严重的负面影响。首先，它违背了市场经济的公平竞争原则，严重损害了同类企业、尤其是本土企业的利益，不利于医药产业和药品市场的健康发展。其次，商业贿赂下形成的各种利益集团相互之间勾结，涉及医药产业链从药品生产、销售和医药机构及行业管理等多个环节，加大了我国卫生医疗体制改革的难度。最后，危害的长期影响难以估计。实际上，葛兰素史克案暴露出来的可能只是我国医药领域商业贿赂的冰山一角，它大大增加了我国某些特定药品市场被外企垄断的风险，使得本土药企丧失话语权，本土投资的发展也受到了抑制，进一步加剧了特定产品对外来品牌的依赖性。

2. 诱发信任危机

作为一家知名跨国药企，其行贿行为严重挑战了消费者的信任底线。一直以来，外资品牌由于其雄厚的技术实力和品牌效应，一直受国内消费者青睐。加之国内产品频频出现质量问题，外资大品牌更是成为消费者眼中质量和信誉的保证。

但此次"行贿门"事件的爆发,让本就岌岌可危的消费信心再次雪上加霜,引发了社会各界对医药企业、行业管理者和医疗机构的全面信任危机。

3. 抑制内需增长

据葛兰素史克一位违法的中国高管称,药企运营成本在药价中所占的比重高达 20%—30%,行贿成本在运营成本中占的比例非常大。这部分被人为提高的产品成本最终被转嫁给了消费者,消费者不得不将更多的资金用于购买各种价格昂贵的药品,而其他方面的开支则被迫缩减。从某种程度上来说,行贿导致的药价虚高压缩了广大中低收入者的消费空间,不仅不利于我国医药需求的扩大,对其他方面的需求也会产生排挤效应。

(三)评价与启示

葛兰素史克案暴露出我国医药产业存在四大"诟病"。葛兰素史克不是首家在华涉贿的跨国药企,此前强生、西门子、辉瑞、礼来等跨国药企也都曾卷入在华涉嫌行贿风波,辉瑞更是因商业贿赂被美国司法部门处以 23 亿美元的巨额罚单。这一现象值得我们反思,为何如此之多的跨国药企选择以行贿的方式开拓中国市场呢?葛兰素史克案为我们揭开医药产业四大"诟病"。

1. 医疗体制扭曲

一是公立医院特别是三甲医院仍然没有摆脱"以药养医"的经营模式。"以药养医"不仅造成"看病贵"的现象,也催生了腐败。在利益的诱使下,医院和医生往往会根据"好处"的多少来决定采购何种药品和器械,商业贿赂成为医药行业的潜规则。在此环境下,企业为了让药品进入流通环节,抢占市场份额,难免会受潜规则支配,使出贿赂手段。

二是医药审批的高度集权。在我国,所有药品上市前必须通过药品监督管理部门审批。在这一高度集权的审批制度下,药品注册审批权成为一种稀缺的权力,一种新药要成功上市,均逃不过进行"黑金交易"的命运。如果这一审批制度能够不断下放,那么行贿成本就会令药企难以承受,商业贿赂发生的概率将会大大降低。

三是医疗服务市场竞争缺失和医生职业道德缺失。在我国,医疗服务市场具有明显的国有主导色彩,公立医院在医疗服务领域的地位不可动摇,民营医疗服务受准入、技术水平等限制,难以与公立医院形成竞争。在这种不完全竞争的市场机制下，公立医院的绝对话语权为腐败提供了机会。同时，作为医疗服务的主要提供者，医生职业道德明显低下，在医药分离和监管乏力的大背景下，处方大权就成为医生获利的重要渠道。

2. 司法体系存漏洞

一是司法部门不作为。在葛兰素史克案之前，很多跨国药企行贿行为的曝光多是所属国监管部门"多管闲事"的结果，比如美国当局曾经就指控辉瑞在中国行贿违反《反海外贿赂法》，对其开出 11 亿美元的罚单。而我国司法部门在打击跨国药企行贿行为方面则多显得被动甚至不作为，这在一定程度上助长了这些药企的贿赂行为。

二是处罚力度过低。近年来，我国对跨国药企的查处并非没有，但每次查处都没有形成真正的震慑效应，类似葛兰素史克这样的潜规则不仅没有得到优先控制，在医药分离的背景下越发显性化，归根结底就是处罚力度过低。开普勒资本市场基于中国以往类似案件的审理结果预测称，葛兰素史克为了结此案所需支付的罚金可能在 500 万—1000 万美元之间，而其去年在中国的销售收入大约为 15 亿美元。也就是说，即使行贿罪名成立，其所需支付的罚金可能只占销售收入的不足百分之一。

3. 监管不到位

葛兰素史克案反映出的第三个问题是医疗机构购销活动缺乏有效监督。从该案以及近年来查处的医药购销贿赂案件来看，无论是跨国药企还是国内企业，其顺利进行商业贿赂的条件多为内部监督制约制度出现漏洞、单位或个人权力过于集中、对核心人员监督约束不够等。监督制约不到位为腐败滋生提供了可乘之机。

4. 产业发展层次低

有媒体指出，葛兰素史克等跨国药企的行贿事件是典型的中国故事。虽然这个评论可能不完全正确，但确实在一定程度上反映出我国医药产业的发展现状。在我国，医药行业同样是以中小企业为主体，多年来的同质化和低水平竞争导致医药生产能力严重过剩，资金不足、经营效益低、管理手段落后、流通秩序混乱等问题十分严重。这些问题致使我国医药市场呈现过度的分散竞争状态。此环境下的药品生产企业为了打开市场，逐渐从药品的宣传费、处方费、折扣让利方式发展为葛兰素史克式的行业潜规则。

（四）应对举措

葛兰素史克案反映出我国医药产业的诸多问题，敲响了行业发展的警钟。为了保证广大人民群众的根本利益，保障消费者享受公平医疗的权益，促进医药产业健康持续发展，需要在以下几方面继续努力。

1. 深化医药体制改革

一是完善基药制度，制定出台大医院基本药物配备比例规定。二是开放医疗服务市场，加快形成富有竞争活力的市场主体，鼓励不同性质的企业参与竞争。三是推进医药分开，对医院药品销售加价率政策进行改革，逐步降低 15% 的加价率，探索试行差别加价政策等。四是完善公立医院补偿机制，补偿方式由传统的供方补助转向需方补助为主，加强政府补助与医院提供服务数量和质量的关联，强化补助的激励和政策导向，提高补助的效率。五是探索药品采购制度改革，建立健全药品采购信用体系。

2. 改革药品定价政策

一是改革定价方法，改进成本定价方法，逐步引入药物经济性评价方法；对部分进口专利药，参考国际市场特别是与中国经济发展水平相当的市场价格进行定价；对专利药品给予一定程度的价格保护，保持价格相对稳定。二是改革单独定价政策，逐步缩小目前原研药与仿制药之间的价格差距。三是改革流通环节的加价政策，加强药品出厂价格调查监测工作，探索对流通环节实际加价率进行控制的有效方法。

3. 完善药品流通模式

一是建立专业化的药品流通中介体系，探索引入第三方药品利益管理机构，负责药品的集中招标采购、医生处方审核、加盟药店联合采购、药品分类编码、数据通讯服务、市场信息服务以及企业信用服务等。二是推广和应用医药电子商务，推行网上医药交易，使药品交易更加透明化。三是构建药品市场交易数据、电子监管等信息平台，建立健全从药品生产、流通到使用全过程的信息共享和反馈追溯机制。

4. 加大医药商业贿赂打击力度

一是完善现有法律，对各种形式的商业贿赂进行界定，扩大贿赂的界定范围，并规定相应惩治措施。二是减少贿赂案件中行政机关的干预，以司法手段代替行政手段，严厉打击贿赂行为。三是降低立案门槛，并建立完善的监管和举报制度。四是提高商业贿赂的惩罚标准，除经济惩罚外，还需加以相应的刑事处罚。

5.推进医药诚信和可追溯体系建设

一是加大财政资金对医药企业诚信和可追溯体系系统建设支持力度。二是加强诚信管理制度建设，规范企业诚信经营行为和从业人员、尤其是医生的职业道德，营造行业诚信环境、诚信服务的良好环境。三是认真履行药品安全管理的有关规定和生物制品安全使用制度，强化药品流通体系的条件建设和制度建设，逐步建立起科学可靠的包括药品、生物制品、医疗器械等的安全监管和产品追溯体系。

五、食品安全责任险遭"冷遇"

（一）事件背景

近日，国务院办公厅印发的《2013年食品安全重点工作安排》明确指出，要"推进食品安全责任强制保险制度试点工作"。此举一出，立即引起了社会各界的高度关注。从实践看，虽然近年来食品安全问题一直备受关注，但食品安全责任保险却鲜有问津，企业投保率非常低。那么，食品企业的投保率为何低下？是保险制度本身有问题还是政府的引导和支持不够？如何建立健全我国的食品安全责任险制度以发挥其在保障食品安全、提振消费信心中的作用将直接关系我国食品工业的持续健康发展。

（二）发展现状

1.整体水平低

自2009年《中华人民共和国食品安全法》颁布以来，食品安全责任保险这一新型的保险险种在我国开始推广。可是，推行四年多以来收效甚微。从市场发育程度看，目前食品安全责任险仅在河北、广东、江苏、四川等少数省份有所发展，真正的食品安全责任险市场尚未建立。从食品企业参与度看，目前的投保企业主要是大型食品企业集团、进出口企业、餐饮类企业和学校、单位食堂等，占食品企业总数90%以上的中小食品企业投保较少；从保险公司层面看，从业人员对于该险种的熟悉程度差，对于该险种的推广力度较小；从消费者层面看，目前消费者对于所购食品是否参加责任保险的关注度几乎为零。

2. 投保率低

与我国整体保险市场的快速发展和投保率的不断走高所不同的是，食品安全责任险推行几年来企业投保率较低，仅在 10% 以下。2010 年，我国公众责任险保费收入为 56.53 亿元，占财产险保费收入的 1.4%；责任险的签单数为 307.6 万件，占财产险签单总数的 1.4%；在公众责任险附加险中，食品安全责任保险签单数最少。在发达国家，欧美责任险业务通常占非寿险业务的 30%—50%，日本也达到了 25%—30%。相比之下，我国责任险投保率远低于国际上 15% 的平均水平。

3. 险种数量和种类少

目前，国内仅有少部分保险公司提供食品安全责任保险，例如，美亚保险公司推出的食品污染综合保险、上海安信农业保险公司推出的我国首款农产品食用安全保险、人保财险推出的校园食品安全责任保险等。总体来看，我国食品安全责任保险的数量和种类的发展情况，与当前严峻的食品安全风险以及食品、保险市场的发展规模相比，还存在很大的差距。

（三）原因与启示

从目前的形势看，在我国食品行业全面推行食品安全责任保险面临着严峻的挑战和诸多困难。

1. 法律及配套的惩戒机制不健全

责任保险发达与否与一国法律体系的健全程度密切相关，尤其是民事侵权法的建设程度。在我国，现行的法律制度体系存在明显的不足，突出表现为缺乏产品责任的专门法律。相比之下，发达国家不仅建立了较为系统的法律体系，惩戒机制也较为健全。在美国、欧盟、日本等责任保险发达的国家皆有专门的民事侵权法律，如《产品责任法》，并执行"严格责任体系"。此外，美国还通过了《联邦食品、药品、化妆品法》、《消费品安全法》等单行法，形成配套责任法规体系，并实行高额赔偿的惩罚性机制。在日本，不仅通过建立严格的产品标准和法规，还对产品安全进行全面干预和监管。反观我国，尚无独立的《产品责任法》，仅在《食品安全法》、《产品质量法》、《消费者权益保护法》等法律法规中零散体现产品责任的内容，其覆盖面极为有限，针对性弱。

2. 险种设计存在缺陷

一是对投保人和被保险人约束过多。目前，多数保险公司规定"对于食品退换、回收、召回造成的损失，以及食品本身的损失，保险公司不承担赔偿"，而此类赔偿费用恰恰是事故发生后的必要组成部分。另外，将故意、重大过失和违法行为所引发的赔偿责任排除在保险责任之外，且对"重大过失"未做出明确定义，容易导致理赔纠纷。二是赔偿限额低。食品安全责任保险合同中规定的保险赔偿限额一般数额较小，保险公司只在此限额内赔付，一旦发生重大食品安全事故，受害人很难得到合理赔偿。三是产品与相关产品存在重叠。食品安全责任保险其覆盖的责任与其他保险产品互有交叉。例如，公众责任险中的附加险有"食品饮料安全险"，餐饮场所责任险等，如果企业同时购买这些保险，则会加重负担。

3. 保险公司承保积极性不高

一是食品安全事故特点决定。由于食品安全事故具有发生概率不确定以及损失难以预计等特点，因此保险公司经营该险种的风险较大，预期收益较低，影响了保险公司的承保积极性。二是保险公司自身能力的制约。受专业技术、服务水平的限制，目前我国大部分保险公司承保时不能结合食品的种类、配料、采购、生产、运输、销售等多个环节，综合评估承保风险，确定承保方式、厘定费率、确定责任范围。三是保险公司经营理念制约。当前保险市场经营理念是"以保费论英雄"，财险公司更钟情于企财险、机动车辆保险以及货物运输保险等规模大、收益高、风险小的险种，对于食品安全责任险这一规模小、风险大、收益低的险种存在主观上的推广动力不足。

4. 企业投保动力不强

一是强制性法律缺乏制约。截至目前，我国缺乏针对食品安全责任险的强制性法律规定，加之食品安全违法惩戒力度小、违法成本低，难以形成对食品企业投保食品安全险的威慑。二是食品企业的经营理念制约。目前，绝大多是企业尚未认识到食品安全责任险对于分散和转移生产经营风险的积极作用，更多关注当期的盈利，企业内部没有建立风险防控机制。三是经营主体特性制约。目前，我国的食品企业90%以上为中小企业，盈利能力低，对于这一增加成本、无法转嫁的投保支出主观上动力不足。

5. 消费者的认知与诉求意识淡薄

一是消费者对食品安全责任险的认知程度低下。作为一个新型的险种，仅在近几年才在少数地区开始实施，消费者对之缺乏了解和认知；二是消费者的诉求意识不强。与欧美等发达国家的消费者相比，我国消费者对于食品安全的诉求表现出明显的意愿强、行动弱的特点，对于所购买和消费的食品是否投保食品安全责任险缺乏行动上的诉求，这在一定程度上也形成对食品企业不投保食品安全责任险的一种负向激励。

6. 政策扶持力度不够

一是政府在参与食品安全风险管理方面缺位。目前，一些重大的食品安全事故发生后，由于责任企业经济能力有限，无力支付赔款，又没有参与相关保险，使最后责任实际落在政府身上。虽然消费者间接获得了赔偿，但是政府只是起到了事后补偿的作用，并不能从源头上分散食品安全风险；二是政策激励不足。目前，国家对食品安全责任险投保企业和承保公司无任何优惠政策，这在很大程度上限制了投保人投保和保险公司承保的积极性；三是政府立法保障重视不够。目前，尚无一部比较完整的《产品责任法》来规范责任保险市场，直接导致食品安全事故发生后责任认定等方面缺乏直接的法律依据。

（四）应对举措

为积极推进食品安全责任险，发挥食品安全责任险对于保障食品安全、保护消费者权益的积极作用，我国应在借鉴发达国家经验的基础上，进行制度和管理创新。

1. 完善法律和相关配套制度

一是尽快出台《产品责任法》，采用严格责任原则，加大惩罚力度，建立多层次的立法体系。二是加快完善食品相关标准和法规，对未实施食品安全责任险的企业采取严格的市场准入制度。三是尝试建立救助基金制度以及第三人的无条件直接请求权制度等配套政策，完善赔偿机制。四是建立食品安全保险评级机制，为每款产品在上一保险期内的表现评级，以此作为保险公司调整其下一期保险费率以及顾客挑选食品的参考。

2. 发挥保险公司的能动性

一是产品设计差异化。对不同产品、规模、类型的食品企业针对其风险类型设计不同的保单条款和费率，并实行浮动费率。二是加强风险管理，减少道德风险。可运用赔偿限额、免赔额及保险赔付率等手段来促使被保险人加强食品质量管理,减少道德风险的发生。三是提升经营食品安全责任保险的技术、服务水平,提高相关工作人员的专业技术知识和技术门槛。

3. 提高企业投保积极性

一是允许参与投保的食品企业在其产品上标注"已投保责任保险"等字样,以增强所投保食品的竞争力,鼓励消费者选购。二是相关联合会、协会等中介组织联合保险机构成立中小企业保险联盟,为成员企业提供团体保险,降低个体保险费的支出。

4. 发挥政府的管理职能

一是分阶段、分地区、分行业地推进食品安全责任保险制度。可选取乳制品、肉制品、初级农产品等行业先行试点。二是通过补贴、税收优惠,对食品安全责任险的承保公司、投保企业提供一定的政策和资金支持。三是政府和保险公司合作建立食品安全保险基金,以应对食品安全风险带来的超额赔付。四是政府应该加大相关技术研究投入,解决准确评估风险并归类的技术难题,为保险公司厘定差别费率创造条件。五是提升食品安全责任险的公共服务平台水平,与现有国家食品工业企业诚信信息公共服务平台相结合,拓展其功能。六是加大《食品安全法》的宣传力度,唤醒和强化消费者的维权意识。

5. 构建联动的监管网络体系

一是监管部门与各地保监会、保险公司联动合作,形成立体的监管网络体系。通过各部门间的信息共享可减少由于信息不对称而导致保险公司在监测生产者行为时不必要的成本支出,同时通过共享信息和数据,可对事故发生的原因、特点等进行综合分析,提高食品安全的管理水平。二是通过监管网络,定期对高风险生产企业进行信息披露,以约束其生产行为,减少道德风险。

行业篇

第五章　纺织工业

一、发展情况

（一）运行情况

1. 生产规模继续扩大，但增速明显放缓

2013 年 1—9 月纺织工业生产规模整体上虽保持增长态势，但行业增加值增速低于工业 10.2% 的平均水平。从各子行业来看，纺织业下滑趋势明显，行业增加值增速由年初的 11% 逐月下降至 8.9%；纺织服装服饰业生产增速呈波动式发展，9 月份行业增加值增速再次回升到 8.9% 的水平；化学纤维制造业行业增加值增速则呈现持续上扬态势，成为纺织工业中生产势头最强劲的子行业。

表 5-1　2013 年 1—9 月纺织工业行业增加值增速（单位：%）

行业名称	1—2月	1—3月	1—4月	1—5月	1—6月	1—7月	1—8月	1—9月
纺织业	11.0	10.5	10.4	10.0	9.6	9.4	9.2	8.9
纺织服装服饰业	7.0	7.7	8.2	7.9	7.5	7.4	7.0	8.9
化学纤维制造业	8.2	8.6	8.7	9.0	9.7	10.1	10.0	10.7

数据来源：国家统计局。

与 2012 年同期相比，受国际需求下滑、内需增长趋缓、棉价扭曲等因素影响，2013 年 1—9 月纺织工业生产增速放缓，各子行业的行业增加值增速均出现了不同程度的回落。但从全年趋势来看，除纺织业呈波动式上涨外，纺织服装服饰业和化学纤维制造业均呈现出明显的上扬趋势。

表 5-2　2013 年 1—9 月纺织工业行业增加值增速与去年同期之比（单位：%）

行业名称	1—2月	1—3月	1—4月	1—5月	1—6月	1—7月	1—8月	1—9月
纺织业	78.0	69.5	72.2	73.0	73.8	72.9	71.9	73.6
纺织服装服饰业	72.9	77.8	88.2	94.0	96.2	96.1	100.0	105.6
化学纤维制造业	56.9	62.3	62.1	65.2	72.9	74.8	74.4	76.9

数据来源：国家统计局。

2. 企业家信心不足，固定资产投资增速回落

2013 年 1—9 月，由于企业景气度低，企业家信心不足，我国纺织工业固定资产投资平均增速仅为 17.1%，低于制造业平均增长水平 1.4 个百分点。其占整个制造业固定资产投资的比重为 6.0%，较 2012 年同期下降 0.1 个百分点。从各子行业来看，纺织业、纺织服装服饰业以及化学纤维制造业固定资产投资总额占整个纺织工业的比重分别为 53.0%、34.6% 和 12.4%，其中又以化学纤维制造业投资增速最快，达到 23.5%，高于制造业平均水平。

表 5-3　2013 年 1—9 月纺织工业固定资产投资增速（单位：%）

行业名称	1—2月	1—3月	1—4月	1—5月	1—6月	1—7月	1—8月	1—9月
纺织业	7.1	10.7	9.8	9.7	10.7	10.0	11.0	13.4
纺织服装服饰业	23.2	26.8	25.3	18.9	18.6	20.3	22.0	21.0
化学纤维制造业	7.3	10.9	11.0	12.3	19.4	17.1	18.0	23.5

数据来源：国家统计局。

与 2012 年同期相比，纺织工业固定资产平均投资增速逆势增长 2.5 个百分点，好于制造业平均水平。细分行业看，纺织服装服饰业固定资产投资增速回落明显，达到 3.8%，但仍好于制造业平均水平，而纺织业和化学纤维制造业固定资产投资增速均高于 2012 年同期水平。

表 5-4　2013 年 1—9 月制造业及纺织工业固定资产投资增速回落情况（单位：%）

行业名称	1—2月	1—3月	1—4月	1—5月	1—6月	1—7月	1—8月	1—9月
制造业	-7.7	-6.1	-6	-6.7	-7.5	-7.8	-5.9	-5.0
纺织业	-12.6	-3.5	-7.3	-7.3	-1.8	-5.4	-2.9	0.9
纺织服装服饰业	-4.6	2.8	3.4	-6.5	-4.5	-2.5	-1.4	-3.8
化学纤维制造业	-7.7	-10.5	-13.6	-12	-5.5	-11.1	-9.7	2.0

注：表中数据为 2013 年 1—9 月份纺织工业固定资产投资增速与去年同期之差。
数据来源：国家统计局。

3. 宏观经济增速放缓, 市场供求保持低速增长

在宏观经济增长缓慢的大环境下, 纺织工业市场供求受到抑制, 持续低位增长。供给层面来看, 纱、布、化纤等大类产品的产量均实现不同幅度的增长, 但增长速度明显降低。其中, 由于库存企高, 去库存仍是 2013 年服装业的首要任务, 因此服装类产品产量一度出现负增长。1—9 月, 服装产量累计为 193.9 亿件, 同比增长 0.73%, 较年初下降 25.6 个百分点; 布产量累计为 494.3 亿米, 同比增长 7.2%, 较年初下降 1.2 个百分点; 纱产量累计为 2576.3 万吨, 同比增长 7.5%, 较年初下降 3.8 个百分点; 化纤产量累计为 3046.1 万吨, 同比增长 7.5%, 较年初增长 3.8 个百分点。

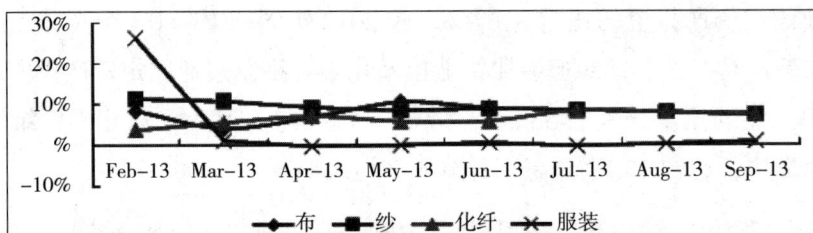

图5-1 2013年1—9月纺织工业主要大类产品累计产量增速

数据来源: 国家统计局。

需求层面来看, 1—9 月限额以上企业服装鞋帽、针、纺织品类商品零售总额累计达到 7913.4 亿元, 同比增长 12.2%, 虽高于国内限上企业消费品零售额增速 1.2 个百分点, 但整体来看仍然处于低速增长状态。其中, 在零售终端持续加大打折促销力度的背景下, 服装类商品零售总额为 5643.9 亿元, 占服装鞋帽针纺织品类商品零售总额的 71.3%。

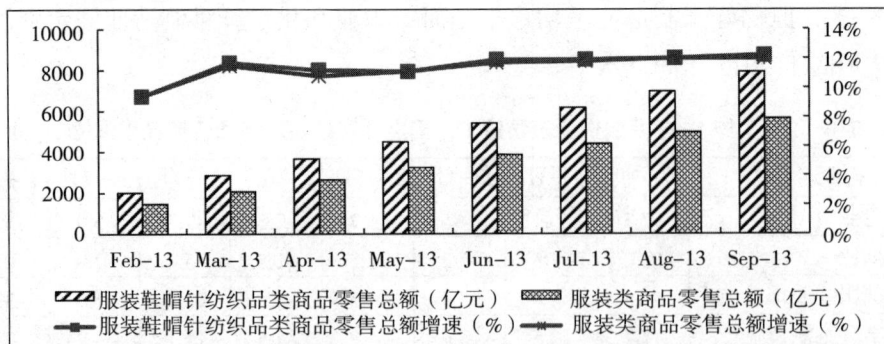

图5-2 2013年1—9月限上企业服装鞋帽、针、纺织品类商品累计零售总额及增速变化情况

数据来源: 国家统计局。

价格层面来看，由于棉花原材料价格和用工成本逐步提高，2013年纺织工业商品零售价格指数继续上扬，但幅度不大，表明国内服装、纺织品的市场需求仍较为疲软，内销市场还处于以价换量拉动消费增长的阶段。

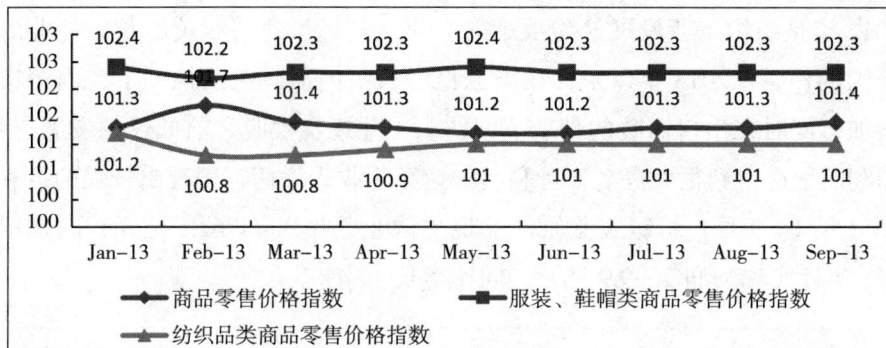

图5-3　2013年1—8月服装鞋帽、纺织品类商品零售价格指数（上年同期=100）

数据来源：国家统计局。

4. 国际经济趋暖，出口形势显著好转

2013年我国纺织工业出口形势趋于好转：1—9月，纺织业完成出口交货值2950.7亿元，同比增长7.4%，高于2012年同期6.2个百分点；纺织服装服饰业完成出口交货值3624.5亿元，同比增长6.9%，高于2012年同期5.7个百分点；化学纤维制造业完成出口交货值336.0亿元，同比增长4.8%，高于2012年同期4.6个百分点。2013年纺织行业出口数据向好，主要受三方面影响：一是外需回暖，上半年欧美日等传统市场经济弱势复苏，新兴市场需求持续强劲，进而带动中国纺织工业出口增长；二是原料成本压力相对缓解，1—9月外棉价格上涨，国内外棉花价差小幅收窄，加之前期库存消化，企业经营压力相对减轻；三是上年同期基数较低。

表5-5　2013年1—9月纺织工业出口交货值增速与上年同期之差（%）

行业名称	1—2月	1—3月	1—4月	1—5月	1—6月	1—7月	1—8月	1—9月
纺织业	7.9	5.4	8	9.7	8.8	7.7	6.9	6.2
纺织服装服饰业	1.5	−2	−0.5	1.5	3.8	3.4	4.6	5.7
化学纤维制造业	22.3	21.2	19.5	16	12.2	10.9	6.5	4.6

数据来源：国家统计局。

（二）效益情况

1. 盈利能力分析

（1）收入和利润稳步增长

2012年是纺织工业发展最为艰难的一年，利润增速持续负增长给行业成长带来极大的伤害。2013年以来，在国家稳增长扩内需政策的推动下，内销市场需求增加，同时在出口回暖的带动下，纺织工业逐步摆脱之前低迷的发展态势，收入和利润增速得到很大提高，且利润增速高于收入增速，表现出较强的盈利能力。2013年1—9月，纺织工业累计实现主营业务收入44761.1亿元，同比增长11.8%；累计实现利润2099.9亿元，同比增长17.4%。

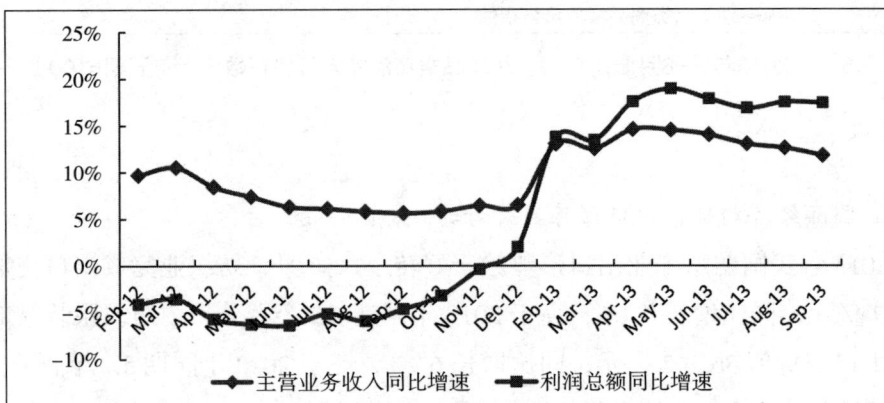

图5-4　2012—2013年纺织工业收入和利润增速走势图

数据来源：国家统计局。

横向比较来看，由于纺织工业的弱周期性，在国家宏观政策的大力推动下，其收入和利润增速在工业各行业中处于中上水平，比较优势相对明显。2013年1—9月，纺织工业主营业务收入增速高于工业整体0.8个百分点，利润总额增速高于工业整体3.9个百分点。

分行业来看，化学纤维制造业在2013年表现突出。作为重要的纺织原料，在纺织业和纺织服装业生产企稳回升的发展态势下，以及在2012年中期企业去库存减少损失的努力下，化纤行业的收入和利润增速均实现较大幅度的跨越，其中主营业务收入增速由2012年同期的－23.0%增加到2013年的10.1%，利润总额增速更是由2012年的－35.4%增加到2013年的23.0%，增加幅度达到58.4个百分点。

表5-6 2013年1—9月纺织工业主营业务收入和利润总额增速与去年同期比较（%）

行业	2013年1—9月		2012年1—9月	
	收入增速	利润增速	收入增速	利润增速
工业	11.0	13.5	9.4	0.4
纺织工业	11.8	17.4	−7.9	−43.6
其中：纺织业	12.8	20.2	−0.1	−68.6
纺织服装服饰业	10.8	11.9	3.2	−17.2
化学纤维制造	10.1	23.0	−23.0	−35.4

数据来源：国家统计局。

（2）资本增值能力有所增强

2013年1—9月，纺织工业销售利润率为4.7%，低于工业平均水平0.8个百分点，与2012年同期相比差距缩小0.1个百分点，资本增值能力有所增强。从全年发展趋势来看，纺织工业销售利润率稳中有升。分行业来看，纺织业销售利润率较年初增加0.4个百分点，高于纺织工业平均水平；纺织服装服饰业销售利润率最高，达到5.2%，但较年初下降0.6个百分点，获利能力有所削弱；化学纤维制造业销售利润率仅为2.7%，分别低于工业和纺织工业平均水平2.8和2.0个百分点。

表5-7 2013年1—9月纺织工业销售利润率变化情况（%）

指标	1—2月	1—3月	1—4月	1—5月	1—6月	1—7月	1—8月	1—9月
工业	5.2	5.3	5.3	5.4	5.4	5.4	5.4	5.5
纺织工业	4.6	4.5	4.5	4.6	4.6	4.6	4.6	4.7
其中：纺织业	4.4	4.5	4.5	4.7	4.7	4.7	4.8	4.8
纺织服装服饰业	5.8	5.4	5.4	5.3	5.1	5.1	5.1	5.2
化学纤维制造业	2.6	2.4	2.3	2.4	2.4	2.5	2.6	2.7

数据来源：国家统计局。

（3）成本费用控制水平基本稳定

2013年1—9月纺织工业成本费用利润率为4.9%，低于工业平均水平0.9个百分点，与2012年同期差距保持一致，行业成本费用控制水平基本稳定。分行业来看，纺织业和纺织服装服饰业成本费用利润率高于纺织工业平均水平，盈利能力强于化学纤维制造业。其中，纺织服装服饰业成本费用利润率较年初下降0.8个百分点，行业成本压力较大。

表5-8　2013年1—9月纺织工业成本费用利润率变化情况（%）

指标	1—2月	1—3月	1—4月	1—5月	1—6月	1—7月	1—8月	1—9月
工业	5.5	5.6	5.6	5.7	5.7	5.7	5.7	5.8
纺织工业	4.9	4.8	4.8	4.8	4.8	4.8	4.8	4.9
其中：纺织业	4.7	4.8	4.8	4.9	5.0	5.0	5.0	5.1
纺织服装服饰业	6.3	5.8	5.8	5.7	5.5	5.4	5.4	5.5
化学纤维制造业	2.6	2.4	2.4	2.5	2.5	2.5	2.7	2.8

数据来源：国家统计局。

（4）资产利用效益较好

2013年1—9月，纺织工业总资产报酬率为6.9%，高于工业平均水平0.9个百分点，表明该产业资产利用效益较好，企业盈利能力强。从全年发展趋势来看，纺织工业总资产报酬率上扬趋势明显，企业生产运营情况良好。分行业看，纺织业和纺织服装服饰业总资产报酬率分别为7.5%和7.6%，高于纺织工业平均水平；而化学纤维制造业的资本利用效益较差，总资产报酬率仅为3.8%。

表5-9　2013年1—9月纺织工业总资产报酬率变化情况（%）

指标	1—2月	1—3月	1—4月	1—5月	1—6月	1—7月	1—8月	1—9月
工业	1.2	1.9	2.5	3.2	4.0	4.6	5.2	6.0
纺织工业	1.4	2.1	2.9	3.7	4.5	5.3	6.0	6.9
其中：纺织业	1.4	2.2	3.1	3.9	4.9	5.7	6.6	7.5
纺织服装服饰业	1.7	2.6	3.5	4.3	5.1	5.9	6.6	7.6
化学纤维制造业	0.7	1.1	1.5	1.9	2.4	2.8	3.2	3.8

数据来源：国家统计局。

2. 偿债能力分析

（1）资产负债情况稳定

2013年1—9月，纺织工业资产合计37278.8亿元，同比增长10.2%；负债合计21056.8亿元，同比增长8.7%，资产负债率为56.5%。纺织工业的负债增长速度低于资产增长速度，且资产负债率控制在60%以下，负债水平既能够保障长期偿债能力，又能充分发挥资金的财务杠杆作用。但细分行业来看，化学纤维制造业资产负债率达到64.8%，且高于2012年同期0.7个百分点，长期偿债能力相对较弱。

表5-10　2013年1—9月纺织工业资产负债率与去年同期比较（单位：亿元、%）

行业	2013年1—9月			2012年1—9月		
	资产总计	负债合计	资产负债率	资产总计	负债合计	资产负债率
工业	813981.2	476961.5	58.6	714942.3	420385.6	58.8
纺织工业	37278.8	21056.8	56.5	33818.4	19371.9	57.3
其中：纺织业	20784.2	11738.8	56.5	19065.7	10916.6	57.3
纺织服装服饰业	10429.9	5387.2	51.7	9243.2	4921.0	53.2
化学纤维制造业	6064.8	3930.7	64.8	5509.5	3534.3	64.1

数据来源：国家统计局。

（2）财务风险较小

2013年以来，纺织工业利息支付倍数虽低于工业平均水平，但好于2012年同期水平，整体来说偿付借款利息的能力较强，负债经营的财务风险较小。2013年1—9月，纺织工业财务费用为555.6亿元，利息支付倍数为4.8，而2012年同期的利息支付倍数为4.4。

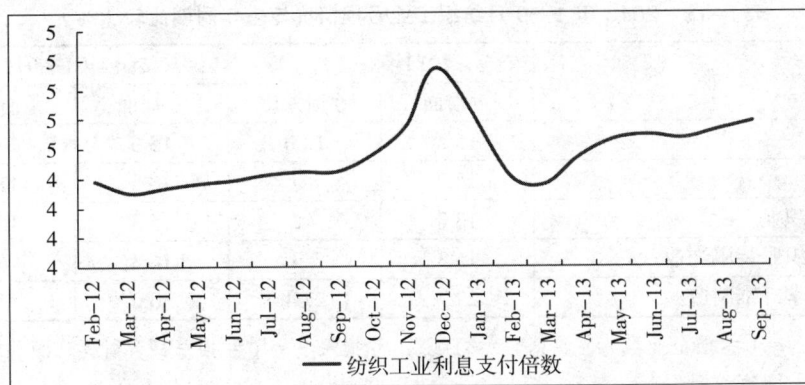

图5-5　2012—2013年纺织工业利息支付倍数累计值走势图

数据来源：国家统计局。

分行业看，纺织服装服饰业的利息支付倍数最高，资产负债率最低，表明该行业负债经营比重较小，支付利息的能力较强，长期偿债能力得以保障。而化学纤维制造业则相反，利息支付倍数最低，资产负债率最高，负债经营的财务风险高于其他两个子行业。

表5-11 2013年1—9月纺织工业利息支付倍数

指标	1—2月	1—3月	1—4月	1—5月	1—6月	1—7月	1—8月	1—9月
工业	5.1	5.2	5.4	5.6	5.6	5.6	5.6	5.7
纺织工业	4.4	4.4	4.5	4.7	4.7	4.7	4.7	4.8
其中：纺织业	4.0	4.0	4.2	4.4	4.4	4.4	4.5	4.5
纺织服装服饰业	7.4	7.0	7.3	7.2	7.2	7.1	7.1	7.1
化学纤维制造业	2.4	2.3	2.4	2.5	2.5	2.5	2.6	2.7

数据来源：国家统计局。

（3）亏损情况有所改善

2013年1—9月，纺织工业共有5597家企业发生亏损，亏损面为15.0%，较2012年同期下降1.5个百分点。亏损企业累计亏损额为181.6亿元，亏损深度为8.7%，较2012年同期下降2.5个百分点。2013年纺织工业亏损情况得到很大改善，尤其是化学纤维制造业的亏损面和亏损深度由2012年同期的30.0%和45.0%分别降低到22.7%和27.4%。

表5-12 2013年1—9月纺织工业亏损情况与去年同期比较（%）

行业	2013年1—9月		2012年1—9月	
	亏损面	亏损深度	亏损面	亏损深度
工业	15.3	12.0	15.6	14.7
纺织工业	15.0	8.7	16.5	11.2
其中：纺织业	13.3	7.2	15.3	10.0
纺织服装服饰业	16.3	7.3	16.3	6.7
化学纤维制造	22.7	27.4	30.0	45.0

注：亏损面＝（亏损企业数／企业总数）*100%，亏损深度＝（亏损总额／利润总额）*100%。
数据来源：国家统计局。

3. 营运能力分析

（1）应收账款经营效率相对稳定

2013年1—9月，纺织工业应收账款累计额为4156.1亿元，周转率为11.8。在工业平均水平较2012年同期下降0.3个百分点的情况下，纺织工业依然能够维持与2012年同期相同的水平，表现出较好的应收账款经营效率。应收账款回收速度的维持和加快有助于提高纺织工业的资产流动性，一定程度上提高短期贷款的偿还能力，提升营运能力。分行业看，化学纤维制造业的应收账款周转率较高，有助于提升其营运能力；服装服饰业应收账款周转率最低，且与2012年同期相比下降 0.1 个百分点，一定程度上阻碍其营运能力的提高。

（2）存货周转率明显提高

2013 年以来，各零售终端加大促销力度，纺织工业库存周转率由 2012 年同期的 7.6 提高至 7.8，去库存效果明显。2013 年 1—9 月，纺织工业库存累计 6004.8 亿元，同比增加 9.7%，增速较 2012 年同期回落 0.3 个百分点，运营能力得到提升。分行业看，化学纤维制造业存货周转率较低，但与 2012 年同期相比情况小幅改善，该行业的营运能力有所提高。

表 5-13　2013 年 1—8 月纺织工业营运能力指标与去年同期比较

行业	2013年1—9月		2012年1—9月	
	应收账款周转率	存货周转率	应收账款周转率	存货周转率
工业	8.5	8.1	8.8	8.0
纺织工业	11.8	7.8	11.8	7.6
其中：纺织业	12.8	8.1	12.6	7.8
服装服饰	9.6	7.8	9.7	7.7
化学纤维	14.5	6.6	15.4	6.5

数据来源：国家统计局。

4. 成长能力分析

2013 年以来，纺织工业收入、资产及所有者权益增速结束 2012 年的下滑态势，开始企稳回升。除总资产外，收入和所有者权益增速均高于 2012 年同期，说明行业的业务扩张能力和对资本的保全性依然保持稳定，但对资本的积累能力有所下降。据统计，2013 年 9 月末，纺织工业所有者权益为 16222.0 亿元，同比增长 12.3%。

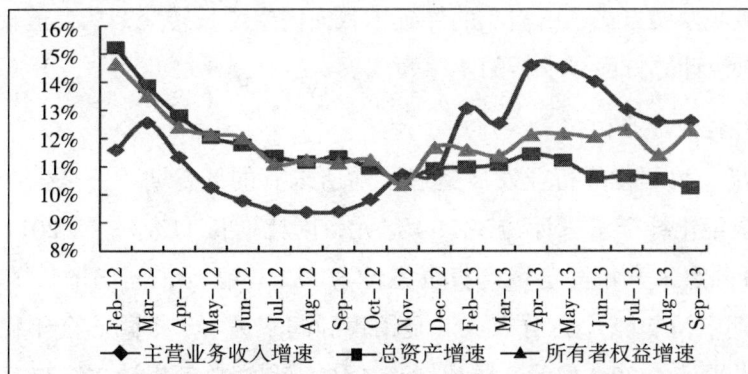

图5-6　2012 —2013年纺织工业资产、收入及所有者权益增速走势图

数据来源：国家统计局。

（三）重点领域或重点产品情况

1. 服装行业加快转型升级

受宏观经济低迷影响，服装消费需求持续疲软，行业竞争日趋激烈，自2011年下半年以来服装行业受到巨大冲击。进入2012年，服装行业继续面临成本持续攀升、库存严重积压的双重压力，同时还遭遇国际品牌与电子商务的两面夹击，复苏步伐一再受阻。从服装类上市公司的年报数据来看，2012年服装企业业绩总体低于市场预期，报喜鸟、七匹狼、朗姿股份等公司业绩出现不同程度的下滑，美邦服饰、希努尔、梦洁家纺和嘉麟杰等企业的净利润甚至下滑20%以上。

2013年以来，随着服装企业"去库存"的持续推进，行业终端和渠道内的库存压力得到一定程度的缓解，在2012年下半年触底企稳的基础上，2013年服装行业运行基本平稳。2013年1—9月，服装行业完成主营业务收入13578.9亿元，同比增长10.8%；实现利润总额702.0亿元，同比增长11.9%；完成出口交货值3624.5亿元，同比增长6.9%。价格层面来看，2013年7月份衣着价格指数同比上涨2.2%，其中服装价格上涨2.3%，服装涨幅为2013年月度涨幅的最低点，相比2012年同期，涨幅更是下滑了1.3个百分点。服装价格上涨趋势的放缓一定程度上能够刺激居民的消费欲望，有利于行业复苏。但受市场需求疲软、原料和人工成本攀升、品牌影响力下降、人民币升值等因素影响，2013年服装行业盈利空间缩小，亏损面扩大，中小企业运行压力加大，呈现两极分化的局面。

2013年是服装行业加快转型升级的重要时期，经历高库存压力之后，服装企业开始转变发展方式，由粗放的外延扩张向内生增长转变，从渠道管理、品牌建设、创意设计等方面寻求新的生存模式。

2. 化纤行业逐步回暖

2012年，我国化纤行业发展遭遇了前所未有的低谷期。一是生产和投资增速下滑。全年化纤产量累计为3811.4亿元，同比增长11.8%，较2011年同期下降2.1个百分点；全年固定资产投资累计为883.37亿元，同比增长18.73%，较2011年同期下滑29.2个百分点。二是销售利润率进一步下降。全年化纤行业主营业务收入累计6739.0亿元，同比增长4.6%；利润总额累计225.27亿元，同比增长 -28.3%；销售利润率与2011年同期相比下滑1.5个百分点。三是亏损持续扩大。2012 年化纤行业亏损面和亏损深度分别为 22.7% 和 22.5%，分别较 2011 年同期下降 9.4 和 11.3 个百分点。

2013 年一季度化纤行业的库存压力仍然较大，但是在 4 月份小旺季的拉动下，部分品种的库存得到一定消化，因此二季度时行业整体开工率较一季度有所提升，尤其是氨纶行业。在去库存的努力下，9 月化纤产品产量累计达 3046.0 万吨，同比增加 7.5%。随着世界经济缓慢复苏以及国内扩内需政策进一步推动，化纤行业逐步回暖，表现为利润小幅增加，亏损额小幅下降，出口小幅增长，合成纤维原料进口大幅减少。

整体来看，2013 年我国化纤行业整体运行质量较好，新增产能理性回归，部分子行业复苏趋势明显，原料自给能力进一步提高，行业投资结构得到一定程度优化，未来发展值得期许。

二、存在问题

（一）原材料市场震荡，价格波动加剧

一方面，棉花价格波动加剧。受国际需求持续疲软的影响，2013 年我国纺织服装出口增长缓慢，下游的纺织企业用棉需求下降，国内棉价下跌，棉花库存显著增加，价格波动加剧。虽然国家新一轮的高价收储托市暂时提振了新棉价格，但国储轮库及抛储仍将会对棉价构成潜在压制，棉价仍将呈现"上下两难"的窘境。此外，滑准税进口配额的"僧多粥少"以及纯棉产品需求由棉混纺及非棉产品替代的趋势也将会对棉花价格造成一定的冲击。因此，除非出口环境有实质性的改善，否则棉价的振荡局面仍将延续，企业面临的价格风险将会进一步加大。另一方面，原油价格或将高位震荡。从目前的形势看，虽然国际经济的回暖会带来原油需求的缓慢复苏，但中东地区地缘政治因素以及美国维持经济复苏的释储倾向会加剧原油市场的不稳定性，加之美国的无限制量化宽松政策，原油价格继续高位震荡的风险较大。这一波动将会对化纤行业、尤其是合成纤维的生产和出口造成明显的冲击。

（二）贸易保护升级，出口风险加大

我国的纺织品服装产品一直是全球贸易保护的主要目标和欧美限制进口的

重点对象。在经济低迷的背景下，欧美等发达国家纷纷将国内问题国际化，试图通过贸易保护来转嫁国内危机，不断出台新的技术性贸易壁垒措施，贸易救济不断升级。2012年以来，美国政府连续出台多项贸易保护措施，其中包括成立跨部门贸易执法中心，同时还将强制执行儿童用品第三方检测认证，以及输美儿童产品铅含量将执行限量新标准等，墨西哥也修改纺织品和服装标签标准，欧盟关于纺织品标签的新法规已正式实施，这些标准和法规的出台，都使我国纺织服装产品的出口面临更大的成本压力和贸易风险。仅2012年上半年，全球针对我国纺织服装产品贸易救济涉案14起，同比增长55.6%。欧盟非食品类产品快速预警系统（RAPEX）对我国出口的纺织品服装产品发出了122起通报，同比增长121.82%。美国消费品安全委员会（CPSC）对我国出口的纺织品服装产品也发出了11起通报。除了欧美以外，印度、巴西、阿根廷、墨西哥等新兴经济体国家也频频对我国纺织服装产品发起贸易救济措施。未来，虽然欧美的经济会缓慢复苏，但对我国纺织服装产品的贸易关注度不会降低，纺织服装产品出口面临的国际贸易环境或更加紧张，国际贸易摩擦可能会进一步加剧，各种标准认证和贸易防御措施等技术性贸易壁垒仍将会不断翻新，出口企业面临的风险可能升级。

（三）人民币升值加剧，出口价格优势削弱

近年来，经济实力的快速壮大和发达国家的集中打压，使我国人民币快速升值。2006年，人民币对美元的汇率为7.82，到2013年已经突破了6.17的大关。人民币的大幅升值大大削弱了我国纺织品的出口价格优势。从贸易角度看，人民币的快速升值固然对原料进口型企业具有一定的好处，但对于大量的出口导向型的纺织工而言却是一个不利的因素，它大大降低我国出口消费品的价格优势和国际竞争力。未来，随着欧美持续实施量化宽松政策，以及巴西等新兴国家的不断降息，人民币的升值压力将持续加大，我国纺织服装出口的价格优势会不断下降，出口企业的效益会进一步下滑。

（四）成本压力较大，部分行业亏损严重

2013年，我国纺织工业面临的成本压力依然较大。首先，用工成本持续快速上涨。随着人口老龄化的加剧和国家最低工资制度的不断强化，纺织服装产业面临的用工压力进一步凸显，"招工难"已经成为普遍现象，企业的用工成本压

力持续加大。其次,棉花价格高位运行,国内外棉价依然扭曲。截至 2013 年 11 月,国内外棉价差依然维持在 4000—6000 元 / 吨的水平上,国内棉纺企业难以承受,下游的服装生产和出口受到较大影响。

成本的持续上涨,不断挤压企业的利润空间,虽然 2013 年纺织工业整体亏损情况较 2012 年有所好转,但是中小纺织企业特别是化学纤维制造业亏损依然明显。2013 上半年,纺织工业共有 6335 家企业发生亏损,亏损面为 17.0%,高于整个工业行业 1 个百分点。其中化学纤维制造业的亏损面和亏损深度分别为 25.0%、38.6%,分别高于工业行业 8.4 和 24.9 个百分点。未来,成本压力仍将持续,纺织企业的生存压力难言缓解。首先,劳动力市场依然承压,用工成本仍将上涨。其次,国产棉的托市收购和进口棉的持续调控政策将维持棉价的高位运行,国内外价差缩小的空间有限。最后,欧美的量化宽松政策会推高原料、尤其是化纤的进口价格,输入性成本压力加大。

第六章　医药工业

一、发展情况

（一）运行情况

1. 生产规模不断扩大，但增速明显放缓

2013 年 1—9 月，受宏观经济运行低迷、债务紧缩等因素影响，医药行业生产动力不足，行业增加值增速呈现明显回落之势。从 2013 年 1—2 月的 15.3% 下降到 1—8 月的 12.9%，下降了 2.4 个百分点。在整体需求依然不振以及产能过剩的制约下，医药行业增加值增速略低于 2012 年同期水平，除 1—2 月增速明显低于 2012 年同期水平以外，其他各月差异不明显，1—9 月工业增加值增速低于 2012 年同期 0.4 个百分点。与整个工业相比，医药行业增加值增速依然保持较高的水平，高于工业总体增速 3.7 个百分点。

表 6-1　2013 年 1—9 月工业和医药行业增加值增速（%）

时间	工业	医药行业
1—2月	9.9	15.3
1—3月	9.5	14.2
1—4月	9.4	13.9
1—5月	9.4	13.2
1—6月	9.3	12.8
1—7月	9.4	13.0
1—8月	9.5	13.2
1—9月	9.6	12.9

数据来源：国家统计局。

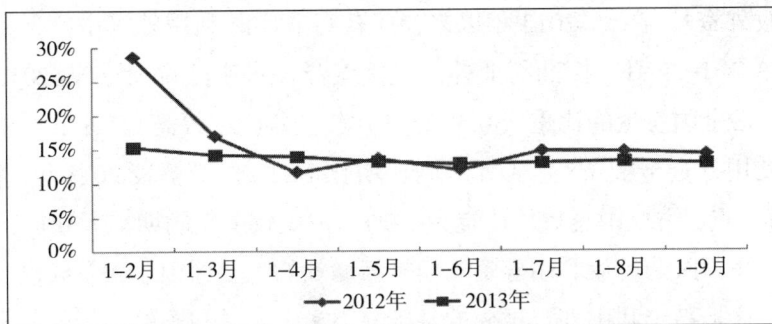

图6-1　2013年1—9月医药行业增加值增速与去年同期比较

数据来源：国家统计局。

2. 投资规模不断扩大，但增速有所回落

2013 年 1—9 月，受新版《药品经营质量管理规范》实施以及节能减排力度加大等因素影响，医药行业固定资产投资继续保持较快增长，2013 年 1—9 月，医药行业完成投资额 3313.9 亿元，同比增长 32.5%，分别高出全社会和制造业固定资产投资增速 12.2 和 14.6 个百分点，且投资额占制造业的比重呈增长趋势，从 1—2 月的 2.9% 上升到 1—9 月的 3.1%。投资规模的扩大反映出医药行业正处于投资扩张的热潮中，这些资金大量的用于新版 GMP 改造、搬迁改建、新产品产业化。

伴随投资规模的扩大，投资增速呈现明显回落之势，1—9 月投资增速较 1—3 月和 1—5 月分别下降了 7.5 和 3.6 个百分点。与 2012 年同期相比，投资增速也呈明显回落之势，较 2012 年同期下降了 4.5 个百分点。

表 6-2　2013 年 1—9 月医药行业固定资产投资及占制造业比重

时间	2013年			2012年	
	投资额（亿元）	比上年同期增长（%）	占制造业比重（%）	投资额（亿元）	比上年同期增长（%）
1—2月	244.1	34	2.9	182.2	44.4
1—3月	603.4	40	2.9	431.1	39.6
1—4月	952.9	34	3.0	711.1	40.8
1—5月	1405.3	36.1	3.0	1032.7	38.1
1—6月	1947.1	33.7	3.1	1456.7	40.6
1—7月	2365.0	33.9	3.1	1765.7	40.2
1—8月	2798.0	32.5	3.1	2110.9	38.6
1—9月	3313.9	32.5	3.1	2501.8	37.0

数据来源：国家统计局。

从吸收外资情况看，2013 年以来，医药行业实际利用外资金额保持较快的增长。2013 年 1—9 月，医药行业外商直接投资合同项目 66 个，较 2012 年同期增加 1 个，占全国总量的比重为 0.5%，占比较上年同期提高 0.1 个百分点；医药行业实际使用外资金额 7.8 亿美元，同比增长 11.2%，增幅较 2013 年 1—9 月回落 3.3 个百分点，占全国总量的比重为 1.0%，占比较上年同期扩大 0.1 个百分点。总体来看，我国医药行业利用外资规模平稳增长的主要原因：一是我国宏观经济增速企稳，这是稳定利用外资规模的基础性因素；二是我国医药行业的需求规模不断扩大，也是利用外资保持增长的主要动力；三是大多数跨国医药公司认为我国的战略地位非常重要，将我国作为主要投资目的地之一。

3. 主要产品产量下滑，供需情况不容乐观

在宏观经济增长放缓的大环境下，医药工业市场供求受到抑制，持续低位增长。从主要产品产量看，2013 年以来，化学药品原药产量增长乏力，同比增速出现负增长。1—9 月产量 198.3 万吨，同比增长 –8.3%，较 1-2 月下降 21.5%。

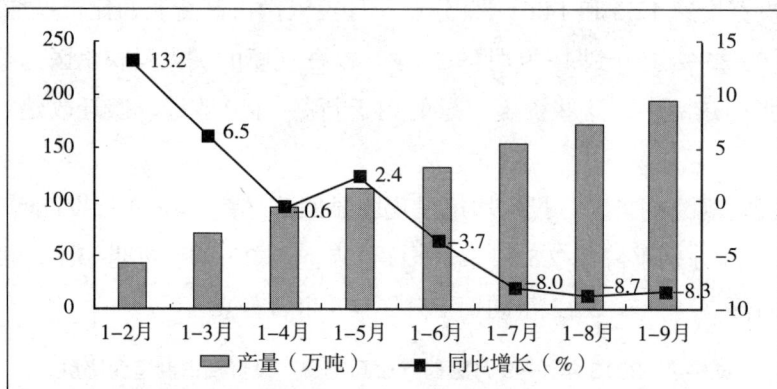

图6-2 2013年1—9月化学药品原药产量及同比增速

数据来源：国家统计局。

从需求情况看，2013 年 1—9 月，受医院终端控制费用、招标降价预期下经销商及医院去库存的影响，中西药品零售额增速较 2012 年同期有明显下滑。2013 年 1—9 月，中西药品零售额为 4255.9 亿元，同比增长 16%，增速较 2012 年同期的 23.8% 下降了 7.8 个百分点。可见，医药消费市场面临的形势依然比较复杂，市场有效需求有待提升。

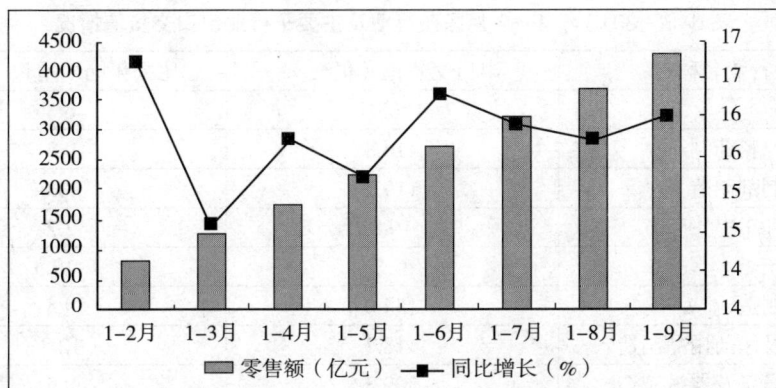

图6-3 2013年1—9月中西药品零售额及同比增速

数据来源：国家统计局。

从价格情况看，2013年1—9月，中西药品及医疗保健用品零售价格保持稳定。2013年1—9月，中西药品及医疗保健用品零售价格同比上涨1.1%，涨幅与2013年1—8月持平，但较上年同期下降1.4个百分点。

4. 出口增速小幅增长，行业间差异明显

2013年以来，欧美市场经济仍处于萎靡状态，导致医药出口增长乏力，对部分以美元、欧元结算的出口贸易而言，人民币汇率变化无疑给其带来较大损失。同时，针对VC等原料药的贸易保护和非技术性贸易壁垒频发，对医药品出口形成一定的障碍。2013年1—9月，医药行业实现出口交货值1203.4亿元，同比增长6.3%，增速较2013年1—8月回升0.1个百分点，较2012年同期回升0.5个百分点。

从细分行业看，2013年1—9月，除中成药生产出口交货值增速较2012年同期明显下降外，其他子行业出口交货值增速均实现不同程度增长，其中，卫生材料及医药用品制造业、化学药品制剂制造业出口交货值增速均高于10%，且高于医药行业整体水平。从贡献率来看，化学药品原药制造业对医药行业出口交货值贡献最大，占比为34.6%，而中药饮片加工业对医药行业出口交货值贡献较小，占比仅为1.6%。

表6-3 2013年1—9月医药行业及主要子行业出口交货值情况

行业名称	出口交货值（亿元）	比去年同期增长（%）
医药行业	1203.4	6.3
化学药品原料药制造	416.8	0.2
化学药品制剂制造	119.1	20.0
中药饮片加工	19.8	3.2
中成药生产	32.3	−19.3
生物药品制造	154.0	9.5
卫生材料及医药用品制造	118.7	12.8
医疗仪器设备及器械制造	309.3	9.5

数据来源：国家统计局。

（二）效益情况

1. 盈利能力分析

（1）收入和利润增速有所回落

2013年以来，医药行业逐渐摆脱"毒胶囊"事件和抗生素限用政策的影响，行业主营业务收入和利润增速在经历第一季度的高增长后逐渐下滑。2013年1—9月，医药行业实现主营业务收入14603.1亿元，同比增长18.4%，增速较2013年1—3月回落2.1个百分点，较2012年同期回落1.1个百分点；2013年1—9月，医药行业实现利润总额1408.0亿元，同比增长17.5%，增速较2013年1—3月回落5.2个百分点，较2012年同期增加0.1个百分点。

从横向比较来看，受国民经济增速放缓及结构调整影响，周期性行业多表现出产能过剩及盈利下滑现象，相较而言，作为典型的弱周期行业，在人口结构老龄化加速的背景下，受益于政府加大医疗保障投入及公共卫生服务体系建设，医药行业仍处于快速发展阶段，收入和利润增速在制造业中保持领先地位，比较优势较为明显。2013年1—9月，医药行业收入增速高于工业整体7.4个百分点。

从细分行业来看，2013年1—9月，中药饮片加工业依然是增长最快的子行业，收入和利润增速均超过25%，是医药行业中唯一利润增速明显快于收入增速的子行业，盈利能力较强；受益于政府加大中药扶持力度，中成药生产业收入和利润增速处于20%左右的较高水平；受益于"关停血浆站"的政策影响逐渐褪去，生物药品制造业收入和利润基本上恢复了稳定增长，且利润增速快于收入增速；

受发改委年初的药品降价政策及部分地区药品招标政策的影响，加之同比基数相对较高，化学药品制剂制造业收入和利润增速有所放缓；由于国内限抗政策影响逐渐减弱及海外需求有所回升，化学药品原药制造业收入和利润增速均有一定提高，但部分大宗原料药产能过剩仍然严重，行业目前依然处于低迷状态。

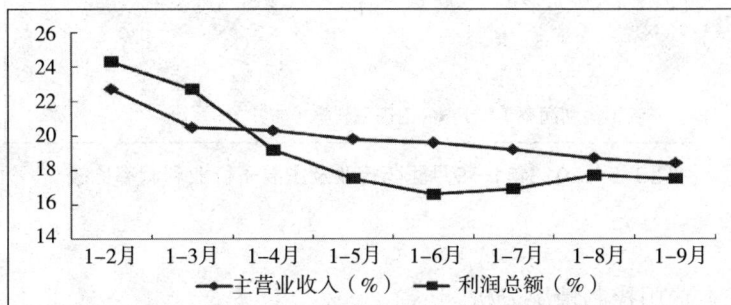

图6-4　2013年1—9月医药行业收入和利润增速

数据来源：国家统计局。

（2）销售利润率情况分析

2013年以来，医药制造业销售利润率在攀升至2010年以来的新高后，逐渐恢复到与上年同期基本相当的水平，行业盈利能力总体保持稳定。但由于销售费用增长过快，其增速明显快于同期收入与利润增速，使得部分净利润受到侵蚀。2013年1—8月，医药制造业销售费用、管理费用与财务费用分别同比增长20.2%、18.8%和14.6%，其中销售费用增长率较主营业务收入增长率高1.8个百分点。2013年1—9月，医药制造业销售利润率为9.6%，较2012年同期下降0.1个百分点。

从细分行业方面，2013年1—9月，化学药品制剂制造业销售毛利率为38.1%，位居各子行业首位；生物药品制造业销售利润率为12%，位居各子行业首位，表明其盈利能力最强；化学药品原药制造业和中药饮片加工业的主要利润率指标居各子行业后两位，表明其盈利能力相对较弱。

89

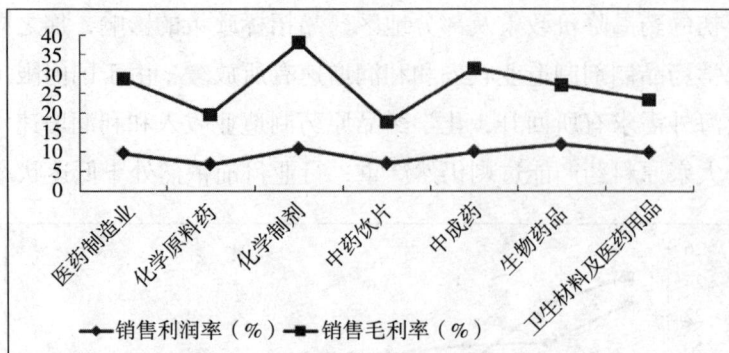

图6-5 2013年1—9月医药行业及主要子行业利润率比较

数据来源：国家统计局。

（3）成本费用控制情况分析

医药行业成本费用控制情况较好，成本利润率较高。2013 年 1—9 月医药行业成本费用利润率为 10.8%，高于工业平均水平 5.0 个百分点。分行业来看，化学制剂、中成药、生物药品以及卫生材料及医药用品行业成本费用利润率均高于医药工业平均水平，其中，生物药品行业成本费用利润率为 13.9%，盈利能力最强，化学原料药行业成本费用率较低，仅为 7.3%，分别低于医药制造业和生物药品制造业 3.5 和 6.6 个百分点，表明行业成本压力较大。

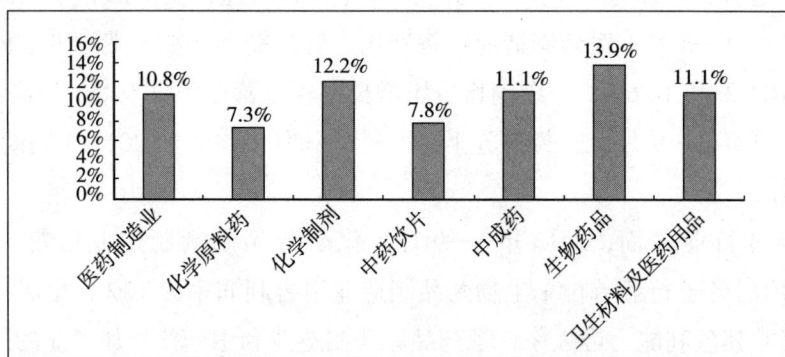

图6-6 2013年1—9医药行业及主要子行业成本费用利润率

数据来源：国家统计局。

2. 偿债能力分析

（1）资产负债情况

2013 年以来，医药工业总负债增长速度快于总资产增长速度，资产负债率呈现持续提高的态势，长期偿债能力有所下降。2013年1—9月，医药工业资产合计17529.6亿元，同比增长18.4%；同期，医药行业负债合计7753.3亿元，同比增长19.4%，资产负债率为44.2%。

表6-4　2013年1—9月医药工业资产负债情况

时间	资产同比增长（%）	负债同比增长（%）
1—2月	18.7	20.9
1—3月	19.0	21.5
1—4月	18.5	21.0
1—5月	18.2	20.4
1—6月	18.0	19.5
1—7月	18.0	19.1
1—8月	18.0	19.8
1—9月	18.4	19.4

数据来源：国家统计局。

从横向比较来看，作为轻资产及固定资产通用性较高的产业，医药行业杠杆率普遍偏低，债务负担较轻，资产负债率低于45%，而煤炭、化工、造纸等行业的资产负债率普遍在60%左右，炼钢、汽车等行业的资产负债率则接近70%。

从细分行业看，由于贷款增长放慢，生物药品制造业长期偿债能力较强，资产负债率在各子行业中最低，为37.3%；而由于节能环保政策导致设备更新加快，贷款增长提速，化学药品原药制造业资产负债率较高，长期偿债能力较差，资产负债率为49.6%，位列所有子行业首位。

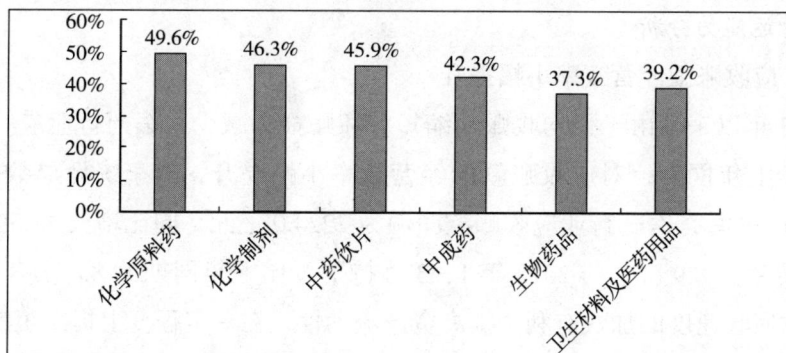

图6-7　2013年1—9月医药工业主要子行业资产负债率比较

数据来源：国家统计局。

（2）利息支出情况

2013年以来，医药行业利息支出增速较上年同期有明显下降。2013年1—9月，医药行业利息支出达130.4亿元，利息支出增速为10.5%，较上年同期的29.7%下降了19.7个百分点。从细分行业看，化学药品原料药制造业资产负债率较高，利息支出33.6亿元，表明该行业负债经营比重较大，且支付利息费用的能力较弱。

（3）行业亏损情况

2013年1—9月，医药工业企业数为6449家，其中亏损企业数797家，亏损面为12.4%。亏损企业累计亏损额为55.8亿元，亏损深度为4.0%。从细分子行业看，化学原料药行业亏损面最大，高于医药制造业5.1个百分点，中药饮片和卫生材料及医药用品行业亏损较小，亏损面分别低于医药制造业5.9和3.1个百分点；亏损深度分别低于医药制造业2.6和2.5个百分点。

表6-5　2013年1—9月医药工业主要子行业亏损情况

行业	亏损面（%）	亏损深度（%）
医药制造业	12.4	4.0
化学原料药	17.5	8.4
化学制剂	14.4	4.7
中药饮片	6.5	1.4
中成药	12.7	2.3
生物药品	11.6	3.9
卫生材料及医药用品	9.3	1.5

数据来源：国家统计局。

3. 营运能力分析

（1）应收账款经营效率小幅提升

2013年以来，由于平均收账期缩短，坏账损失减少，医药行业应收账款周转率快于上年同期，对应收账款的经营效率小幅提升。国家统计局数据显示，2013年1—9月，医药行业应收账款净额为2224.0亿元，同比增长17.5%，应收账款周转率为8.9次，与2013年1—3月持平，比上年同期的8.8次有所加快。应收账款回收速度的加快有利于提高资产流动性，在一定程度上提高短期债务的偿还能力，有助于营运能力的提升。

从细分子行业看，化学药品原料药制造业和生物药品制造业应收账款周转率较快，有助于其营运能力的提升；化学药品制剂制造业应收账款周转率较慢，对其营运能力造成不利影响。

（2）存货周转次数较为稳定

2013年医药工业库存周转率为6.9，较2012年同期变化不大，仅提高0.1个百分点，去库存效果不明显。2013年1—9月，医药工业累计库存2126.0亿元，同比增加17.5%，增速较2012年同期上升1.7个百分点，运营能力有所下降。

从细分子行业看，卫生材料及医药用品和中药饮片行业存货周转率较高，表明其存货经营效率较高，有助于其营运能力的提升；化学药品制剂制造业存货周转率相对较低，影响行业现金流的改善，进而对其营运能力造成不利影响。

4. 成长能力分析

2013年以来，医药行业收入、资产及所有者权益均实现较快增长，但除收入外，资产与所有者权益增速均落后于2012年同期，说明行业的业务扩张能力依然保持稳定，但其对资本的积累能力及资本保全性有所下降。2013年1—9月，医药行业所有者权益为9776.3亿元，同比增长16.8%，增速较2012年同期回落0.9个百分点。

从细分子行业看，化学药品制剂制造业和中药饮片加工业所有者权益增速在20%左右，位居各子行业前两位，成长能力相对较强；生物药品制造业所有者权益增速仅为7.9%，居各子行业末位，成长能力相对较弱。

（三）重点领域或重点产品情况

1. 化学制药行业收入和利润增速大幅下滑

2013年以来，化学制药行业收入和利润增速均出现大幅下滑。一方面，部分大宗化学原料药产能过剩仍然严重，低迷状态仍在延续。另一方面，自2月1日起，发改委调整化学类呼吸、解热镇痛和专科特殊用药等药品最高零售限价，致使上半年出现退换货现象，对行业利润水平带来不利影响，化学制剂行业盈利水平受到一定影响，利润增速有所下滑。从主营业务收入看，2013年1—9月化学药品原料药制造业实现主营业务收入2749.1亿元，同比增长13.4%，增速较1—3月下滑6.6个百分点；化学药品制剂制造业实现主营业务收入4119.2亿元，同比增长15.2%，增速较1—3月下滑3.4个百分点。从行业利润看，2013年1—9月，我国化学药品原药制造业实现利润总额186.7亿元，同比增长13.9%，增速较一季度下降8.6个百分点；化学药品制剂制造业实现利润总额448.8亿元，同比增长 15.9%，增速较一季度下降 7.8 个百分点。

2. 中成药制造业出口和利润增速明显下滑

2013 年以来，中成药制造业出口交货值和利润增速出现明显下滑。一方面，中药材原料价格的持续上涨提高了企业生产成本，削弱了出口企业的竞争力；另一方面，新版基药目录新增了 102 个中药品种，在扩容中药市场需求的同时，也在一定程度上降低了中成药价格。从出口交货值看，2013 年以来，中成药制造业出口交货值一直呈现负增长，较 2012 年同期呈现明显下滑趋势，是所有子行业中唯一出现负增长的行业。2013 年 1—9 月，实现出口交货值 32.3 亿元，同比增长 -19.3%，增速较 2012 年同期的 19.3% 下滑 38.6 个百分点，分别低于化学药品制剂和卫生材料及医药用品制造业 39.3 和 32.1 个百分点；从行业利润看，2013 年 1-9 月，中成药制造业实现利润总额 354.6 亿元，同比增长 21.8%，增速较 1-3 月下降 8.2 个百分点。

3. 生物药品制造业利润稳步回升

自 2012 年下半年以来，受益于药品市场继续扩容及"关停血浆站"影响的褪去，生物药品制造业利润增速保持小幅回升的态势。此外，国内主要生物制药企业开始加大生物制药领域的研发投入，新产品推出速度开始加快，也在一定程度上提高了盈利水平。从行业利润看，2013 年 1—9 月，我国生物药品制造业实现利润总额 201.7 亿元，同比增长 12.1%。从销售利润率看，2013 年 1—9 月，生物药品制造业销售利润率为 12%，位列医药各子行业首位，分别高于化学原料药和中药饮片行业 5.2 和 4.9 个百分点。

二、存在问题

（一）国内外环境变化导致内外需不足

从国内市场看，2013 年以来主要需求方样本医院购药金额来持续大幅下降。分析原因，主要是限抗政策的延续、医院控费、医保总额支付控制等。在当下医院运营体制下，药费占所有住院费用最大比例，医院控费势必会影响处方药特别是化药的销售额。医保总额支付控制制度此前已在上海、宁夏、江苏、广东等地区试点，2013 年以来福建、云南、四川、海南、河南、山东等省也陆续部署，

2014年年初是大部分地区设立的最后时间门槛，处方药销售将进一步受到一定影响。

从国际市场看，2012年出口交货值同比增长7.3%，较2011年下降10个百分点，2013年1—9月出口交货值同比增长5.2%，仍保持个位数增长，并呈现逐年下降的趋势，而且国际市场业务占整个主营业务收入的比重较小，对医药增长的贡献率下降。分析原因，主要是因为世界经济复苏进程依然缓慢，原材料价格大幅上涨，国内用工成本、海运费用增加以及近期人民币汇率的升值等多种不确定因素影响，种种原因导致国内企业的成本与资源优势被日益同质化的国际竞争所抵消。

（二）招标采购政策变化给医药行业发展带来不确定性

招标政策缺乏统一规范，各地在制定招标政策上有很大的自主权。有些省保持了政策的延续性，有些则衍生出各种地方规划：广东的新药品交易规则、上海的带量采购实施方案等，将对市场格局和行业发展产生巨大的影响，特别是对同质化严重的化学药。

从各省招标采购情况看，已严重偏离招标采购政策最初纠正医药购销的不正之风的目标，沦为"唯低价是取"的低层次的价格战。此外，各地对中央政策理解不透，如非基药招标是否采取"双信封"模式，基本药物如何在医院市场和基层市场"上下联动"等，有些省在招标模式上提出新方案，给医药行业和企业发展带来很大的不确定性。

（三）新版GMP的实施导致药品供应保障不足

国家食品药品监管总局、国家发展和改革委员会、工业和信息化部和卫计委于2012年联合颁布的《关于加快实施新修订药品生产质量管理规范促进医药产业升级有关问题的通知》中明确2013年底前无菌制剂生产要全部完成新版GMP改造，2015年底前所有药品生产企业要实施新版GMP，通知中并未见激励政策，如通过认证企业将有哪些政策支持等，影响了企业加快实施新GMP的积极性。2013年上半年，无菌药品生产企业通过率仅为24.9%，非无菌药品生产企业通过率仅为16.5%。

此外，随着上半年政府部门职能的调整，新版GMP认证工作的下放，使得企业等待观望，推迟了新版 GMP 改造的进度。因此年底前将有相当数量的无菌药品生产企业因无法通过新版 GMP 而面临全部或部分产品停产，也必将导致相应品种的供应短缺。

（四）新药注册审批时间长制约我国新药研制

近年来，重大新药创制政策等相继出台，激发了企业研制新药的热情，而新药研发具有周期长、投资大、风险高等特点，我国新药审批时间长，新药保护期时间短，新药前期投入研发成本很难收回，严重阻碍了新药研制的动力。多数企业反应我国申请进入临床试验（即新药临床试验申报）规定的审批时间是 60 天到 90 天，但实际上多数企业要等 1 年才能拿到批文。而美国新药临床试验申报审批时间为一个月，印度为几周到 30 天。从近期看，解决此问题的有效途径，包括：增加药品评审人员编制，借鉴美国以聘用制模式壮大审评专家队伍，对我国有自主知识产权的创新药物、有利于降低患者医药负担的首仿药物、治疗重大疾病的药物、影响国家战略安全的药物，采用绿色通道等措施，探索分级分类评审，适当向省级部门放权；从远期看，需要不断完善新药评审制度，提高评审能力和效率。

（五）中药材市场混乱导致中药材、中成药供应不稳定

近年来，中药工业产值以年均 20% 的速度快速增长，中药资源作为中医药事业发展的重要物质基础面临巨大压力。由此引发对野生药材资源无序采挖和过度利用，造成许多野生（中药材）物种呈濒危状态，资源约束日益凸显。

生产方面，由于基础设施落后，基地种植科技支撑水平低，中药材种植面临的连作障碍等疑难问题仍以解决，当前中药材生产种植主要以小农经营模式为主，规范化、规模化、产业化的现代农业生产所占比例偏低，导致病虫害严重，产量不足。

质量方面，近年来受到利益驱使，各地纷纷种植市场畅销中药材品种，而不顾中药材生长环境、道地品种等局限，使得药材质量水平下降严重。同时，为了最大限度地追求产量和销量，农户或相关企业在中药材种植过程中不断增加农药和化肥的使用频率和剂量，加工中药材过程中用化学物质熏制中草药以粉饰品相，导致农残重金属超标，严重影响了药材的药用功效。

价格方面，在生产落后，质量不保的情况下，中药材供需矛盾日益凸显，不少大宗中药材原料不足，加之劳动力成本提高，近年药材价格出现成倍甚至几十倍的增长。而以之为原材料的中成药出现成本倒挂现象，不得不停产，从而影响到部分中成药的供给。又因中药材的生产具有周期性，短期内难以收获，导致出现供给需求矛盾，再加上一些投机性的存货，进一步逼涨了价格。

（六）污染治理逼高企业成本

医药行业历来成为环境保护的重点责任行业。2013年6月3日，环境保护部、国家发展和改革委员会等七部委联合印发《关于2013年开展整治违法排污企业保障群众健康环保专项行动的通知》，决定从2013年下半年在全国开展整治违法排污企业保障群众健康环保专项行动，医药行业成为被点名的重点整治对象。

由于制药工业废水通常具有成分复杂，有机污染物种类多、浓度高，具有一定生物抑制性等特征，相对于其他有机废水来说，处理难度更大，因此，制药企业解决污染问题，其治理难度和工作量相当于其他行业（如纺织业）的至少5倍。据估计，为使排放达标，企业的投入可能会使成本上升1—2成，这使得一些产能小、工艺落后的中小医药（特别是原料药）企业将面临被淘汰的压力。从另一方面说，该通知的出台将会进一步提高制药行业的集中度，促使大型医药生产企业兼并中小企业，行业的竞争格局也将有较大变化。

第七章　食品制造业

一、发展情况

（一）运行情况

1. 行业运行平稳，增速低位回升

2013 年 1—9 月，我国食品制造业呈缓慢向好发展态势，但受国内宏观经济持续放缓、需求不旺等影响，工业生产低位回升。从 9 月份统计数据来看，全国规模以上食品工业企业 35572 家，实现工业增加值同比增长 8.7%，增速比 8 月份回落 2.3 个百分点；不计烟草制造业，食品工业增加值同比增长 10.2%，与全国工业增速持平。

表 7-1　2013 年 1—9 月份食品工业增加值增长速度（单位：%）

	9月	1—9月
规模以上工业	10.2	9.6
规模以上食品工业	8.7	8.9
农副食品加工业	10.8	9.3
食品制造业	10.0	11.2
酒、饮料和精制茶制造业	9.0	10.0
烟草制品业	4.8	6.2

数据来源：国家统计局。

从 1—9 月统计数据来看，全国规模以上食品工业增加值同比增长 8.9%，低于全国 0.7 个百分点，同比回落 3.7 个百分点；不计烟草行业，增加值同比增长 9.9%，比全国工业增速高 0.3 个百分点。分行业来看，食品制造业增长 11.2%，酒、饮料和精制茶制造业增长 10.0%，农副食品加工业增长 9.3%，烟草制品业增长 6.2%，但增幅与 2012 年同期都有所下降。

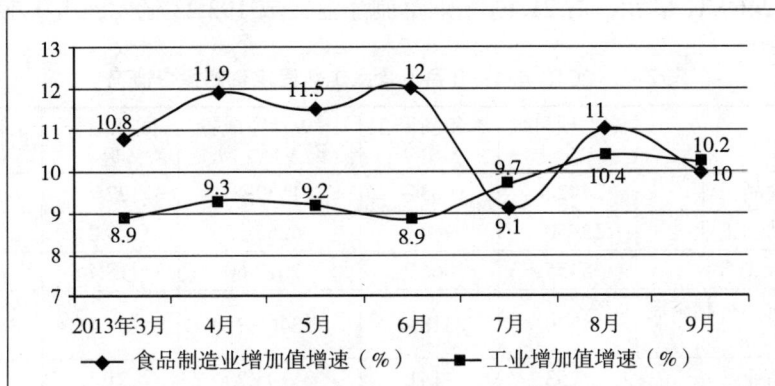

图7-1　2013年1—9月食品工业增加值增速与全国工业增加值增速趋势图

数据来源：国家统计局。

2. 投资保持回升趋势

在世界经济缓慢复苏和我国经济增速趋稳的背景下，2013 年 1—9 月我国食品行业投资额与增速比 2012 年明显回落，但回升势头明显。1—9 月，规模以上食品工业累计完成固定资产投资 11532.46 亿元，同比增长 27.7%，比全国平均水平高 7.5 个百分点，占全国固定资产投资额的 3.7%，同比提高 0.1 个百分点。

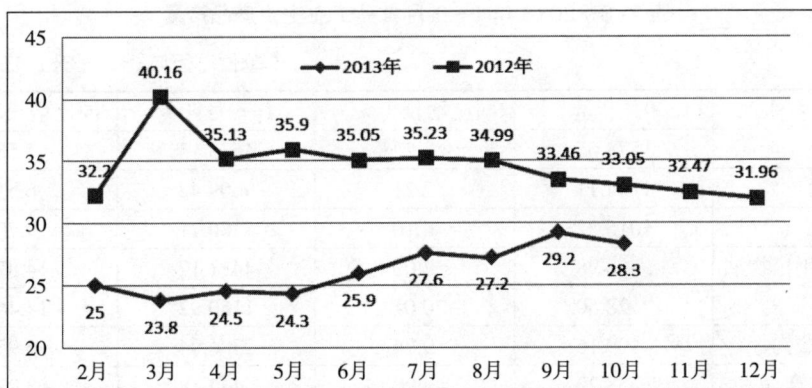

图7-2　2012年~2013年食品制造业固定资产投资增长率对比图（%）

数据来源：国家统计局。

分行业看，食品制造业完成 2617.60 亿元，占全国食品工业完成投资额的 22.7%；农副食品加工业完成投资 6252.32 亿元，占 54.2%；酒、饮料和精制茶制造业完成 2469.31 亿元，占 21.4%；烟草制品业完成 193.23 亿元，占 1.7%。

表7-2 2013 年 1—9 月份食品工业固定资产投资情况

	施工项目数（个）	本年新开工（个）	1—9月完成投资（亿元）	同比增长（%）	占比（%）
规模以上食品工业	24428	16636	11532.46	27.7	100.0
农副食品加工业	13950	9645	6252.32	29.2	54.2
食品制造业	5455	3661	2617.60	18.4	22.7
酒、饮料和精制茶制造业	4770	3189	2469.31	35.4	21.4
烟草制品业	253	141	193.23	21.3	1.7

数据来源：国家统计局。

3.食品产量稳定，产销衔接良好

2013 年 1—9 月，主要食品产量保持稳定，产销衔接稳定。在产量增加方面，速冻米面食品、食品添加剂、碳酸饮料、包装饮用水、食用油等产品产量增幅在 15% 以上。产销率方面，农副食品加工业产销率为 97.9%，食品制造业为 98.3%，酒、饮料和精制茶制造业为 97.1%，，烟草制品业为 102.4%，除酒、饮料和精制茶制造业外，均高于全国工业平均水平。

表7-3 2013 年 1—9 月食品工业主要产品产量

（单位：万吨、万千升、亿支）

产品名称	9月产量	同比增长（%）	1—9月产量	同比增长（%）
原盐	578.05	2.22	4673.13	1.58
小麦粉	1144.11	2.21	9609.42	6.51
大米	1016.22	4.10	8280.71	9.70
精制食用植物油	558.98	7.00	4411.17	14.87
成品糖	28.50	20.01	1160.92	14.46
鲜、冷藏肉	309.16	9.74	2386.04	6.93
冷冻水产品	58.20	−4.90	442.18	−3.27
糖果	26.81	20.10	181.45	14.31
速冻米面食品	47.26	25.43	396.81	20.68

数据来源：国家统计局。

4. 出口低速增长，对外贸易保持稳定

受世界经济持续低迷和国外需求未见好转，以及我国出口企业用工成本上升、人民币汇率波动等不利因素影响，我国食品制造行业出口交货值持续低速增长。根据海关总署统计，2013 年 1—9 月，我国食品制造业累计完成出口交货值 764.2 亿元，同比增长 9.9%，累计增长 9.3%。9 月当月完成出口交货值 92.7 亿元，同比下降 4.5%，环比下降 5.3%。

从产品类别看，出口重点产品为水产品和蔬菜产品，其中水产品出口 139.5 亿美元，增长 9%，占同期我国食品出口总值的 33.8%；蔬菜 64.2 亿美元，增长 18.3%，占 15.6%。

从国别来看，我国食品进出口三大贸易伙伴分别为巴西、东盟和美国。巴西成为我国最大食品进出口国。1—9 月我国对巴西食品进出口总值为 187.6 亿美元，增长 18.4%，占同期我国食品进出口总值的 17.1%，东盟已成为我国食品第二大贸易伙伴和第一大出口市场，我国对东盟食品进出口额为 177.8 亿美元，增长 1.1%，占同期我国食品进出口总值的 16.2%，美国为第三大食品贸易伙伴，截至 2013 年 9 月进出口 164.6 亿美元，下降 10.3%，占同期我国食品进出口总值的 15%。

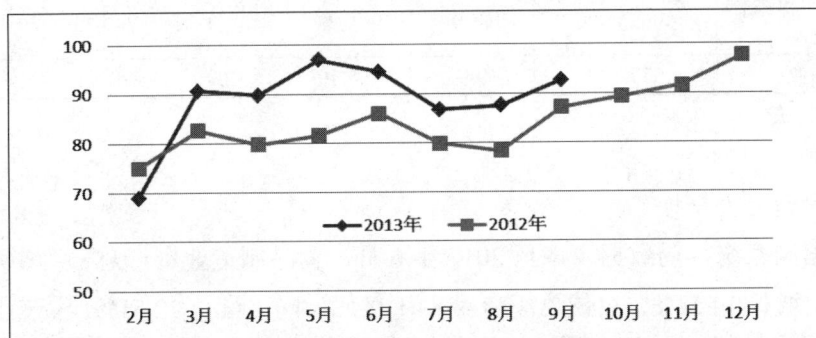

图7-3　2012年至2013年我国食品制造业出口交货值累计值变化趋势（亿元）

数据来源：国家统计局。

（二）经济效益分析

1. 盈利能力分析

2013 年 1—8 月份，全国规模以上食品工业企业完成主营业务收入 63485.52 亿元，同比增长 14.0%；增幅比上年同期低 5.4 个百分点，比 1—7 月低 0.2 个百分点，比全国工业高出 3.1 个百分点。其中，农副食品加工业完成主营业务收 36721.24 亿元，食品制造业完成 11307.82 亿元，酒、饮料和精制茶制造业完成 9683.92 亿元，烟草制品业完成 5772.53 亿元，同比分别增长 14.3%、16.7%、11.9%、9.9%。

食品工业实现利润总额 4362.49 亿元，同比增长 12.5%；增幅比上年同期低 10.4 个百分点，比 1—7 月低 0.9 个百分点，比全国工业低 0.3 个百分点。上缴税金总额 5590.88 亿元，同比增长 10.0%；增幅比上年同期低 7.2 个百分点，比全国工业高 0.6 个百分点。

1—8 月份，食品工业完成主营活动利润 4696.31 亿元，同比增长 4.5%，增幅比全部工业低 0.5 个百分点。

表 7-4　2013 年 1—9 月食品工业主要行业主营业务收入和增长率

行业名称	主营业务收入（亿元）	同比增长（%）	利润总额（亿元）	同比增长（%）	税金总额（亿元）	同比增长（%）
食品工业总计	63485.52	14.0	4362.49	12.5	5590.88	10.0
农副食品加工业	36721.24	14.3	1588.37	9.9	668.55	17.9
食品制造业	11307.82	16.7	873.16	19.5	421.89	15.9
酒、饮料和精制茶制造业	9683.92	11.9	995.78	10.4	709.37	2.7
烟草制品业	5772.53	9.9	905.19	12.9	3791.07	9.5

数据来源：国家统计局。

2. 偿债能力分析

根据国家统计局数据，截至 2013 年 6 月，食品制造业资产总额为 10066 亿元，同比增长 14.52%，负债总额为 4884.1 亿元，同比增长 12.51%，资产负债率为 48.52%，较 2012 年 6 月和 2013 年 3 月分别回落 1.09 个百分点和 0.79 个百分点，处于 50% 以下的稳定水平。

从子行业来看，液体乳及乳制品制造业、罐头制造业和调味品制造业资产负债率高于食品制造业整体行业水平。其中，罐头制造业负债率较高，企业的债务风险明显高于其它子行业，长期偿债能力较差，而糖果、巧克力及蜜饯制造业资产负债率是各子行业最低，长期偿债能力较好。总体来看，食品制造各子行业企业资产负债率均保持在可控范围之内。

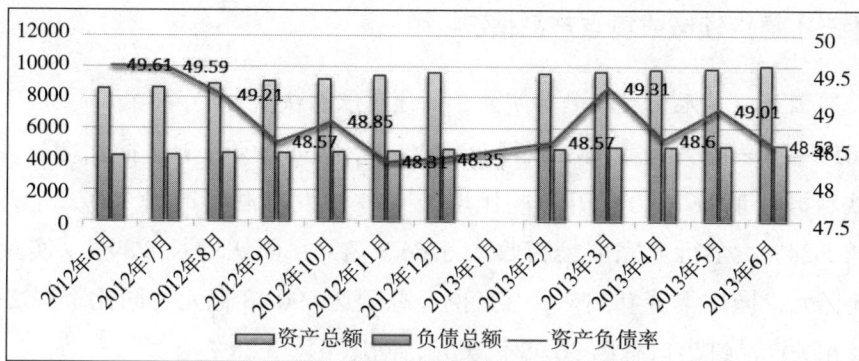

图7-4 2012年6月至2013年6月食品制造业偿债能力（亿元，%）

数据来源：国家统计局。

3. 运营能力分析

2013年1—6月，食品制造业应收账款净额为1026.9亿元，应收账款周转率为16.4次，较2012年同期加快0.91次，应收账款周转率回升有助于资产流动和营运能力的提升。根据国家统计局数据，2013年6月食品制造业流动资产合计为5243.9亿元，流动资产周转次数为3.2次，与2012年同期持平。

从子行业来看，调味品制造业应收账款周转率最快，列各子行业之首，较2012年同期加快1.63倍，行业运营能力提升；液体乳制造业应收账款周转率最慢，但较2012年同期相比仍有回升，营运能力也有所改善。焙烤食品制造业流动资产周转率最高，对流动资产利用率较高，液体乳制造业流动资产周转率最低，企业应加强流动资产的综合使用率，以提高盈利水平。

4. 成长能力分析

2013年1—6月，食品制造业主营业务收入、总资产及所有者权益保持较快增长，但较2012年同期呈回落，业务扩展能力、资本积累能力以及资本保全性有所下降，行业成长能力减弱。国家统计局数据显示，截至2013年6月，食品制造业所有权益5181.9亿元，同比增长19.2%，增速较2012年同期回落3.28个百分点。

从子行业来看，罐头制造业的所有者权益增速居各子行业之首，具有较强的资本吸引力。而方便食品制造业所有权益增速降至2012年以来低点，说明行业成长能力明显下降。

（三）重点领域或重点产品情况

1. 酿酒行业多元化发展趋势明显，高速增长势头减缓

2013 年 1—10 月，我国酿酒行业完成总产量 6406 万千升，同比增长 4.5%；其中饮料酒产量 5676 万千升，同比增长 4.4%；发酵酒精产量 730 万千升，同比增长 5.34%。全行业完成销售收入 6766.5 亿元，同比增长 8.89%；实现利润 834.65 亿元，同比下降 0.43%；上交税金总额达 690.48 亿元，同比下降 2.04%。酒类及相关产品进出口总额 36.98 亿美元，同比下降 3.28%。

分行业来看，2013 年 1—10 月全国规模以上白酒企业累计产量 962.09 万升，同比增长 7.36%；规模以上企业累计完成销售收入 3897.3 亿元，同比增长 9.03%；累计实现利润 635.1 亿元，同比下降 3.36%，利润增速呈下滑趋势。全国规模以上啤酒企业啤酒 1—10 月总产量 4469.23 万千升，同比增长 4.33%，增速有所回升；累计完成销售收入 1571.04 亿元，同比增长 9.34%，行业累计实现利润 115.74 亿元，同比增长 21.02%。葡萄酒行业 1—10 月累计产量 95.41 万千升，规模以上企业完成销售收入 317.8 亿元，同比下降 1.92%，累计实现利润 31.92 亿元，同比下降 18.44%。

总体来看，我国酒类市场基本稳定，多元化发展趋势明显。但生产环节事件频发以及国家限制"三公"消费、"戒酒令"等政策环境趋紧的影响，我国酒类市场出现回落，行业持续高速增长势头减缓。

2. 方便食品制造业运行平稳，市场规模逐步增长

2013 年 1—7 月，全国规模以上方便食品加工业企业 1157 家，实现主营业务收入 1663 亿元，同比增长 12.0%；实现利润总额 116 亿元，同比增长 8.0%；上交税金总额 58 亿元，同比增长 2.9%。

分行业看，1—7 月，规模以上米、面制品制造企业 466 家，累计实现主营业务收入 367 亿元，同比增长 19.1%；速冻食品制造企业 327 家，累计实现主营业务收入 336 亿元，同比增长 18.7%；方便面及其他方便食品制造企业 364 家，累计实现主营业务收入 960 亿元，同比增长 7.4%。米、面制品制造业和速冻食品制造业累计增速高于 1—6 月，方便面及其他方便食品制造业增速下降。

总体上，2013 年 1—9 月，我国方便食品制造业资本整合力度加大，市场潜力广阔，发展空间巨大，市场规模将进一步增长。

3. 乳制品行业政策环境改善，奶源基地和质量安全亟待解决

2013 年 1—9 月，乳制品行业规模以上企业 654 家，累计实现主营业务收入 2051.1 亿元，同比增长 13.31%；累计实现利税 197.17 亿元，同比增长 5.85%。截至 2013 年 9 月，规模以上企业实现乳制品产量 1981.67 万吨，同比增长 7.72%；液体乳产量 1686.02 万吨，同比增长 7.07%；乳粉产量 117.01 万吨，同比增长 6.99%。

2013 年以来，党中央和国务院对乳制品行业的发展十分重视，将产品质量安全视为重大民生问题和重大的经济社会问题。为此，2013 年 3 月以来，国务院食安办、工业和信息化部、国家食品药品监督管理总局相关国家部门出台了一系列政策与措施来推动乳制品行业健康发展，国务院还召开专题会议，研究、部署进一步加强乳制品特别是婴幼儿配方乳粉质量安全工作，强调要提升产业整体素质，完善扶优汰劣的产业政策，大力培育龙头企业、品牌企业，加快兼并重组步伐，提高产业集中度。这一系列政策的出台为乳制品行业发展提供了良好的政策环境，我国乳制品行业产销平稳增长、产品价格稳步上涨。

但是，奶源短缺、牧场不足和产品质量安全问题仍然是乳制品行业面临的考验，特别是婴幼儿配方乳粉质量安全和奶源基地建设问题尤其需要重视，在目前消费者对国产奶粉信心还没有完全恢复的情况下，乳制品行业还需加强奶源基地建设、狠抓质量安全、规范市场竞争行为，以避免给行业发展造成不利影响。

二、存在问题

（一）消费环境变化影响行业发展

内需是我国食品行业发展的主要驱动力，受我国宏观经济发展放缓影响，消费者信心低迷，行业发展受到一定制约。2013 年 9 月，食品工业增加值同比增长 8.7%，比 8 月份 11.0% 的增长速度明显回落，特别是烟草制品业，酒、饮料和精制茶制造业，增速回落最大，比 8 月份分别回落了 7.3 和 3.6 个百分点。这与中央提出反对铺张浪费和严格限制公务消费有关，从而对高端白酒、烟草、高端餐饮有明显的抑制作用。相关行业应密切关注市场变化，及时调整营销策略和产品结构，开拓新的消费市场应对外部环境的变化。

（二）成本上升，企业竞争加剧

在我国宏观经济放缓的背景下，我国食品企业的原材料、人工成本以及食品加工原料的生产、运输、加工成本增加，使食品价格出现较快上涨。2013年9月份，全国居民消费价格指数同比上涨3.1%，为2013年以来月度涨幅第二。其中食品消费价格同比上涨6.1%，影响CPI上涨约1.98个百分点。其中鲜菜涨18.9%，鲜果涨12.5%，肉禽及其制品涨6.6%。由于宏观经济偏弱、市场竞争加剧、企业销售成本上涨等因素的影响，我国食品行业在整体效益保持稳定的同时，利润增速和销售利润率同比下降。面对日益增大的成本压力和更为激烈的市场竞争，食品企业应及时调整发展思路，制定新的发展战略以适应市场变化。

（三）质量安全成为企业发展关键

总体上看，2013年我国食品质量安全保障水平明显提升，食品安全事件呈下降趋势。但我国食品工业质量安全的基础依然比较薄弱，生产企业小、散、乱的状况没有根本转变，食品质量安全事件时有发生，影响食品质量安全的深层次矛盾尚未根本解决，消费者对国产食品质量的消费信心依然不足，食品质量安全形势不容乐观，保障食品质量安全的任务依然艰巨。随着消费者对食品安全关注度提高和国家执法力度的加大，食品安全成为企业的核心竞争力。为此，企业要从源头加强食品安全防范，加强食品检测设备的应用和质量安全追溯体系建设，实现全产业链的食品安全保障体系，通过打造消费者信赖的品牌，提升产品的竞争力。

第八章　家电制造业

一、发展情况

（一）运行情况

1. 产销衔接较好

2013 年 1—9 月，家电制造业产成品存货增长率保持较低水平，与上年同期相比明显下降了 13 个百分点。从趋势来看，家电制造业产成品存货呈逐年下降趋势，说明家电行业较好的控制了库存压力，有力促进了行业的发展。

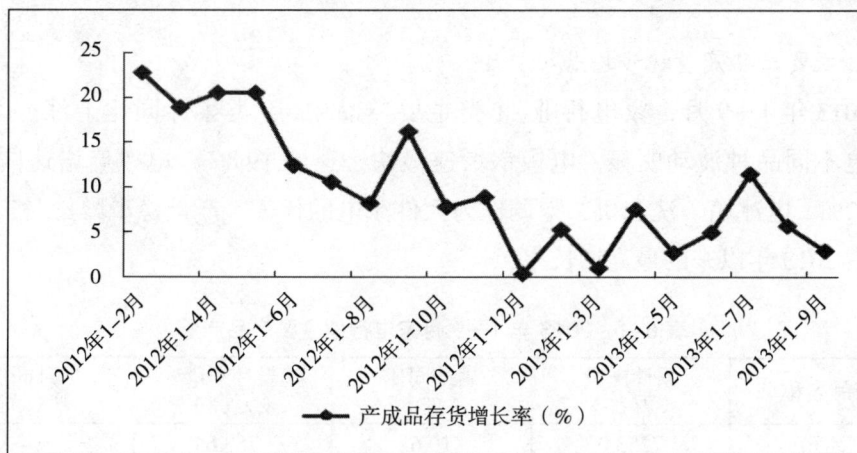

图8-1　2012年1月—2013年9月家电行业产成品存货增长率

数据来源：国家统计局。

2. 出口交货值增速稳步上升

2013 年 1—10 月，家电制造业出口交货值为 2699 亿元，同比增长 6%。纵观 2013 年 1—10 月，家电制造业出口交货值增速与 2012 年同期相比呈明显上涨趋势，说明国际市场正在逐渐复苏，但是仍然存在下降的风险。

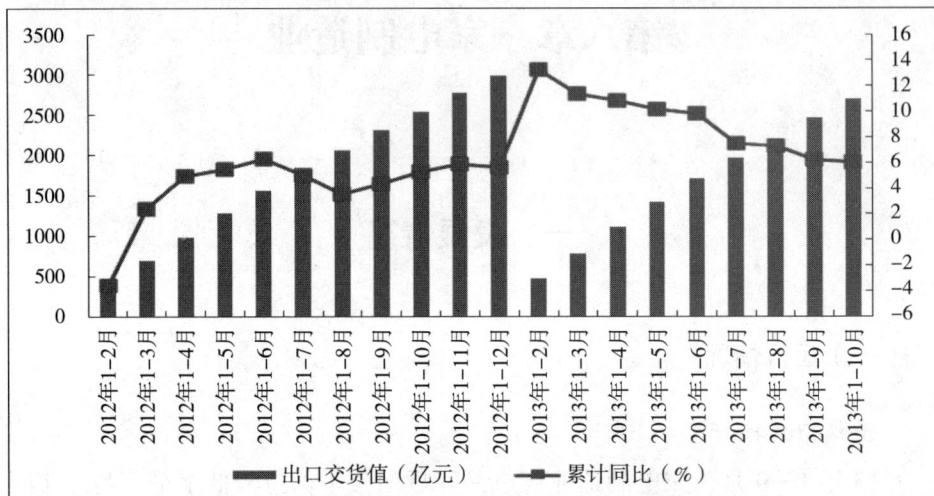

图8-2　2012年1月至2013年10月家电行业出口交货值及增长率

数据来源：国家统计局。

3. 主要产品产量稳步增长

2013 年 1—9 月，家电行业 11 类主要产品中，9 类累计同比上涨。其中，小家电不同品种波动明显，电饭锅增速最快，达到 19.8%，电风扇增速同比下降 -8.2%。电冰箱、洗衣机、空调作为大件家电的代表，产量稳步增长，三者都达到了 2013 年以来的最高增长率。

表 8-1　2013 年 1—9 月家电行业主要产品产量

产品名称	累计产量 （万台）	累计同比 （%）	当月产量 （万台）	本月同比 （%）
家用电冰箱	7253.0	10.6	783.6	9.4
家用冷柜（家用冷冻箱）	1537.2	8.1	176.1	1.7
房间空气调节器	11222.7	8.0	1121.6	9.2
家用电风扇	11126.0	−8.2	824.6	−3.0

（续表）

产品名称	累计产量（万台）	累计同比（%）	当月产量（万台）	本月同比（%）
家用吸排油烟机	1785.2	15.4	246.0	16.5
电饭锅	13593.9	19.8	1890.4	7.1
微波炉	5269.4	-0.3	555.1	-5.2
家用洗衣机	5190.5	7.3	697.4	8.8
家用电热水器	2452.5	14.5	293.0	7.8
家用吸尘器	6083.3	4.1	785.8	4.0
家用燃气热水器	846.7	6.9	105.2	3.1

数据来源：国家统计局。

（二）经济效益情况

1. 盈利能力分析

（1）利润总额增速高于主营业务收入增速。2013年9月，家电制造业主营业务收入累计9216亿元，同比增长15.5%，与2012年同期相比增长了8个百分点；2013年9月，行业利润总额累计499.6亿元，同比增长29.3%，与2012年同期相比增长了7个百分点。利润总额增长率高于主营业务增长率，说明家电行业的产品附加值不断提高，行业的盈利能力增强。

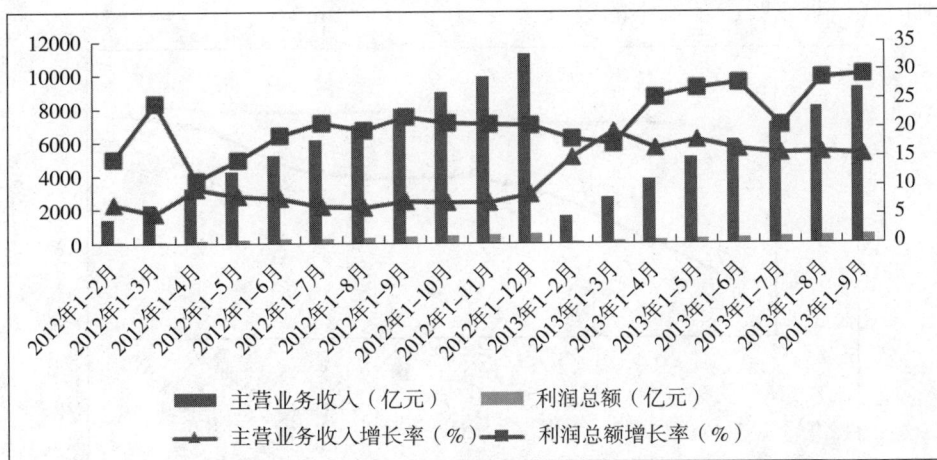

图8-3 2012年1月至2013年9月家电行业主营业务收入和利润总额及增长率

数据来源：国家统计局。

就各子行业看，2013 年 1—9 月，家用空气调节器制造业利润总额最高，占整个家电行业的 49%，家用制冷电器具制造业次之，占 21%，家用清洁卫生电器具制造业位居第三位，占 11%，其他五个行业总共占剩下的 19%。

表 8-2　2013 年 9 月家电行业各子行业利润总额及行业占比

行业	利润总额(亿元)	所占比重（%）
家电行业	499.6	100
（1）家用制冷电器具制造	103.3	21
（2）家用空气调节器制造	244.6	49
（3）家用通风电器具制造	15	3
（4）家用厨房电器具制造	40.4	8
（5）家用清洁卫生电器具制造	52.3	11
（6）家用美容、保健电器具制造	9.1	2
（7）家用电力器具专用配件制造	19.4	4
（8）其他家用电力器具制造	15.6	3

数据来源：国家统计局。

（2）销售利润率水平明显低于工业整体水平

2013 年以来，家电行业的销售利润率保持着稳步上涨的态势，由 1—2 月份的 3.6% 上升到 1—9 月份的 5.4%，增长了 50%，增长势头明显，但与工业整体销售利润水平相比仍然存在着差距。销售利润率水平较低说明家电行业仍然处于薄利时代，难以吸引新资本的进入。

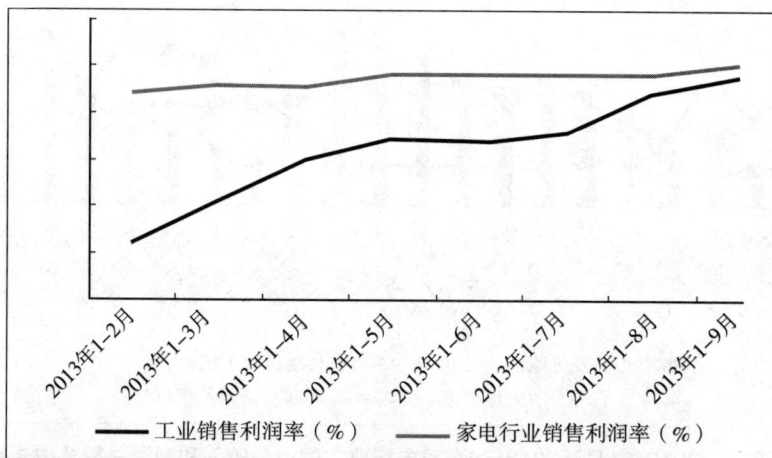

图8-4　2013年1月—2013年9月家电行业及工业销售利润率（%）

数据来源：国家统计局。

2. 偿债能力分析

（1）资产负债率略有增长

2013 年 1—9 月，家电制造业资产总额为 8650.7 亿元，同比增长 15%；负债总额 5770.2 亿元，同比增长 16.5%，资产负债率为 66.7%，与 2012 年 7 月的 65.3% 相比略有增长。2013 年 3 月后，负债增速快于资产增速，说明家电制造企业的生产经营状况有所恶化，企业长期偿债能力下降。

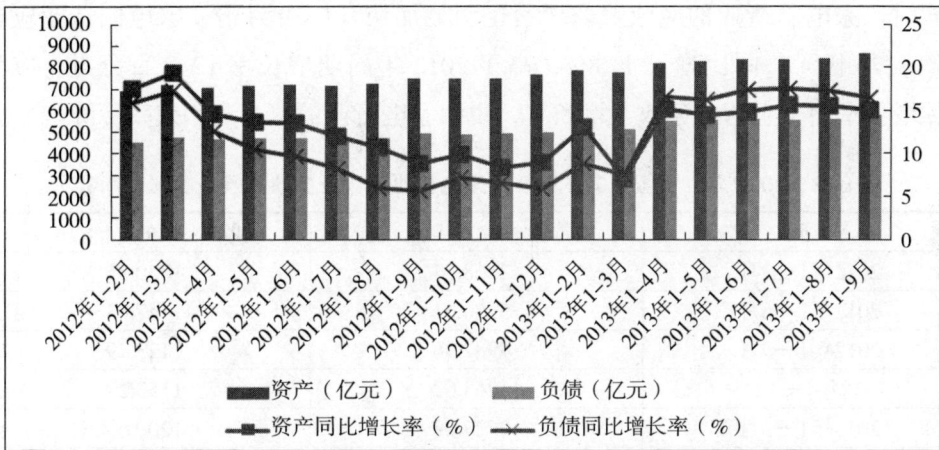

图8-5　2012年1月至2013年9月家电行业资产和负债总额及增长率

数据来源：国家统计局。

（2）亏损情况不容乐观

2013 年 9 月，家电制造业亏损企业总数为 436 个，与 2013 年初相比有明显

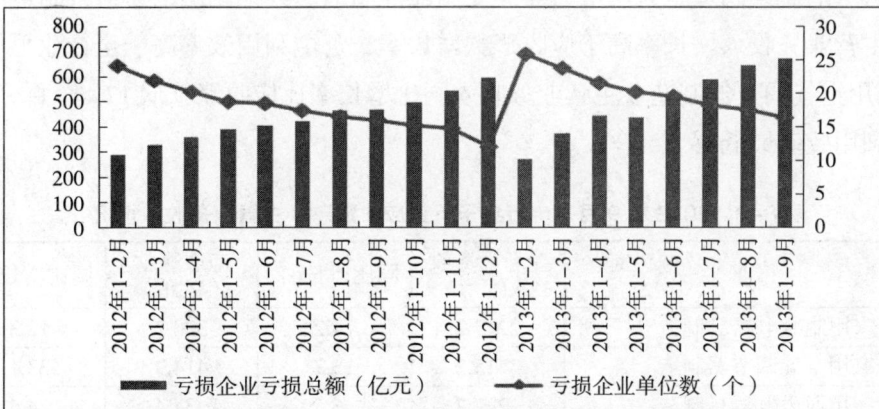

图8-6　2012年1月至2013年9月家电行业亏损企业数及亏损额

数据来源：国家统计局。

下降，但亏损额达到了 25 亿元，比 2012 年同期增长了 42.9%。2013 年 9 月，家电行业亏损面为 17.1%，亏损深度为 5%，与 2012 年同期基本持平。

3. 营运能力分析

（1）资金利用效率有所下降

2013 年 9 月，家电制造业主营业务收入得到较快增长，累计实现 9216 亿元，同比增长 15.5%，高于 2012 同期增长率 30 个百分点。在主营业务收入较快增长的同时，家电制造业的应收账款增速也明显加快。1—9 月份，家电制造业应收账款 1326 亿元，同比增长 17.8%，高于 2012 年同期增长率 12 个百分点。应收账款增长率高于主营业务收入增长率，说明家电行业的资金利用效率下降。

表 8-2 2012 年 1 月至 2013 年 9 月家电行业主营业务收入及应收账款净额

时间	主营业务收入（亿元）	应收账款净额（亿元）
2012年1—3月	2268.74	1050.35
2012年1—6月	5250.61	1147.63
2012年1—9月	7982.36	1123.79
2012年1—12月	11268.02	1153.29
2013年1—3月	2727.09	1200.60
2013年1—6月	6136.50	1390.19
2013年1—9月	9216	1326

数据来源：国家统计局。

就各子行业看，2013 年 1—9 月，家用制冷电器具制造、家用通风电器具制造、家用厨房电器具制造、家用电力器具专用配件制造、其他家用电力器具制造等行业的主营业务收入增长率高于应收账款增长率，资金利用效率高于全行业平均水平，家用空气调节器制造业主营业务收入同比增长率比应收账款低 17.4 个百分点，资金利用效率最低。

表 8-3 2013 年 9 月家电行业子行业应收账款、主营业务收入情况

行业	主营业务收入(亿元)	同比增长(%)	应收账款（亿元）	同比增长(%)
（1）家用制冷电器具制造	2217.2	14.2	300.2	12.3
（2）家用空气调节器制造	3415.2	15.7	414.9	33.1
（3）家用通风电器具制造	277.7	6.5	37.4	4.4
（4）家用厨房电器具制造	1152.9	14.5	226.5	0.8

（续表）

行业	主营业务收入(亿元)	同比增长(%)	应收账款（亿元）	同比增长(%)
（5）家用清洁卫生电器具制造	938.4	25	142.6	30.2
（6）家用美容、保健电器具制造	204.5	5.7	45.9	26.3
（7）家用电力器具专用配件制造	587.3	19	90.1	0.4
（8）其他家用电力器具制造	423	11.6	68.1	7.7

数据来源：国家统计局。

（2）流动资产周转率微降

2013 年 9 月，家电制造业流动资产周转次数达到 2.08 次，较 2013 年初的 1.84 次有明显提高，同时也高于上年同期水平，说明家电行业资金流转速度有所提高。

（三）重点领域或重点产品情况

2013 上半年，中国彩电行业迎来了爆发式增长。受益于多项利好因素，彩电产品在各级市场需求旺盛，到达自 2008 年以来的销售高峰。由中国电子视像行业协会与奥维咨询 (AVC) 联合发布的数据显示：2013 上半年，我国彩电产品总销量达到 2301 万台，与同期相比上升 29%，总零售额达到 822 亿元，与同期相比上升 32%。从产品结构来看，液晶电视成为行业主体，零售量和零售额占比最大，分别占彩电行业的 95% 和 94%，与同期相比分别上升 35% 和 37%。等离子电视占比较小，零售量和零售额分别占到 4% 和 5%。CRT 电视正在被市场加速淘汰，零售量和零售额分别下降了 70% 和 67%。液晶电视的飞速增长带动了整个彩电行业的发展，等离子和 CRT 彩电正在被市场边缘化。

表 8-4　2013 年 1—6 月彩电零售数据

类型	零售量(单位：万台)			零售额(单位：亿元)		
	2013年1—6月	2012年1—6月	同比变化	2013年1—6月	2012年1—6月	同比变化
彩电产品	2301	1780	29%	822	624	32%
-液晶电视	2180	1619	35%	776	564	37%
-等离子电视	103	101	2%	44	53	-16%
-CRT电视	18	60	-70%	2	7	-67%

数据来源：奥维咨询 (AVC) 零售推总数据（包含线下和线上销售数据）。

2013 年上半年彩电行业的高速增长主要有以下四方面原因：

一是节能优惠补贴政策即将结束。工信部、财政部等部委宣布节能补贴政策不再延续的消息,极大地刺激了生产商和消费者,生产商以此为契机进行了大规模的促销活动,消费者也希望能够在优惠政策结束之前购买节能家电,享受到最后的政策补贴。据奥维咨询(AVC)的统计数据显示,2013年5月,我国彩电企业销售量达到413万台,增长率达46%,达到近年来的销售高峰。

二是彩电行业进入更新换代的阶段。目前,彩电市场正处于由传统的CRT彩电向液晶彩电过渡时期,由于家电节能补贴政策的刺激,消费者加快了家庭彩电的更新速度。长期以来,中国家庭彩电主要是以传统的CRT彩电为主,其在中国家庭中占有极高的比例,CRT彩电的淘汰为液晶彩电的需求提供了市场空间。

三是房地产市场的带动。房地产行业对彩电行业具有极强的带动作用,新增的房产一般会有相应的家电与之配套。进入2013年以来,全国商品房销售一扫2012年的低迷发展态势,开始了爆发式的增长,1—9月全国商品房销售面积同比增长率均高于20%,1—5月份商品房销售面积达到95931万平方米,房地产市场的火热极大地带动了彩电市场的发展。

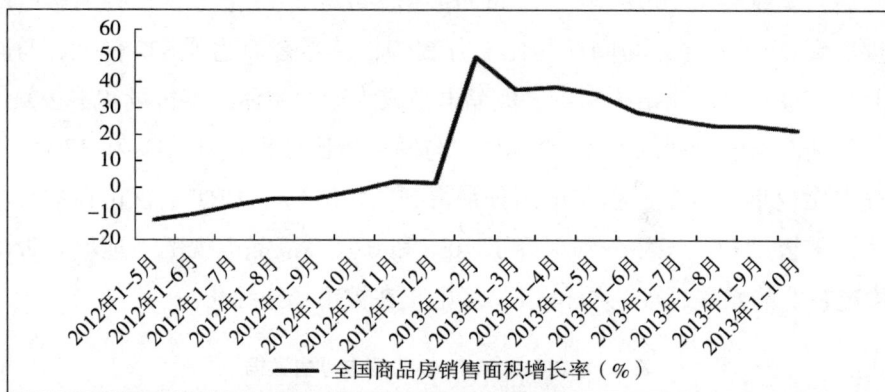

图8-7 全国商品房销售面积增速

数据来源:国家统计局。

四是电子商务拓宽了彩电的销售渠道。随着电子商务的发展,线上销售已经成为彩电销售的重要渠道。快捷、低价等优势不但为消费者和生产者提供了巨大的便利,也同时降低了两者的成本。统计数据显示,自2012年下半年以来,彩电的网上销售不断升级,线上渠道销售量占总体销售量的比重不断增大。奥维咨询(AVC)数据显示,2013年6月,仅彩电线上市场占比已达15%,销售量达33万台。

二、存在问题

（一）市场增长缺乏后劲

2013 年，家电制造业市场在节能惠民补贴等政策陆续退出之后，销量逐渐放缓。市场放缓的原因除了国际、国内经济增长速度降低之外，近几年家电下乡、以旧换新等持续的消费刺激政策已使市场患上了"政策依赖症"，一旦刺激政策退出，增长立即放缓。可以预计，未来一段时间里，在经济环境走弱、刺激政策退出、宏观调控取向调整、海外需求不旺等因素的影响下，家电内外销均市场将难以持续高位增长。

（二）产能阶段性过剩

市场增长乏力带来的后果之一是产能过剩。前几年家电产品销量的大幅增长，引发了产能扩张，而一旦销售低迷，阶段性的产能过剩将不可避免。产能过剩将使家电制造企业再次面临库存增加、运营费用增加、现金流周转困难等问题。

（三）核心技术缺失

目前我国家电行业的制造能力接近国际先进水平，基本能够满足全球各细分市场对产品更新换代的要求，但在核心技术如电机、电控等方面，国内家电业还存在着技术缺失的问题，整体上拥有的发明专利不到全球的 2%。整个行业产品结构还不合理，产品档次、质量、开发速度和跨国企业还有一定距离，企业创新意识和创新能力有待进一步提高。随着人工成本的提高、原材料和营销成本居高不下，我国家电行业发展已不能依靠高投入、低成本优势和价格战，行业增长空间有限。在物联网、云计算、三网融合、移动互联网等新技术不断涌现和成熟的今天，家电特别是高端家电已进入一个崭新的发展阶段，这对家电企业的技术创新提出了更高要求。

（四）中小企业面临考验

面对市场乏力、产能过剩，大型家电企业凭借资金充裕、技术领先、渠道多元等优势，所受影响相对较小。但中小家电企业面临的形势则严峻许多，其固有的融资难、用工难、研发能力弱等问题将更加凸显。在脱离了政策的扶持和保护后，一些小型企业将面临被淘汰或兼并的考验。

区域篇

第九章 东部地区

一、东部地区消费品工业发展情况

东部地区一直是我国消费品工业相对集中的地区。2013年1—8月，植物油、糖果、罐头、家具、纸制品、塑料制品、纱、布、服装、化纤产品累计产量占全国总产量的50%以上。与2012年同期相比，多数产品占全国比重出现微幅下调，这与国家推动产业向中西部转移的政策导向一致。

（一）生产情况

近两年，受世界金融危机影响，东部地区消费品工业生产放缓，部分产品产量甚至出现负增长。进入2013年，虽然国家大力实施稳增长、扩内需政策，但是在食药安全问题、国际贸易争端的拖累下，东部地区消费品工业生产依然乏力，各行业产量低速增长，葡萄酒、混合饲料、家具、塑料制品、服装、化学药品原药等产品产量增速持续负增长。与去年同期相比，在统计的28种主要消费品中，一半以上产品产量增速出现下滑。

表9-1 2013年1—8月主要消费品产品生产情况

主要消费品	单位	累计产量	同比增速	同期增速变化	占全国比重	同期比重变化
小麦粉	万吨/%	3231.4	5.4	2.0	38.0	-1.8
液体乳	万吨/%	559.5	14.5	25.3	37.6	0.8
植物油	万吨/%	1990.1	25.6	6.4	51.5	1.2
鲜、冷藏肉	万吨/%	865.7	6.4	-20.8	41.6	-0.5
糖果	万吨/%	106.2	16.3	-5.5	69.1	1.3

（续表）

主要消费品	单位	累计产量	同比增速	同期增速变化	占全国比重	同期比重变化
方便面	万吨/%	225.9	7.4	−4.9	34.2	−2.4
乳制品	万吨/%	676.9	14.3	14.3	38.8	1.1
罐头	万吨/%	343.3	6.0	−1.5	53.6	−2.3
酱油	万吨/%	313.8	8.5	7.7	64.9	−0.7
冷冻饮品	万吨/%	54.4	12.8	41.3	25.3	0.2
发酵酒精	亿升/%	11.9	1.8	−3.8	20.3	−1.3
饮料酒	亿升/%	195.4	2.6	1.8	42.8	0
白酒	亿升/%	17.8	2.8	−18.7	23.5	−1.6
啤酒	亿升/%	166.6	2.8	3.2	46.2	0.7
葡萄酒	亿升/%	3.5	−10.4	−24.3	46.5	0.2
软饮料	万吨/%	4370.1	6.7	2.6	43.8	−4.3
精制茶	万吨/%	36.5	6.5	−3.5	25.3	−3.9
配合饲料	万吨/%	3486.8	9.2	−24.6	40.8	−2.4
混合饲料	万吨/%	1235.1	−17.3	−42.6	33.1	−6.9
家具	亿件/%	3.3	−6.9	−0.8	80.6	−2.8
纸制品	万吨/%	1881.4	7.7	13.4	57.4	−2.2
塑料制品	万吨/%	2208.9	−3.2	−7.5	57.1	−5.9
纱	万吨/%	1378.9	7.9	−4.3	61.1	−0.8
布	亿米/%	328.6	4.4	−2.4	75.9	−1.4
服装	亿件/%	132.3	−4.1	−8.1	78.3	−2.3
化纤	万吨/%	2437.7	7.1	−6.4	90.7	−0.4
化药原药	万吨/%	101.9	−6.2	14.6	58.1	−1.5
中成药	万吨/%	34.1	14.7	−0.2	16.6	0.6

数据来源：国家统计局。

（二）出口情况

1. 消费品工业出口交货值增速持续下滑

由于国际宏观环境恶化，加之工人短缺、用工成本攀升以及原材料价格上涨，2012年东部地区生产及销售优势一度削弱，出口增速明显放缓。进入2013年，在国家产业政策和货币政策的双重驱动下，东部地区消费品工业出口虽有好转，但增速依然低位运行，维持在10%以内，二季度开始更是出现持续下滑。2013年1—8月，东部地区消费品工业出口交货值累计达19204.2亿元，增速为7.2%，低于2013年一季度10.1%的水平。与全国消费品工业出口增速相比，东部地区出口优势明显下降，增速落后 1.2 个百分点。且从全年消费品工业出口趋势来看，东部地区出口增速下滑幅度大于全国水平。

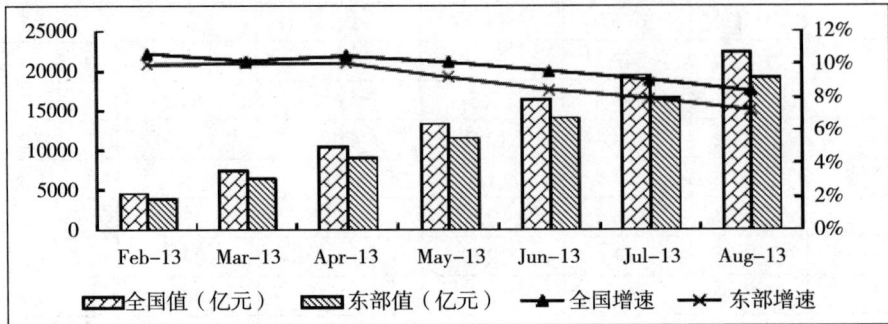

图9-1 东部地区消费品工业出口交货值及增速与全国比较（单位：亿元）

数据来源：国家统计局。

2. 消费品工业出口占全国的比重有所下降

2013 年 1—8 月，东部地区出口交货值累计值占全国的比重为 85.8%，依然是消费品工业出口的主要地区。但是横向来看，东部地区出口在全国的地位有所下滑，比重较 2012 年同期下降 0.9 个百分点。细分行业来看，食品工业下降幅度最大，达 2.6 个百分点，其次为医药制造业下降 1.4 个百分点，轻工和纺织分别下降 0.5 和 0.9 个百分点。可见，东部地区消费品工业出口受食药安全事件影响较大。

（三）效益情况

1. 盈利情况

从收入层面来看，2013 年 1—7 月，东部地区消费品工业累计实现主营业务收入 94601.9 亿元，占全国比重为 62.3%，较 2012 年年底微幅下滑。其中，轻工依然是东部地区消费品工业中最重要的组成部分，收入贡献率达 43.1%，其次为纺织、食品和医药工业。与 2012 年年底相比，轻工和医药收入贡献率微幅增加，而在国家纺织产业转移政策的鼓励下，纺织工业收入贡献率下降 0.9 个百分点。

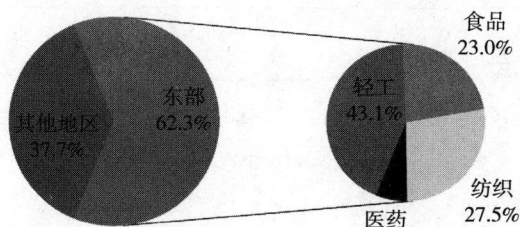

图9-2 2013年1—7月东部消费品工业累计主营业务收入构成

数据来源：国家统计局。

从利润层面来看，受累于沿海地区用工成本攀升，东部地区消费品工业利润仅占全国60.6%，较之收入比重不相匹配。其中，轻工和纺织等劳动密集型产业受影响最大，利润贡献率分别低于收入贡献率4.2和4.7个百分点。而属于技术密集型产业的医药工业则显现出较强的获利能力，利润贡献率达12.2%，高于收入贡献率5.8个百分点。

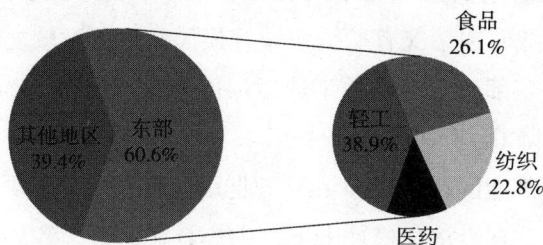

图9-3 2013年1—7月东部消费品工业累计利润总额构成

数据来源：国家统计局。

综合来看，东部地区消费品工业依然显现出较强的盈利能力。2012以来，东部地区销售利润率虽低于全国平均水平，但表现出稳中有升的态势，资本增值能力持续增强。截至2013年7月，东部地区消费品工业销售利润率为5.5%，高于年初0.2个百分点，涨幅好于全国水平。

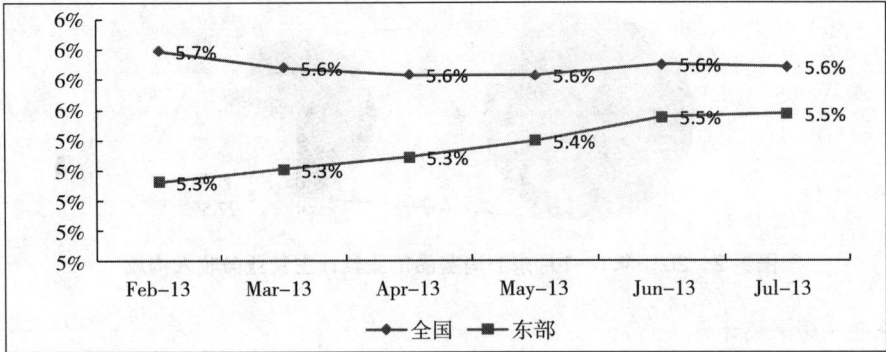

图9-4 2013年1—7月全国及东部地区消费品工业销售利润率比较

数据来源：国家统计局。

2. 亏损情况

由于元旦、春节、元宵节假日密集，市场需求提前释放，企业开工率不足，2013年年初东部地区消费品工业亏损情况较上年年底稍有恶化。但是全年来看，东部地区消费品工业亏损情况有所缓解，亏损面和亏损度较之上年同期都有所下降。截至6月底，东部地区消费品工业亏损面和亏损度分别为17.1和8.6，与去年同期相比分别下降0.3和1.4个百分点。

分行业看，东部地区轻工业和纺织工业亏损较严重，主要因为这两个行业属于劳动密集型行业，在经济危机冲击下，中小企业对人工和原料成本上涨的承受能力有限。而医药工业则相反，表现出较强的抗风险能力，亏损面和亏损深度低于消费品工业平均水平。

表9-2 2012—2013年东部地区消费品工业及细分行业亏损情况比较（%）

指标/时间		Mar-12	Jun-12	Sep-12	Dec-12	Mar-13	Jun-13
亏损面	全国消费品工业	16.8	15.0	13.6	10.4	16.8	14.7
	东部消费品工业	19.7	17.4	15.5	11.9	19.9	17.1
	其中：轻工	20.7	17.8	16.0	12.3	21.3	18.0
	食品	13.6	11.9	10.9	8.2	13.2	12.3
	纺织	21.2	19.6	17.3	13.1	21.3	18.4
	医药	18.1	15.3	14.5	10.6	16.8	14.9

（续表）

	指标/时间	Mar-12	Jun-12	Sep-12	Dec-12	Mar-13	Jun-13
亏损深度	全国消费品工业	10.8	8.8	7.5	5.4	10.2	7.7
	东部消费品工业	12.6	10.0	8.3	6.1	12.2	8.6
	其中：轻工	15.5	11.4	9.5	7.1	16.4	10.1
	食品	9.2	8.5	6.7	5.5	8.4	7.2
	纺织	15.9	12.5	10.2	6.4	13.3	10.0
	医药	5.6	4.6	4.3	3.6	6.9	4.6

数据来源：国家统计局。

（四）主要问题

1. 国际贸易环境进一步恶化

作为轻工和纺织两大出口依赖型产业最集中的地区，国际贸易环境恶化是东部地区消费品工业发展存在的主要问题。欧债危机爆发之后，美国和欧盟国家连续出台多项对华贸易保护措施，贸易争端数量和种类不断升级。除欧美发达国家外，巴西、印度等发展中国家发起的贸易争端数量也在上升。预计，2014年贸易摩擦形势仍不容乐观，贸易救济案件可能比去年增多，我国消费品出口将受到抑制。

2. 成本压力持续高涨

东部地区是我国消费品工业最集中的地区，成本上涨是该地区消费品工业发展面临的最主要也是最严峻的问题。2013年，消费品工业集中的浙江、江苏、广东、山东等地再次上调最低工资标准，涨幅均达到10%以上。调整之后我国最低工资标准排名前十的省市中，东部地区占8个。随着最低工资水平的上调，劳动密集型轻纺工业的工资水平快速上涨，与工资水平密切相关的企业社会福利负担加重。

3. 产业亟需转型升级

一方面，东部地区轻工和纺织等产业比重过高。虽然国家大力推动消费品工业向中西部地区转移，但是劳动密集型的轻工和纺织等产业依然集中于东部地区，制约了医药等高附加值产业的发展。同时，纺织和轻工等出口依赖性较大的产业在面对经济放缓的大环境时，可能会拖累整体经济的发展。另一方面，东部地区医药产业中化学原料药产业所占比重过高，生物医药和化学药制剂产业发展缓慢，与全球医药产业发展方向不符。

二、典型行业发展情况：医药工业

近十年东部地区医药产业发展迅速，北京、上海是我国重要的生物医药研发基地，山东、江苏、浙江、广东是我国医药制造大省，其中山东和江苏两省医药制造业占全国总量10%以上。2012年，工信部发布《产业转移指导目录（2012年本）》，更是将医药产业作为东部地区发展的重中之重。截至目前，在国家发展和改革委员会、科技部批准的33个国家级生物产业基地中，东部地区占48.6%。

（一）生产情况

生产增速稳步提升，但低于全国平均水平。受国内外经济衰退的不利影响，东部地区医药工业生产增速开始放缓。2013年1—8月，东部地区累计生产化学药品原料药101.9万吨，中成药34.1万吨，占全国化学药品原药和中成药总产量的比为58.1%和16.6%，与2012年同期相比，化学药品原药比例下降1.5个百分点，中成药比例微幅上升0.6个百分点。从同比增速看，化学药品原药产量增速持续负增长，2012年一度以两位数的负增长速度发展。进入2013年，生产情况得到改善，增速稳步提升至-6.2%。中成药产量在2012年3月以后进入正增长时代，经过近两年的发展，生产增速达到14.7%。横向来看，化学药品原药和中成药产量增速相对平稳，但低于全国平均水平的-3.7%和10.6%。

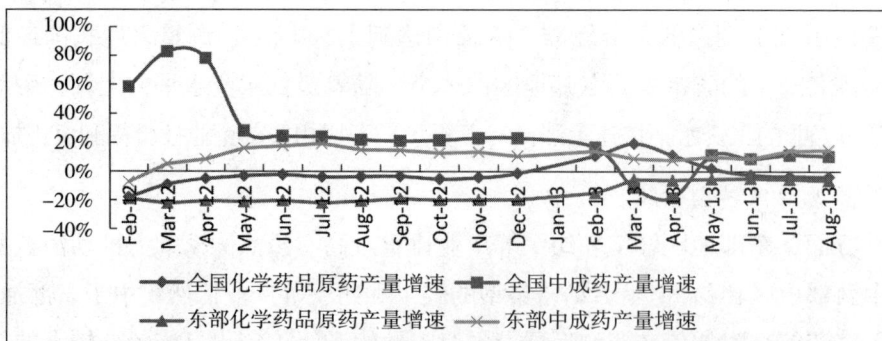

图9-5　2012—2013年东部地区主要医药产品产量增速

数据来源：国家统计局。

（二）出口情况

医药工业出口主体地位有所削弱，以化学药品出口为主。东部地区是我国医药工业最主要的出口地区。2013 年 1—8 月，东部地区医药工业累计出口交货值为 613.8 亿元，占全国医药工业累计出口交货值的比重由 2012 年同期的 79.0%降低至 77.5%，主体地位小幅削弱。从出口增速来看，2013 年第二季度开始，东部地区医药工业出口由负增长变为正增长，出口颓势有所扭转，但整体增速低于全国平均水平。1—8 月，东部地区医药工业出口交货值同比增长 6.1%，低于全国 1.9 个百分点。

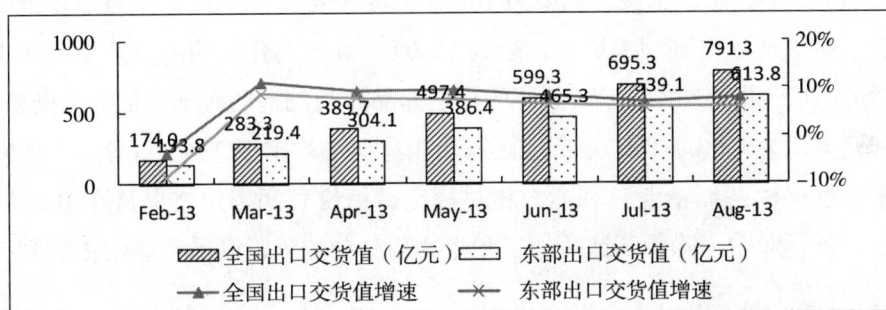

图9-6　2012—2013年东部地区医药工业出口交货值与全国比较

数据来源：国家统计局。

细分行业来看，化学药品原药制造业是东部地区医药工业出口的重要组成部分，其出口交货值占东部医药工业和全国化学药品制造业的比重分别为 47.2% 和

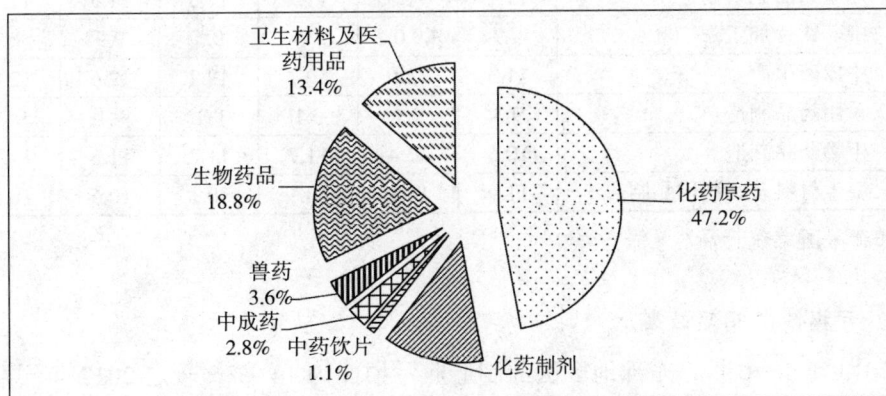

图9-7　2013年东部地区医药工业出口结构

数据来源：国家统计局。

77.6%，高于其他行业。而代表未来医药产业发展方向的生物药品制造业出口紧随其后，在东部地区医药工业中的出口贡献率为18.8%，在全国生物药品制造业中的出口贡献率为85.5%。中药饮片和中成药产业在东部地区医药工业中的出口贡献率相对较小，仅为1.1%和2.8%。

（三）效益情况

1.收入和利润稳步增长

2013年1—7月，东部地区医药制造业实现主营业务收入6057.2亿元，实现利润总额635.4亿元，销售利润率为10.5%，高于全国平均水平的9.6%。细分行业来看，中成药生产利润率最高，达到12.8%，其次为化学药品制剂制造和生物药品制造。而产量和出口均名列前茅的化学药品原药制造的资本增值能力则最弱，销售利润率仅为7.6%，低于东部地区医药制造业平均水平2.9个百分点。横向来看，东部地区医药制造业获利能力相对稳定，销售利润率始终保持在10%以上的水平。各行业中，除中药饮片加工和生物药品制造外，其他行业销售利润率均呈现稳中有升的态势。

表9-3 2013年1—7月东部地区医药工业销售利润率变化情况及比较（%）

行业	Feb–13	Mar–13	Apr–13	May–13	Jun–13	Jul–13
全国医药制造业	9.4	9.8	9.5	9.5	9.7	9.6
东部地区医药制造业	10.1	10.6	10.3	10.3	10.6	10.5
其中：化学药品原料药制造	6.9	7.4	7.3	7.3	7.6	7.6
化学药品制剂制造	11.1	11.3	11.2	11.2	11.5	11.3
中药饮片加工	9.9	9.0	9.5	9.5	9.9	9.8
中成药生产	11.3	12.6	12.1	12.2	12.6	12.8
兽用药品制造	9.3	9.1	9.1	9.1	9.1	9.2
生物药品制造	10.5	12.4	11.7	11.7	11.6	11.2
卫生材料及医药用品制造	11.9	11.1	10.1	10.1	10.6	10.6

数据来源：国家统计局。

2.亏损情况明显改善

2013年1—6月，东部地区医药制造业亏损面为14.9%，较之2012年同期收窄3.1个百分点，亏损深度为4.6%，与2012年同期持平。整体来看，东部地区医药工业亏损面明显缩小，亏损程度大幅减轻，亏损情况有所改善。分行业来看，受新版 GMP 改造时间节点逼近影响，化学药品制造亏损情况最为严重，其中化学药品原料药制造亏损面和亏损深度为 18.9% 和 5.8%，化学药品制剂制造亏损面和亏损深度为 17.1% 和 6.2%，虽较之 2012 年同期有所缓解，但就绝对水平来看依然偏高。

表 9-4　2013 年 1—6 月东部地区医药工业亏损情况与去年同期比较（%）

行业	2012年1—6月		2013年1—6月	
	亏损面	亏损深度	亏损面	亏损深度
医药制造业	18.0	4.6	14.9	4.6
其中：化学药品原料药制造	19.2	11.6	18.9	5.8
化学药品制剂制造	21.5	3.9	17.1	6.2
中药饮片加工	15.3	6.2	10.8	0.6
中成药生产	18.8	1.0	15.0	2.2
兽用药品制造	–	–	10.9	2.2
生物药品制造	17.7	5.3	13.2	4.7
卫生材料及医药用品制造	–	–	11.2	1.7

数据来源：国家统计局。

（四）发展经验

1. 重视产业创新能力建设

东部地区是我国高校和科研院所最为集中的地区，人才、信息、技术资源优势尤为明显。利用这一有利条件，东部地区借助国家的政策支持和资金扶持，不断加大创新投入，完善公共平台建设和配套服务，引导大学、科研机构、企业、跨国公司开展深度合作，建立起较为完善的医药技术创新体系，研发创新能力在全国居于领先地位。较高的创新能力是东部地区医药工业发展的关键驱动因素。

2. 充分发挥产业集聚效应

产业集群化发展是东部地区医药工业的显著特点，无论是国家生物医药产业基地还是各类医药产业园区数量，东部地区在全国都占有较高的比重。通过产业集聚，增加企业间分工协作、推动资源共享、整合区域内行业竞争力，有效带动整个医药工业的发展。

3. 营造良好的政策环境

在积极实施国家各项政策的前提下，东部地区各省市还针对地区发展特点，从加大创新投入、完善投融资体系、引导企业转型升级、减轻企业税负压力等方面出台了一系列加快医药工业发展的地方政策，如《上海市生物医药产业发展行动计划 (2014—2017 年)》，以及若干支持产业发展的专项资金，如"江苏省科技成果转化专项资金"。良好的政策环境也是东部地区医药工业快速发展的推动因素。

三、典型地区发展情况：江苏省

江苏省是消费品工业大省，改革开放以来，全省消费品工业迅速发展，在满足人民需求、吸纳劳动就业、扩大出口份额等方面发挥着重要作用。2013 年 1—7 月，江苏省消费品工业实现销售收入 17436.2 亿元，占东部地区的比重为 17%，居东部地区第四位。其中，纺织、医药、食品和轻工业分别实现销售收入 7258.8 亿元、1491.6 亿元、3004.8 亿元和 5681.1 亿元，占东部地区的比重分别为 27.9%、24.6%、13.8% 和 13.9%，分别位居东部地区第一、二、二和四位。阳光集团、雨润集团、扬子江药业等一批优势企业在国内也具有较高的影响力和市场占有率。

（一）生产情况

2013 年 1—7 月，江苏省消费品工业实现主营业务收入 17436.2 亿元，同比增长 14.7%，与 2012 年同期相比增速有所放缓。就消费品工业内部结构看，不同行业在江苏省整个消费品工业中的地位各不相同。其中，纺织业居于龙头地位，2013 年 1—7 月年实现主营业务收入 7258.8 亿元，在整个消费品工业中所占的比重最大，占比达到了 41.6%。轻工业位列第二，占整个消费品工业的比重为 32.6%。地位变化方面，近两年来消费品工业各行业所占比重有所改变，纺织工业比重逐年降低，医药工业比重逐年走高，轻工业和食品工业保持相对稳定。

表 9-5　2013 年 1—7 月江苏省各子行业主营业务收入占消费品工业总收入比重的变化（%）

行业	2012年1—3月	2012年1—9月	2013年1—3月	2013年1—7月
轻工	31.8	31.0	32.7	32.6
纺织	43.0	43.5	41.1	41.6
食品	17.5	17.3	17.7	17.2
医药	7.7	8.2	8.5	8.6

数据来源：国家统计局。

由细分行业的收入增速看，2013 年仅钟表与计时仪器制造业、照明器具制造业增速超过 20%，与 2012 年相比，收入增速明显放缓。受食品安全问题以及国家相关政策影响，农副食品加工业以及酒、饮料和精制茶制造业收入增速明显下降，仅食品制造业收入增速保持相对稳定。医药制造业虽增速下滑 7.5 个百分点，但与其他行业相比仍保持相对领先的增速水平。整体来看，2013 年江苏省轻工行业发展势头良好，收入增速前十名的行业中，轻工业占 8 位。

表 9-6　2012—2013 年江苏省消费品工业各行业主营业务收入同比增长前十名（%）

2012年1—7月		2013年1—7月	
行业	增速	行业	增速
酒、饮料和精制茶制造业	28.2	钟表与计时仪器制造	35.1
医药制造业	26.0	照明器具制造	21.8
农副食品加工业	24.6	家用电力器具制造	19.5
自行车制造	24.4	医药制造业	18.5
电池制造	22.3	金属制日用品制造	18.4
竹、藤、棕、草等制品制造	21.5	竹、藤、棕、草等制品制造	18.0
金属工具制造	19.3	自行车制造	16.6
照明器具制造	18.4	食品制造业	16.5
食品制造业	17.6	文教、工美、体育和娱乐用品制造业	14.5
印刷和记录媒介复制业	15.5	皮革、毛皮、羽毛及其制品和制鞋业	14.1

数据来源：国家统计局。

从江苏省消费品工业在整个工业中所处地位的变化来看，尽管近几年来，国家着力开展工业结构调整和消费品工业产业转移工作，但消费品工业在江苏整个工业中的地位并未下降，所占比重仍持续增加。2013 年消费品工业主营业务收入发展态势良好，并连续三年领先于江苏省工业增速。

表 9-7　2012—2013 年江苏省消费品工业主营业务收入在整个工业中的地位及其变化

	2012年1—3月	2012年1—6月	2012年1—9月	2012年1—12月	2013年1—3月	2013年1—6月
工业（亿元）	26515.2	56498.7	85926.6	—	29661.4	63403.1
消费品工业（亿元）	6082.8	12932.0	19878.5	27136.0	6915.0	14833.1
消费品工业所占比重（%）	22.9	22.9	23.1	—	23.3	23.4

数据来源：国家统计局。

从江苏省消费品工业在东部地区和全国消费品工业中所处的地位变化来看，2013年1—7月，江苏省消费品主营业务收入占东部地区和全国消费品工业主营业务收入的比分别为18.4%和11.5%，呈现出下滑的迹象，但幅度不大。

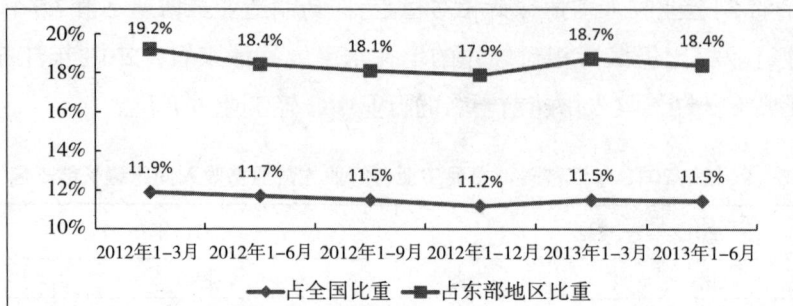

图9-8　2012—2013年江苏省消费品工业主营业务收入占东部地区及全国的比重及变化

数据来源：国家统计局。

（二）出口情况

2013年1—8月，江苏省消费品工业实现出口交货值2128.1亿元，同比增长9.0%，高于全国平均水平，与2012年同期相比增速小幅反弹。从出口结构来看，纺织工业仍然是江苏省消费品工业的领军行业。2013年1—7月，纺织工业出口交货值为1262.6亿元，占江苏省全部消费品出口交货值的比重达58.4%，远远领先于其他子行业。轻工行业出口交货值占比依然位列第二，为28.6%。食品工业和医药工业出口交货值占比仅为个位数。从各子行业出口占比的变化来看，轻工和纺织小幅下滑，食品工业出口占比明显增加，医药工业保持不变。

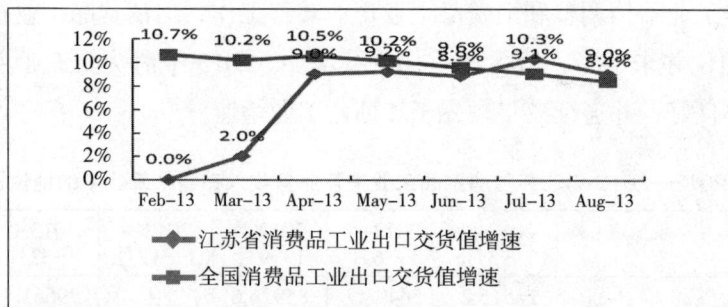

图9-9　2013年江苏省消费品工业出口交货值增速与全国比较

数据来源：国家统计局。

表9-8　2012—2013年江苏省各子行业出口交货值占消费品工业总出口的比重及变化（%）

行业	2012年1—3月	2012年1—9月	2013年1—3月	2013年1—7月
轻工	32.7	27.7	29.2	28.6
纺织	56.2	60.3	58.5	58.4
食品	4.5	5.2	5.9	6.7
医药	6.6	6.8	6.4	6.3

数据来源：国家统计局。

由细分行业的出口增速看，2013年有5个行业出口交货值增速超过20%，好于2012年同期水平。由于世界经济复苏缓慢，欧美日等主要发达经济体需求低迷，医药等技术密集型产业出口增速放缓，而轻工和纺织类劳动密集型产业出口则保持强劲势头。特别是在各国制造业回归的大背景下，纺织中间品进口需求增加，纺织业出口一反先前的颓势，增速进入前十。

表9-9　2012—2013年江苏省消费品工业各行业主营业务收入同比增长前十名（%）

2012年1—7月		2013年1—7月	
行业	增速	行业	增速
竹、藤、棕、草等制品制造	51.3	非电力家用器具制造	159.6
采盐	38.7	钟表与计时仪器制造	76.9
自行车制造	21.8	搪瓷制品制造	42.1
食品制造业	16.2	采盐	36.1
农副食品加工业	12.0	竹、藤、棕、草等制品制造	25.1
文教、工美、体育和娱乐用品制造业	11.8	化学纤维制造业	17.2
化学纤维制造业	11.2	家用电力器具制造	16.1
家用电力器具制造	10.9	农副食品加工业	11.5
金属工具制造	9.9	日用杂品制造	9.9
建筑、安全用金属制品制造	9.9	纺织业	9.1

数据来源：国家统计局。

从江苏省消费品工业出口在东部地区和全国消费品工业中所处的地位变化来看，2013年1—8月，江苏省消费品出口交货值占东部地区和全国消费品工业出口交货值的比分别为11.1%和9.5%，与2012年同期相比基本持平，依然处于全国领先地位。

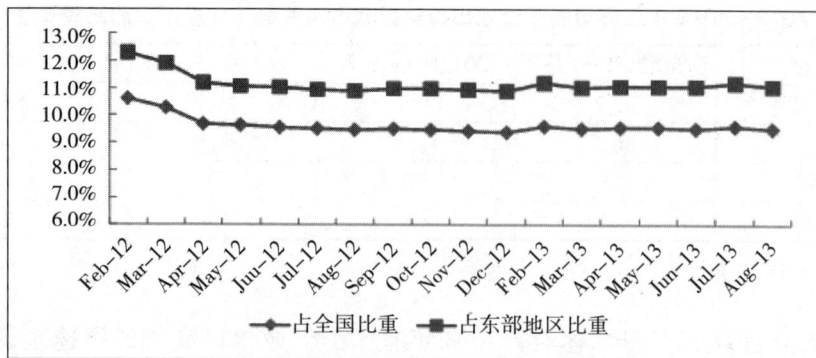

图9-10　2012—2013年江苏省消费品工业出口交货值占东部地区及全国的比重及变化

数据来源：国家统计局。

（三）效益情况

1. 销售利润率普遍下降

2013年1—7月，江苏省消费品工业完成利润总额966.2亿元，占东部地区和全国的比重分别为18.6%和11.3%。从销售利润率来看，江苏省消费品工业的盈利能力高于全国平均水平，在东部地区处于中上水平。分大类行业来看，医药工业销售利润率领先于其他行业，表现出较好的盈利性，轻工和纺织等劳动密集型产业由于人工成本的增加，利润率始终处于较低的水平。

表 9-10　2012—2013 年江苏省消费品工业销售利润率变化情况（%）

	2012年1—3月	2012年1—7月	2013年1—3月	2013年1—7月
消费品工业	5.3	5.4	5.5	5.5
其中：轻工	5.0	5.1	4.9	5.1
纺织	3.9	4.0	4.0	4.1
食品	7.7	7.5	8.7	7.7
医药	9.3	9.7	9.0	9.7

数据来源：国家统计局。

细分行业来看，2013年江苏省消费品工业各行业销售利润率普遍低于2012年。其中，由于物价上涨，食品制造业这一刚性需求行业利润率上升0.8个百分点。而在白酒塑化剂、农夫山泉"标准门"、汇源果汁"瞎果门"事件的影响下，酒、饮料和精制茶制造业虽然保持着第一的销售利润率，但整体水平有所下降。其他行业销售利润率与 2012 年同期相比出现不同程度的波动，但变化幅度不大。

表 9-11 2012—2013 年江苏省消费品工业各行业销售利润率前十名（%）

2012年1—7月		2013年1—7月	
行业	利润率	行业	利润率
酒、饮料和精制茶制造业	17.6	酒、饮料和精制茶制造业	16.8
医药制造业	9.7	医药制造业	9.7
采盐	7.9	食品制造业	7.3
日用化学品	6.9	竹、藤、棕、草等制品制造	7.3
印刷和记录媒介复制业	6.6	日用化学品	6.1
食品制造业	6.5	家用电力器具制造	5.9
照明器具制造	6.3	照明器具制造	5.9
竹、藤、棕、草等制品制造	5.9	印刷和记录媒介复制业	5.8
家用电力器具制造	5.8	日用杂品制造	5.5
日用杂品制造	5.4	金属工具制造	5.5

数据来源：国家统计局。

2. 亏损面增加，亏损程度减轻

2013 年 1—7 月，江苏省共有消费品工业企业 17347 家，其中亏损 2996 家，亏损面为 17.3%。亏损企业亏损总额为 73.8 亿元，亏损程度达 7.6%。横向来看，由于世界经济危机的影响，部分实力较弱的企业经营陷入困境，2013 年亏损面较之 2012 年有所增加。但是在国家调结构、稳增长政策的推动下，企业通过兼并重组和转型升级，经营效益有所好转，2013 年亏损深度较之 2012 年有所减轻。纵向来看，江苏省消费品工业亏损面大于东部地区和全国平均水平，亏损深度高于全国平均水平，但低于东部整体。总体来看，江苏省消费品工业亏损情况处于可控范围之内。分大类行业来看，纺织工业亏损情况最为严重，亏损面和亏损深度分别达到 19.1% 和 11.0%，但与 2012 年相比亏损程度有所缓解。轻工业亏损程度紧随其后，且与 2012 年相比有所加深，竞争力减弱。

表 9-12 2013 年江苏省消费品工业企业亏损面和亏损深度（%）

行业	2012年1—7月		2013年1—7月	
	亏损面	亏损深度	亏损面	亏损深度
全国消费品工业	13.6	7.5	14.2	7.5
东部地区消费品工业	15.5	8.3	16.5	8.1
江苏省消费品工业	16.8	8.6	17.3	7.6

（续表）

行业	2012年1—7月		2013年1—7月	
	亏损面	亏损深度	亏损面	亏损深度
其中：轻工	16.1	9.8	17.5	10.0
纺织	19.3	13.0	19.1	11.0
食品	9.2	4.0	9.9	3.6
医药	14.0	3.9	15.0	2.4

数据来源：国家统计局。

（四）发展经验

1. 利用区位优势，主动承接产业转移

上海是长三角地区的龙头，产业发展的国际化和高端化特点明显，其技术和资本溢出效应为毗邻的江苏省带来许多发展机会。南通、扬州、盐城、连云港等市利用区位优势主动承接来自上海的产业转移，涉及纺织服装、医疗器材、玻璃制品、玩具、农产品加工、食品加工、商贸物流等诸多领域。同时，南京、昆山、苏州、无锡、常州等地依托上海作为承接国际产业转移的招商引资平台，产业国际化水平进一步提高。

2. 不断加强园区载体建设，以集群优势培育竞争优势

江苏省在发展消费品工业的过程中十分注重开发区、工业园区和工业集中区等载体的建设，以集群优势培育竞争优势。根据当地环境、区位优势、产业基础等客观条件，明确园区产业定位和发展重点，并按照"布局合理、用地集约、产业集聚、功能配套"的原则，加强园区基础设施建设，完善园区功能和配套条件，鼓励企业"退城入园"，提高资源共享效率和产业分工合作，极大地提高了产业竞争优势。

3. 加强政策引导，以信息化带动产业转型升级

围绕推进研发设计协同化、生产设备数字化、生产过程智能化、采购营销网络化以及企业管理信息化等5个信息化重点领域，江苏省出台若干引导政策支持轻工、纺织、医药、食品等行业进行信息化技术改造，实现管控一体化和过程自动化，有效支撑企业技术创新和管理创新，在提高生产效率的同时也增加了产品的附加值，产业竞争力得到增强。

第十章 中部地区

一、中部地区消费品工业发展情况

凭借着丰富的原料优势和庞大的消费人群，中部地区长期是我国消费品工业的重要生产地区和消费地区。2013 年，国内宏观经济增长放缓，下行压力加大，出口环境亦不容乐观，西部消费品工业受到了一定冲击，但整体上依然保持快速增长态势。

（一）生产情况

1. 主要消费品产量继续保持增长态势，但增速差异明显

2013 年 1—8 月，中部主要消费品产量继续保持增长态势。在关注的 19 种主要消费品中，除饮料酒、印染布、人造板产量同比下降外，其他消费品产量都保持着继续增长态势，特别是成品糖、软饮料和精制茶，产量同比增速分别达到 628.3%、31.6% 和 35.6%。但需要关注的是，虽然产量仍然继续保持增长，但增速差异明显，多数产品增速放缓。19 种主要消费品中，10 种增速放缓，特别是人造板、化学药品原药和中成药，增速分别放缓 78.8 个、75.5 个和 49.8 个百分点。

2. 主要消费品在全国仍然占据重要位置，且部分产品在全国的地位增加

近年，凭借着丰富的原料资源，中部地区成为我国消费品的重要产区，特别是食品和医药产业。2013 年 1—8 月，19 种主要消费品中，有 7 种产品在全国的份额超过了 25%，其中小麦粉、大米、精制茶产量在全国的比例分别达到 52.1%、50.7% 和 51.9%，卷烟、纱、化学药品原药、中成药分别达到 27.6%、

32.5%、26.8% 和 31.6%。11 种消费品在全国中的地位增加，其中小麦粉、液体乳、成品糖、软饮料、精制茶、纱、布、服装、纸制品、化学药品原药在全国中的份额分别上升 1.7%、1.1%、1.1%、2.3%、4.9%、0.9%、1.4%、2.1%、2.0%、2.4% 和 2.8%。

表 10-1　2013 年 1—8 月中部地区主要消费品产品生产情况

产品	单位	累计产量	同比增速	同期增速变化	占全国比重	同期比重变化
小麦粉	万吨/%	4430.3	14.1	3.5	52.1	1.7
液体乳	万吨/%	285.5	18.7	17.2	19.2	1.1
大米	万吨/%	3683.7	11.8	−14.8	50.7	−0.5
精制食用植物油	万吨/%	929.7	22.9	1.9	24.1	0.0
成品糖	万吨/%	14.8	628.3	488.5	1.3	1.1
乳制品	万吨/%	309.9	10.5	0.2	17.8	−0.1
饮料酒	万千升/%	980.3	−4.5	−7.2	21.5	−1.6
软饮料	万吨/%	2120.2	31.6	10.9	21.3	2.3
精制茶	万吨/%	75.0	35.6	39.8	51.9	4.9
卷烟	亿支/%	4756.7	0.1	−2.8	27.6	−0.2
纱	万吨/%	732.9	12.5	−4.7	32.5	0.9
布	亿米/%	82.3	14.5	15.2	19.0	1.4
印染布	亿米/%	12.8	−12.5	6.6	3.5	−0.3
服装	亿件/%	27.3	13.6	−3.7	16.1	2.1
人造板	万立方米/%	4074.0	−30.2	−78.8	24.0	−9.7
家具	万件/%	4769.7	16.5	−3.6	11.6	2.0
纸制品	万吨/%	787.8	24.0	−11.7	24.0	2.4
化学药品原药	万吨/%	46.9	17.4	−75.5	26.8	4.8
中成药	万吨/%	64.9	3.3	−49.8	31.6	−2.2

数据来源：国家统计局。

（二）出口情况

1. 出口交货值快速增长

2013 年 1—8 月，消费品中的 15 个行业累计出口交货值 1645.3 亿元，同比增长 16.8%，高于全国增长水平 9.9%。从 15 个子行业来看，除烟草制品业、造纸和纸制品业、化学纤维业出口同比下降外，其他 13 个子行业均呈现出同比增长态势，其中酒、饮料和精制茶制造业，木材加工和木、竹、藤、棕、草制品业，印刷和记录媒介复制业，文教、工美、体育和娱乐用品制造业，医药制造业同比增长分别达到 60.1%、23.4%、23.0%、26.3% 和 22.5%，明显高于消费品工业整体出口增速水平。与全国增速比较，中部地区除造纸和纸制品业和医药制造业低于全国增速水平外，其他行业均高于全国水平，特别是酒、饮料和精制茶制造业比全国增速高 58.1%，间接反映了中部地区在我国消费品出口的地位继续增加。

表 10-2　2013 年 1—8 月中部地区消费品工业出口交货值及其比较（单位：亿元）

行业	出口交货值（亿元）	同比增速（%）	与全国同比增速差（%）
农副食品加工业	158.5	18.3	7.5
食品制造业	123.4	19.7	10.5
酒、饮料和精制茶制造业	34.4	60.1	58.1
烟草制品业	1.7	−7.4	0.2
纺织业	218.5	9.8	2.6
纺织服装、服饰业	278.3	13.9	7.2
皮革、毛皮、羽毛及其制品和制鞋业	212.6	19.1	14.5
木材加工和木、竹、藤、棕、草制品业	69.4	23.4	6.1
家具制造业	40.5	14.9	10.4
造纸和纸制品业	17.2	−5.7	−6.2
印刷和记录媒介复制业	6.5	23.0	23.4
文教、工美、体育和娱乐用品制造业	246.4	26.3	21.2
医药制造业	109.5	22.5	16.3
化学纤维制造业	16.4	−19.2	−24.9
橡胶和塑料制品业	112.0	5.2	5.1
合计	1645.3	16.8	9.9

数据来源：国家统计局。

2. 出口地位略有上升

2013 年 1—8 月，中部地区消费品出口交货值累计值占全国的比重为 8.8%，在全国的出口地位相对较低。但是，中部地区在我国消费品出口的地位略有上升，比 2012 年同期提高了 1.1 个百分点。从 15 个子行业来看，虽然所有行业出口占全国的比例不超过 20%，但是除造纸和纸制品业、化学纤维制造业出口地位分别下降 0.2% 和 1.5% 外，其他 13 个行业出口地位均有一定上升，特别是酒、饮料和精制茶制造业出口地位上升了 6.6%，进一步体现了中部地区食品行业的出口竞争力提高。

表 10-3　2013 年 1—8 月中部地区消费品出口交货值占全国比重（%）

行业	占全国比（%）	占全国比同期变化（%）
农副食品加工业	8.1	0.4
食品制造业	18.4	2.0
酒、饮料和精制茶制造业	20.0	6.6
烟草制品业	9.2	0.0
纺织业	8.5	0.3
纺织服装、服饰业	8.8	0.5
皮革、毛皮、羽毛及其制品和制鞋业	10.1	1.0
木材加工和木、竹、藤、棕、草制品业	13.1	1.6
家具制造业	4.3	0.2
造纸和纸制品业	4.4	−0.2
印刷和记录媒介复制业	3.0	0.3
文教、工美、体育和娱乐用品制造业	10.2	1.5
医药制造业	13.8	1.6
化学纤维制造业	5.5	−1.5
橡胶和塑料制品业	4.8	0.2
合计	8.8	1.1

数据来源：国家统计局。

（三）效益情况

1. 主营业务收入继续快速增长

2013 年 1—6 月，中部地区消费品工业主营业务收入 24792.2 亿元，同比增长 19.6%。随着中部地区消费需求逐渐释放，中部地区消费品行业主营业务收入快速增长，15 个行业中，除烟草制品业、造纸和纸制品业和化学纤维制造业主营业务收入增长相对缓慢外，其他 12 个行业增长都超过或接近 20% 的增速。与

全国增速比较来看，除烟草制品业、造纸和纸制品业、化学纤维制造业增速分别
低于全国0.3%、2.6%和10.3%外，其他行业增速均高于全国平均水平，特别是
印刷和记录媒介复制业，文教、工美、体育和娱乐用品制造业，纺织服装、服饰
业增速分别高于全国22.2%、15.3%和14.4%。

表10-4　2013年1—6月中部地区消费品工业累计主营业务收入（亿元，%）

行业	主营业务收入	同比增速（%）	与全国增速差（%）
农副食品加工业	6636.6	18.8	3.5
食品制造业	1984.0	19.1	1.6
酒、饮料和精制茶制造业	1779.4	21.7	9.1
烟草制品业	1169.0	9.8	−0.3
纺织业	2759.2	19.2	5.0
纺织服装、服饰业	1429.7	26.6	14.4
皮革、毛皮、羽毛及其制品和制鞋业	959.2	19.5	7.8
木材加工和木、竹、藤、棕、草制品业	1118.6	21.8	1.7
家具制造业	478.5	22.7	10.1
造纸和纸制品业	1249.9	6.4	−2.6
印刷和记录媒介复制业	514.9	36.6	22.2
文教、工美、体育和娱乐用品制造业	633.5	31.4	15.3
医药制造业	1897.4	20.1	0.6
化学纤维制造业	167.1	2.0	−10.3
橡胶和塑料制品业	2015.2	24.3	10.0
合计	24792.2	19.6	3.8

数据来源：国家统计局。

2.亏损情况加剧

2013年，中部地区消费品工业亏损情况突出，且从前7个月来看存在亏损
加剧趋势。1—7月，中部地区消费品工业亏损面6.7%，亏损深度4.1%。与全国
水平相比，中部地区消费品工业亏损情况较小。

就各省的亏损面看，中部六省中的山西省最为明显，亏损面为30.2%，而河
南省亏损最小，亏损面为9.8%。安徽省、江西省、湖北省、湖南省亏损面依次
为11.1%、10.4%、10.1%和9.8%。

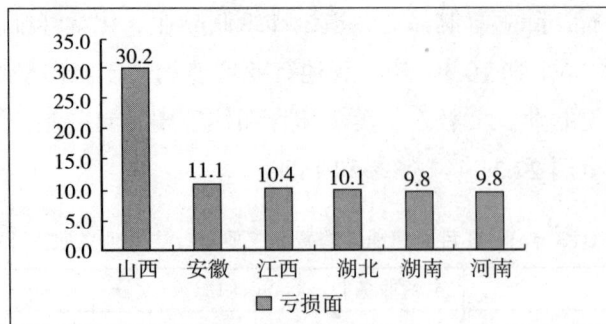

图10-1　2013年1—7月中部六省消费品工业亏损面（%）

数据来源：国家统计局。

就各省的亏损度来看，中部六省中，同样是山西省最为明显，亏损深度为19.0%，而湖南省亏损最小，亏损度为7.9%。安徽省、河南省、江西省、湖北省亏损深度依次为10.7%、9.5%、9.5%和8.2%。

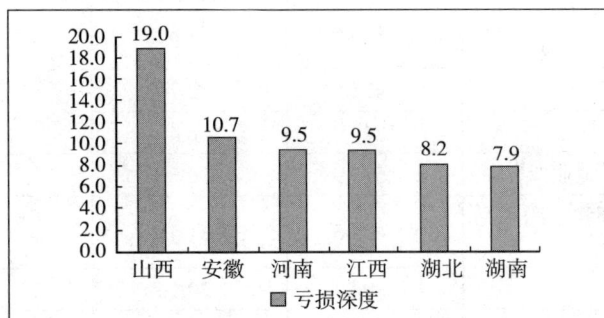

图10-2　2013年1—7月中部六省消费品工业亏损深度（%）

数据来源：国家统计局。

从行业的亏损情况来看，亏损面列前五名的行业为化学纤维制造业、烟草制品业、纺织业、医药制造业、印刷和记录媒介复制业，亏损面分别为16.8%、15.2%、10.9%、10.1%、8.8%。亏损深度前五名的行业为化学纤维制造业，造纸和纸制品业，纺织业，木材加工和木、竹、藤、棕、草制品业，酒、饮料和精制茶制造业，亏损深度分别达到71.4%、14.3%、14.3%、4.1%、3.8%。

表 10-5　2013 年 1—7 月中部六省消费品行业亏损情况

行业	亏损面（%）	亏损深度（%）
农副食品加工业	4.8	3.0
食品制造业	5.1	1.9
酒、饮料和精制茶制造业	6.1	3.8
烟草制品业	15.2	0.1
纺织业	10.9	14.3
纺织服装、服饰业	7.4	3.8
皮革、毛皮、羽毛及其制品和制鞋业	5.3	2.4
木材加工和木、竹、藤、棕、草制品业	3.0	4.1
家具制造业	2.6	0.2
造纸和纸制品业	7.7	14.3
印刷和记录媒介复制业	8.8	3.5
文教、工美、体育和娱乐用品制造业	6.0	1.5
医药制造业	10.1	2.7
化学纤维制造业	16.8	71.4
橡胶和塑料制品业	7.6	3.1
平均	6.7	4.1

数据来源：国家统计局。

（四）主要问题

1. 城镇化率偏低抑制了消费品市场的增长空间

与东部地区相比，中部地区消费品工业发展对国际市场的依赖较小，对其他区域需求的依赖同样偏低，其发展主要依靠区域内的需求增加来拉动。近年，中部地区的消费需求快速增加，但受制于城镇化偏低且进程缓慢，消费品市场增长空间受到抑制。2012 年，山西、安徽、江西、河南、湖北、湖南的城镇化率分别为 51.26%、46.50%、47.51%、42.43%、53.50%、46.65%，除湖北省城镇化率高于全国平均水平 52.57% 外，其他省份城镇化率均明显滞后于全国平均水平，甚至低于西部地区的多个省份。

2.品牌建设力度不足削弱了消费品的市场竞争力

品牌是影响消费品行业竞争力的重要因素。消费品行业多数为传统行业,相比较其他行业,对原料和劳动力的依赖较大,而科技含量偏低。近年,随着中部地区的原料和劳动力优势日益凸显,对科技投入的重视逐渐加强,中部地区消费品工业与东部地区消费品工业的产品质量差距日益缩小,加上消费品行业在全国范围内的竞争日益加剧,全国消费品的产品同质化现象也越来越明显。但是,受制于品牌建设力度不足,中部地区消费品工业的原料和劳动力优势不能充分体现,市场竞争力仍偏弱,东部地区的消费品工业仍然稳居主导地位。

3.资源环境约束倒逼消费品工业转型升级的压力剧增

在全国消费品工业转型升级存在压力的背景下,与其他区域相比,中部地区消费品工业转型升级的压力更为明显。中部地区依据原料和劳动力优势,积极承接东部的产业转移,使产业体系更加完善,经济快速崛起,但不可否认的是,东部地区的产业向中部转移部分原因是由于中部地区的原料和劳动力优势,但亦有部分原因是由于东部地区对环境保护和对工业"三废"的要求越来越高,而中部地区的要求相对偏低。中部地区迫于就业增长、经济发展和财政增长的短期压力,在产业的承接上可能会做出不利于长远发展的决策,造成未来资源环境的约束日益凸显。

二、典型行业发展情况:食品工业

(一)生产情况

1.生产增速提高

2013年,中部地区食品产业主要产品产量快速增加,增速提高。以常见的小麦粉、液体乳、大米、食用植物油、方便面、白酒、精制茶为例,2013年1—8月分别同比增长14.1%、18.7%、11.8%、22.9%、22.4%、5.3%、35.6%。除大米和白酒外,小麦粉、液体乳、食用植物油、方便面、精制茶分别相比2012年同期增速提高3.5%、17.2%、1.9%、9.5%、39.8%。

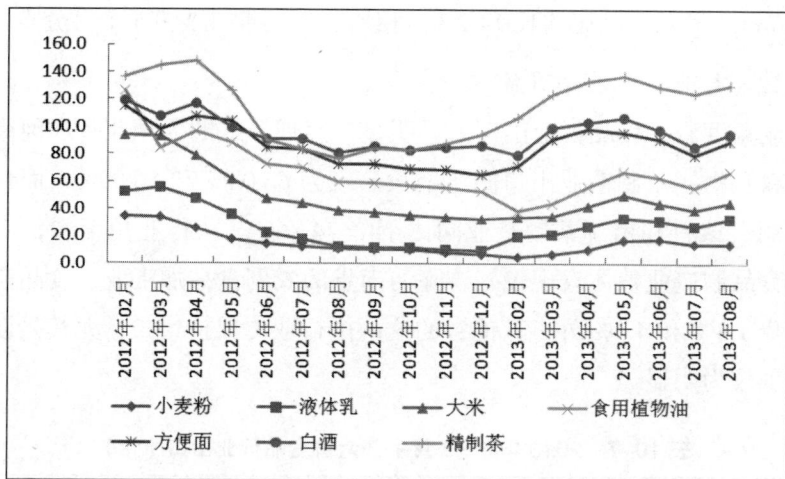

图10-3　2012—2013年中部地区主要食品产品产量增速

数据来源：国家统计局。

2. 在全国的生产地位有所提高

中部地区是我国食品工业的重要生产区域,其产值约占全国的25%。2013年,食品工业产值在全国的地位有所提高。1—6月,中部食品工业主营业务收入占全国份额为24.4%,相比2012年同期提高0.6%。从细分行业来看,食品生产的地位提高来源于酒、饮料和精制茶制造业,相比2012年提高2.1%。而农副食品加工业、食品制造业分别相比2012年同期份额下降0.8和0.2个百分点。

表10-6　2013年1—6月中部食品行业主营业务收入占全国份额（%）

行业	占全国份额	占去年同期份额相比
食品工业	24.4	0.6
农副食品加工业	24.6	−0.8
食品制造业	23.6	−0.2
酒、饮料和精制茶制造业	24.8	2.1

数据来源：国家统计局。

（二）出口情况

1. 出口增速放缓

整体来看,2013年中部地区食品行业出口增速放缓。2013年1—8月,中部六省出口 711.5 亿元,同比增长 14.2%,相比去年同期减少 0.5 个百分点。

2. 地区与行业表现差异明显

从地区角度看,食品行业出口差异明显,表现最好的为湖北省和河南省,两省酒、饮料和精制茶制造业出口同比增长分别为 66.04% 和 56.09%,而最差的为山西省,酒、饮料和精制茶制造业同比下降 74.36%。从行业角度看,农副食品加工业和食品制造业整体表现较好,除河南省的农副食品加工业、食品制造业分别同比下降 1.3% 和 4.3% 外,其他省的这两个行业均保持增长,尤其是江西省和湖北省表现较为明显。

表 10-7 2013 年 1—8 月中部六省食品行业出口(%)

地区	行业	同比增长
山西	农副食品加工业	0.93
	食品制造业	16.61
	酒、饮料和精制茶制造业	−74.36
安徽	农副食品加工业	1.61
	食品制造业	1
	酒、饮料和精制茶制造业	−5.69
江西	农副食品加工业	13.88
	食品制造业	25.13
	酒、饮料和精制茶制造业	21.17
河南	农副食品加工业	−1.31
	食品制造业	−4.32
	酒、饮料和精制茶制造业	56.09
湖北	农副食品加工业	26.16
	食品制造业	31.42
	酒、饮料和精制茶制造业	66.04
湖南	农副食品加工业	44.09
	食品制造业	9.13
	酒、饮料和精制茶制造业	19.71

数据来源:国家统计局。

(三)效益情况

1. 主营业务收入继续快速增长

中部地区是我国食品工业的重要生产区域,其产值约占全国的 25%。2013 年,食品工业产值在全国中的地位有所提高。1—6月，中部食品工业主营业务收入占全国份额为24.4%，相比2012年同期提高0.6%。从细分行业来看，食品生产的地位提高来源于酒、饮料和精制茶制造业，相比2012年提高2.1%。而农副食品加工业、食品制造业分别相比2012年同期份额下降0.8和0.2个百分点。

表10-8 2013年1—6月中部食品行业主营业务收入占全国份额（%）

行业	占全国份额	占去年同期份额相比
食品工业	24.4	0.6
农副食品加工业	24.6	−0.8
食品制造业	23.6	−0.2
酒、饮料和精制茶制造业	24.8	2.1

数据来源：国家统计局。

2. 亏损情况明显改善

2013年1—6月，中部地区食品工业亏损面为14.9%，较之2012年同期收窄3.1个百分点，亏损深度为4.6%，与2012年同期持平。整体来看，中部地区食品工业亏损面明显缩小，亏损程度大幅减轻，亏损情况有所改善。分行业来看，食品制造业与酒、饮料和精制茶制造业亏损相对较少。分省份来看，除山西和江西亏损相对严重外，其他各省均表现相对较好。

表10-9 2013年1—6月中部地区食品工业亏损情况与去年同期比较（单位：%）

地区	行业	亏损面	亏损深度
山西	农副食品加工业	25.0	54.9
	食品制造业	10.7	7.0
	酒、饮料和精制茶制造业	25.9	5.6
安徽	农副食品加工业	5.6	7.4
	食品制造业	6.3	1.7
	酒、饮料和精制茶制造业	8.8	7.2
江西	农副食品加工业	4.1	1.1
	食品制造业	10.3	3.9
	酒、饮料和精制茶制造业	6.9	9.1
河南	农副食品加工业	2.6	1.2
	食品制造业	2.4	0.8
	酒、饮料和精制茶制造业	2.8	1.9

（续表）

地区	行业	亏损面	亏损深度
湖北	农副食品加工业	5.3	3.0
	食品制造业	6.3	4.2
	酒、饮料和精制茶制造业	6.9	2.3
湖南	农副食品加工业	5.0	3.3
	食品制造业	5.0	3.2
	酒、饮料和精制茶制造业	3.5	3.3

数据来源：国家统计局。

（四）发展经验

1. 充分利用资源优势，积极承接产业转移

过去，凭借着技术优势和市场优势，东部地区一直是我国食品工业的主导产区，而中部地区在全国的原料地位与食品工业地位明显不一致。近年，随着中部地区对食品工业的重视，加大对原料基地的建设，中部地区的原料和劳动力优势日益凸显，特别是在全国占很大比重的小麦、大米等大宗农产品和猪肉。东部食品产业向中部转移的速度加快，同时国际资本对中部食品工业的投资也快速上升，中部食品工业快速发展，在全国食品工业中的地位稳步提高。

2. 一系列的政策支持为食品工业发展保驾护航

随着食品工业的竞争日益加剧，为保持和提高自身在食品工业的优势地位，中部各省提前布局，出台了一系列的优惠和扶持政策来支持食品工业，食品工业规模快速扩大，在各省中的经济地位进一步提升。在制定关于食品工业十二五规划的基础上，多数省份又结合自身食品工业的实际情况，制定了关于和包含食品工业的调整和振兴规划，如《河南省食品工业调整振兴规划》、《山西省食品产业调整和振兴规划》、《安徽省轻工业调整和振兴规划》、《湖南省农产品加工业振兴规划》，其中江西省结合在绿色食品方面的优势，制定了《江西省绿色食品产业延伸规划》。

3. 食品物流快速发展，中部食品融入全国市场步伐加快

食品工业的快速发展需要完善的食品物流来为其融入全国市场提供有力保障。近年，随着交通和配套设施快速发展，中部地区抢抓机遇，加大了对食品物流的建设，特别是在满足保质、保鲜的食品冷链物流方面，获得了快速发展，中部食品融入全国市场的步伐加快。以河南省为例，《河南省现代物流业发展规划》把食品冷链物流作为发展现代物流业的重要抓手，在冷链物流的设施和网络、配送体系、标准化和信息化、技术设备研发等方面给予了支持，有力地推进了河南省实现从"中国粮仓"向"国人厨房"和"世界餐桌"的跨越。

三、典型地区发展情况：河南省

（一）生产情况

1. 主要消费品产量快速增长

2013年1—9月，河南省轻工、纺织、医药行业产品的多数产量依然保持快速增长，且增速提高。除饮料酒、卷烟、印染布、皮革鞋靴、机制纸及纸板、化学纤维用浆粕增长出现不同幅度的下降外，其他主要消费品均呈现快速增长态势，尤其是液体乳、精制食用植物油、糖果、速冻米面食品、冷冻饮品、软饮料、服装、轻革、复合木地板、纸制品、中成药增速均超过了30%。与全国增速相比，主要消费品增速表现差异明显，其中大米、鲜肉、冷藏肉、速冻米面食品、罐头、饮料、酒、精制茶、卷烟、印染布增速低于全国，而小麦粉、液体乳、食用植物油、乳制品等产品增速明显高于全国。

2. 多数消费品在全国的地区上升

河南省是我国多种消费品的重要产地，尤其是食品行业的产品。2013年1—9月，河南产量占全国产量份额超过15%的产品有小麦粉、速冻米面食品、方便面、发酵酒精、纱、纸浆，分别占全国产量的39.1%、65.3%、32.9%、24.1%、15.1%、17.9%。与2012年相比，河南省消费品行业产品在全国的地位进一步增强。除鲜肉、冷藏肉、速冻米面食品、罐头、饮料酒、精制茶、卷烟、印染布、皮革鞋靴、天然毛皮服装、纸浆、机制纸及纸板有不同程度的下降外，其他主要产品地位均上升。特别是小麦粉、方便面、冷冻饮品、轻革、纸制品、化学药品原药、塑料制品，在全国的份额均增加超过了2个百分点。

表 10-10　2013 年 1—9 月河南主要消费品产量同比增速及比较（单位：%）

	同比增长	相比全国	占全国份额	份额变化
小麦粉	17	7.8	39.1	2.6
液体乳	36.2	26.6	8.1	1.6

（续表）

	同比增长	相比全国	占全国份额	份额变化
大米	11.2	−1	4.5	0.0
精制食用植物油	39	17.5	5.4	0.7
鲜、冷藏肉	3.5	−3.9	12.2	−0.5
糖果	32.7	17.6	5.4	0.7
速冻米面食品	37.6	−9.6	65.3	−4.6
方便面	26.9	15	32.9	3.9
乳制品	13.8	4.7	7.0	0.3
罐头	5.1	−6.8	1.7	−0.1
酱油	19.4	10.1	9.6	0.8
冷冻饮品	42.5	31.6	12.2	2.7
发酵酒精	17.8	9.4	24.1	1.9
饮料酒	−11.7	−15.1	8.1	−1.4
软饮料	30.9	15	7.8	0.9
精制茶	7.6	−13.2	2.1	−0.3
卷烟	−0.7	−1.1	6.7	−0.1
纱	14.9	6.3	15.1	0.8
布	7.7	1.6	4.5	0.1
印染布	−11.3	−7.4	2.0	−0.2
绒线	17.1	20.7	10.7	1.9
服装	45.7	46.4	4.1	1.3
轻革	62.9	84.1	13.2	6.8
皮革鞋靴	−36.4	−41.6	2.0	−1.3
天然毛皮服装	0	−6.2	0.8	−0.1
人造板	7.6	12.8	9.7	1.2
实木木地板	8.7	14.4	3.1	0.4
复合木地板	48.1	35.1	3.2	0.8
家具	22	25	7.2	1.5
纸浆	−8.4	−4.3	17.9	−0.8
机制纸及纸板	−13.2	−14	7.4	−1.2
纸制品	62.8	49	11.0	3.3
化学药品原药	23.2	25.7	12.2	2.5
中成药	45.6	36.7	8.0	2.0
化学纤维用浆粕	−9.9	0.6	8.4	0.1
化学纤维	4.8	−2.6	1.4	0.0
塑料制品	61.8	53.4	6.8	2.2

数据来源：国家统计局。

（二）出口情况

由于受地理位置因素影响，河南省消费品工业出口在全国的地位较低。在2013年全国消费品工业出口放缓背景下，河南省消费品工业出口也受到了较大影响，多个行业出口低速增长，下行压力加大，增速放缓。2013年1—9月，除酒、饮料和精制茶制造业、木材加工和木、竹、藤、棕、草制品业、家具制造业、文教、工美、体育和娱乐用品制造业高速增长外，其他行业均低速增长，甚至负增长，如纺织业、印刷和记录媒介复制业、化学纤维制造业，出口分别相比2012年下降了19.6%、11.3%和9.7%。与去年增速相比，农副食品加工业、纺织业、纺织服装、服饰业、皮革、毛皮、羽毛及其制品和制鞋业、印刷和记录媒介复制业、医药制造业，分别同比下降13.4%、44.2%、46.9%、38.3%、48.9%和7.5%，而其余行业出口增速均高于2012年。

表10-11 2013年1—9月河南消费品行业出口增速及比较（单位：%）

	出口增速	相比去年同期
农副食品加工业	0.1	−13.4
食品制造业	0.3	8.0
酒、饮料和精制茶制造业	36.1	25.6
纺织业	−19.6	−44.2
纺织服装、服饰业	3.0	−46.9
皮革、毛皮、羽毛及其制品和制鞋业	5.2	−38.3
木材加工和木、竹、藤、棕、草制品业	28.4	33.0
家具制造业	57.3	59.5
造纸和纸制品业	8.1	0.5
印刷和记录媒介复制业	−11.3	−48.9
文教、工美、体育和娱乐用品制造业	41.1	34.1
医药制造业	2.4	−7.5
化学纤维制造业	−9.7	16.1
橡胶和塑料制品业	9.5	9.5

数据来源：国家统计局。

（三）效益情况

1. 主营业务快速增长

2013年1—8月，河南省消费品行业主营业务收入快速增长。除造纸和纸制品业和化学纤维制造业有小幅下降外，其他行业均快速增长，多数接近20%的增速。特别是纺织服装、服饰业，文教、工美、体育和娱乐用品制造业，医药制造业，橡胶和塑料制品业，增速分别达到24.8%、21.2%、27.2%和21.1%，增速明显高于其他行业。与2012年同期增速相比，消费品行业多数呈增速回升态势，除农副食品加工业，纺织服装、服饰业，皮革、毛皮、羽毛及其制品和制鞋业，家具制造业，造纸和纸制品业，印刷和记录媒介复制业增速分别比去年下降1.0、4.3个、5.7个、2.2个、13.7个、4.0个百分点外，其他行业增速均高于2012年同期，特别是医药制造业，增速比2012年同期高达12.5个百分点。

表 10-12　2013 年 1—8 月河南消费品行业主营业务收入增长情况及比较（单位：%）

	主营业务收入同比增长	相比去年同期
农副食品加工业	17.2	−1.0
食品制造业	19.4	6.1
酒、饮料和精制茶制造业	19.6	3.6
纺织业	14.4	0.8
纺织服装、服饰业	24.8	−4.3
皮革、毛皮、羽毛及其制品和制鞋业	16.3	−5.7
木材加工和木、竹、藤、棕、草制品业	19.4	4.2
家具制造业	14.8	−2.2
造纸和纸制品业	−3.2	−13.7
印刷和记录媒介复制业	13.4	−4.0
文教、工美、体育和娱乐用品制造业	21.2	1.8
医药制造业	27.2	12.5
化学纤维制造业	−3.3	8.1
橡胶和塑料制品业	21.1	6.6

数据来源：国家统计局。

　　2. 亏损情况较轻，但出现恶化

　　2013年，河南省消费品行业亏损情况较轻，但变化不乐观。从亏损面来看，1—8月，除化学纤维制造业亏损面达到18.4%外，其他行业整体来看，亏损情况较轻，多数在3%左右的亏损面。与2012年相比，情况并不乐观。除纺织业，皮革、毛皮、羽毛及其制品和制鞋业，家具制造业，印刷和记录媒介复制业，文教、工美、体育和娱乐用品制造业出现一定的缓解外，其他行业亏损情况均加剧，尤其是医药制造业和化学纤维制造业，亏损面分别上升了2.0和5.6个百分点。

从亏损深度来看，纺织业与化学纤维制造业亏损程度较大，形势不容乐观，亏损深度分别达到 15.7% 和 18.6%，其他行业亏损程度相对较轻。与 2012 年同期相比，形势亦不容乐观，除酒、饮料和精制茶制造业，医药制造业，化学纤维制造业亏损程度有所缓解外，其他行业亏损深度均加剧，特别是纺织业，亏损深度相比 2012 年增加了 6.8 个百分点。

表 10-13　2013 年 1—8 月河南消费品行业亏损情况及比较（单位：%）

	亏损面	相比去年同期	亏损深度	相比去年同期
农副食品加工业	2.5	0.3	1.1	0.5
食品制造业	3.0	0.5	0.7	0.0
酒、饮料和精制茶制造业	3.1	0.0	1.7	−1.2
纺织业	6.1	−0.4	15.7	6.8
纺织服装、服饰业	2.2	0.0	1.6	1.0
皮革、毛皮、羽毛及其制品和制鞋业	0.9	−0.3	0.5	0.4
木材加工和木、竹、藤、棕、草制品业	0.2	0.2	0.4	0.4
家具制造业	0.4	−0.3	0.0	0.0
造纸和纸制品业	3.8	0.4	5.8	0.3
印刷和记录媒介复制业	3.6	−1.2	0.3	0.1
文教、工美、体育和娱乐用品制造业	3.5	−0.2	0.3	0.2
医药制造业	7.7	2.0	1.4	−0.9
化学纤维制造业	18.4	5.6	18.6	−1.4
橡胶和塑料制品业	3.6	0.2	1.8	0.3

数据来源：国家统计局。

（四）发展经验

1. 加快两化融合，推动了消费品工业转型升级

过去，受发展阶段和发展基础制约，河南消费品工业大而不强，产业发展方式粗放，初级产品比重大，高附加值、高科技含量消费品比重偏小，行业效益不高。近年，河南紧抓"工业化、城镇化、农业现代化"发展战略带来的机遇，大力推进信息化与工业化融化，对两化融合的项目和企业进行贷款贴息，同时，中小企业信息化平台建设加快。目前，在河南省，食品行业在生产控制和在线检测

已经广泛应用信息技术，纺织行业基本完成了生产过程自动化改造，医药行业在管理信息化和生产自动化方面也进行了有效的实践，轻工行业也创新出各具特色的信息化推进模式。

2. 加快国际知名品牌建设和培育，产品国际竞争力明显提高

针对出口的消费品附加值低、科技含量低、缺乏自主知识产权，近年河南省加大了对知名品牌的建设和培育，特别是对国际知名品牌的重视，制定了《关于进一步推进河南省国际知名品牌培育和建设工作的实施意见》，在贸易扶持、政府采购、研发技改、境外投资贸易、贸易便利化、开拓国际市场、知识产权保护等方面制定了一系列支持措施，品牌提升工程逐渐成效。此外，为提高知名品牌的集聚发展，河南省还制定了《河南省创建知名品牌创建示范产业集聚区实施意见》，强化了政策扶持。经过不断的政策扶持和品牌培育，目前河南已形成了"双汇"、"金丹"、"天方"、"华英"、"思念"、"新飞"、"众品"等一批消费品领域的国际知名品牌。

3. 立足资源优势，做强传统优势产业

河南省拥有丰富的食品原料和纺织原料，加上丰富的劳动力资源和庞大的消费人群，河南省立足资源现状优势，侧重发展，做强传统优势产业，特别是食品产业和纺织服装产业，促进了整个消费品工业的快速发展。目前，食品工业已成为河南第一大行业，培育出了双汇、三全、思念、白象、华英、众品等一大批食品骨干企业。纺织服装行业方面，河南省全省拥有安阳中国针织名城、二七区中国女裤名城、荥阳中国服装产业转移试点和中原区中国新兴纺织服装基地四个国字号服装产业集聚区，特别是郑州女裤产量接近全国女裤的一半。

第十一章　西部地区

　　西部地区是我国消费品工业、尤其是轻纺工业原材料的主产地。近年来，随着国家产业转移政策的推进，西部地区在我国消费品工业中的地位稳步提升。2013年，西部地区消费品工业总体上保持良好的发展态势，但受国内经济下行压力和国际需求疲软的影响，西部地区的消费品工业发展也受到了一定的冲击。

一、整体发展情况

（一）生产情况

1. 主要消费品产量继续保持良好增长态势

　　与东部沿海地区情况不同的是，2013年西部地区主要消费品的产量依然保持了较好的增长态势。1—8月，在液体乳、纸浆、大米等西部地区的16种重点消费品中，除了日用玻璃制品产量同比增速出现下降外，其他15种产品的产量均出现不同程度的增长。其中，包装饮用水、精制茶、塑料制品三种产品产量的同比增速超过了25%。与2012年的同比增速相比，只有精制植物油、啤酒、合成洗涤剂三种产品的同比增速出现了下降，其他13种产品产量的同比增速依然上升，包装饮用水、精制茶、冷冻饮品等三种的产量同比增速的上升最为明显。从全国范围看，16种产品中只有食用精制植物油、大米、乳制品、日用玻璃制品、合成洗涤剂等五种产品产量同比增速低于全国同类产品增速的平均水平，其他10种产品产量的同比增速均高于全国同类平均水平。在同比增速高出全国同类产品平均水平的10种产品中，包装饮用水、塑料制品、冷冻饮品三种产品的表现尤为明显。

2. 主要产品全国产量地位变化各不相同

随着产量的增长，西部地区主要消费品在全国同类产品中的地位也发生了一定的变化。2013 年 1—8 月，在 16 种重点产品中，西部地区有 11 种产品产量占全国同类产品产量比提高，其他 5 种产品产量占全国同类产品产量比出现了一定的下降。在产量占比提高的产品中包装饮用水、白酒、冷冻饮品三种产品位居前三位。在产量占比下降的五种产品中，日用玻璃制品表现尤其明显，降幅高达 13.0 个百分点，其他四种产品产量占比降幅均低于 1 个百分点。

表 11-1　2013 年 1—8 月西部地区主要消费品产品产量、地位及其变化

产品名称	单位	累计产量	同比增速	同期增速变化	占全国比重	同期比重变化
液体乳	万吨/%	488.2	12.7	6.1	32.8	0.2
纸浆	万吨/%	211.8	3.6	8.6	18.7	1.3
大米	万吨/%	730.4	12.7	3.5	10.1	−0.0
精制食用植物油	万吨/%	514.1	17.2	−6.2	13.3	−0.6
纸制品	万吨/%	476.7	17.9	3.8	14.5	0.7
成品糖	万吨/%	908.0	15.3	1.5	80.2	0.7
塑料制品	万吨/%	550.5	29.1	21.3	14.2	2.5
方便面	万吨/%	104.4	17.4	2.6	15.8	0.3
乳制品	万吨/%	543.6	9.0	8.4	31.2	−0.6
冷冻饮品	万吨/%	63.2	24.7	27.7	29.5	3.0
白酒	万千升/%	301.9	19.3	19.8	39.9	3.2
啤酒	万千升/%	741.3	2.6	−2.6	20.6	1.0
包装饮用水类	万吨/%	1306.9	2.8	40.0	29.1	4.8
精制茶	万吨/%	27.1	2.8	35.0	18.7	0.3
日用玻璃制品	万吨/%	114.6	−10.4	5.9	14.4	−13.0
合成洗涤剂	万吨/%	90.9	6.7	−5.8	14.3	−0.3

数据来源：国家统计局。

（二）出口情况

1. 出口交货值有所增长，但增速明显回落

受国际需求疲软的影响，2013 年西部地区消费品工业出口受到了明显的冲

击。1—8月，消费品工业累计出口交货值为532.1亿元，较2012年同期相比增长了11.4%，增速高于全国消费品工业平均水平4.5个百分点。就各行业看，在15个消费品典型行业中，6个行业出口交货值与2012年同期相比出现负增长，其他9个行业依然保持了正增长态势。6个负增长行业中，家具制造、纺织服装服饰、烟草制品三个行业表现最为明显。在9个同比增速为正数的行业中，印刷和记录媒介复制、造纸和纸制品、纺织三个行业表现强劲。

与全国消费品工业相比，西部地区有7个行业的同比速度低于全国平均水平，其中家具制造、纺织服装服饰两个行业表现最为明显。与这7个行业不同的是，其他8个行业的出口交货值同比增速均不同程度地高于全国平均水平，其中印刷和记录媒介复制业、造纸和纸制品两个行业表现突出。

表11-2 2013年1—8月西部地区消费品工业出口交货值及其比较

行业	出口交货值（亿元）	同比增速（%）	与全国同比增速差（%）
农副食品加工业	72.3	17.7	7.0
食品制造业	64.8	9.7	0.5
酒、饮料和精制茶制造业	40.1	-0.4	-2.3
烟草制品业	7.3	-9.5	-1.9
纺织业	100.9	26.1	18.8
纺织服装、服饰业	36.8	-9.8	-16.5
皮革、毛皮、羽毛及其制品和制鞋业	68.6	16.5	11.9
木材加工和木、竹、藤、棕、草制品业	18.8	14.0	-3.2
家具制造业	5.2	-17.0	-21.5
造纸和纸制品业	4.9	54.0	53.5
印刷和记录媒介复制业	2.6	626.2	626.5
文教、工美、体育和娱乐用品制造业	18.9	-2.0	-7.1
医药制造业	47.4	15.2	9.0
化学纤维制造业	10.7	17.2	11.4
橡胶和塑料制品业	32.8	-1.8	-1.9
合计	532.1	11.4	4.5

数据来源：国家统计局。

2. 在全国消费品工业中的出口地位有所提升，但不同行业存在差异

2013 年 1—8 月，西部地区消费品工业在全国消费品工业中的出口地位得到了一定的提升，累计出口交货值占同期全国消费品工业累计出口交货值的比由去年同期的 2.7% 提高至 2.9%。从各行业看，15 个行业中有 9 个行业的出口交货值占全国同行业出口交货值比较 2012 年同期出现不同程度的上升。其中，印刷和记录媒介复制、纺织两个行业占比上升幅度位居前两位，分别达到 1 个和 0.6 个百分点。在占比下降的 6 个行业中，酒、饮料和精制茶制造业的降幅最为明显，达到了 1.7 个百分点。

表 11-3　2013 年 1—8 月西部地区消费品工业出口交货值全国地位及其变化

行业	占全国比（%）	占全国比同期变化（%）
农副食品加工业	3.7	0.1
食品制造业	9.7	0.3
酒、饮料和精制茶制造业	23.4	−1.7
烟草制品业	38.9	−0.7
纺织业	3.9	0.6
纺织服装、服饰业	1.2	−0.2
皮革、毛皮、羽毛及其制品和制鞋业	3.3	0.3
木材加工和木、竹、藤、棕、草制品业	3.5	0.2
家具制造业	0.6	−0.2
造纸和纸制品业	1.3	0.5
印刷和记录媒介复制业	1.2	1.0
文教、工美、体育和娱乐用品制造业	0.8	−0.1
医药制造业	6.0	0.4
化学纤维制造业	3.6	0.4
橡胶和塑料制品业	1.4	−0.1
合计	2.9	0.2

数据来源：国家统计局。

（三）效益情况

1. 主营业务收入增速下降

进入 2013 年，虽然整个工业下行压力较大，但全国消费品各行业的主营业

务收入仍然保持较好的增长态势。1—7月，15个行业中累计营业务收入同比增速最低的是造纸与纸制品业，为8.6%，最高的是医药制造业达到了19.2%。

在西部地区，1—7月消费品工业累计实现主营业务收入17349.9亿元，虽仍然保持了增长态势，但多个省、区、市消费品工业的部分行业主营业务收入同比增速出现了负数。特别是新疆，自进入3月以来纺织服装服饰业的主营业务收入同比增速始终在–60%以下。

2. 亏损情况突出

就整体上看，虽然2月以来西部地区消费品工业亏损面呈下降之势，但亏损程度依然较为突出。1—7月，西部地区消费品工业累计亏损面达到了15.0%，不仅高出全国消费品工业平均水平1.6个百分点，较2012年全年水平更是高出了4.2个百分点。同期，亏损深度达到了7.7%，高出全国消费品工业平均水平1个百分点和2012年全年平均水平2.6个百分点。

就地区看，1—7月亏损情况存在显著的差异。亏损面上，12个省、区、市中，新疆的亏损面最高，达到36.2%，最低的四川也达到7.1%。从变化趋势看，与1—2月相比，12个省、区、市中只有青海省消费品工业的整体亏损面有所上涨，其他11个省、区、市均出现不同程度的下降，表明企业的亏损情况有所好转。亏损深度方面，12个省、区、市消费品工业的亏损深度均高于全国平均水平，其中宁夏、新疆、广西位居前三位，分别为90.7%、53.5%和26.6%。

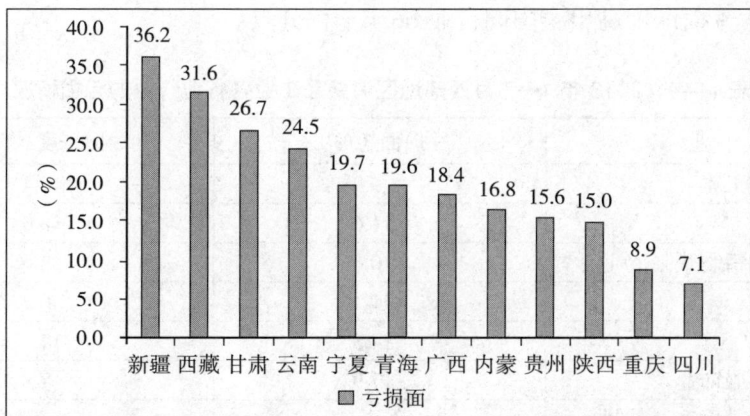

图11-1　2013年1—7月西部12个省、区、市消费品工业亏损面

数据来源：国研网。

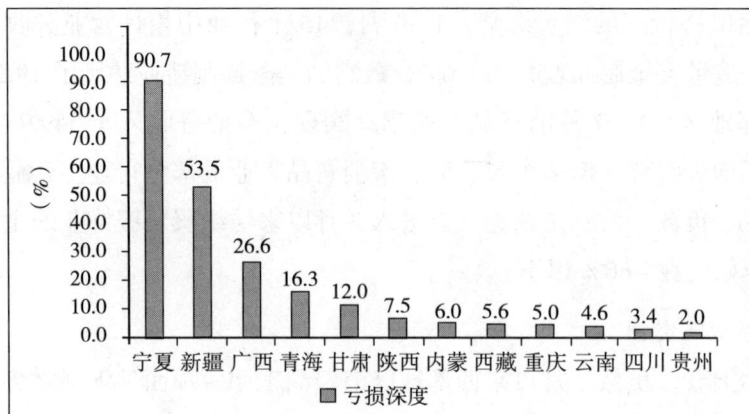

图11-2　2013年1—7月西部12个省、区、市消费品工业亏深度

数据来源：国研网。

就行业看，1—7月不同行业也存在明显的不同。亏损面方面，15个行业中化学纤维制造业最大，达到24.1%。这一水平不仅高于同期消费品工业平均水平的13.4%，也高于2012年全年平均水平的22.7%。亏损深度方面，15个行业中造纸和纸制品业最高，达到了83.3%，不仅远远高于同期消费品工业平均水平的7.7%，也高于2012年平均水平的46.5%。从全国角度看，1—7月，15个行业中有6个行业的亏损面高于全国同行业平均水平，其中家具制造业表现最为突出，亏损面高出全国平均水平9.2个百分点。在亏损深度方面，同期造纸与纸制品业最为突出，亏损深度高出全国同行业66.4个百分点。

表11-4　2013年1—7月西部地区消费品工业各行业行业的亏损情况

行业	亏损面（%）	亏损深度（%）
农副食品加工业	9.9	17.4
食品制造业	11.6	8.9
酒、饮料和精制茶制造业	10.6	3.6
烟草制品业	11.1	0.2
纺织业	14.3	17.1
纺织服装、服饰业	17.9	7.8
皮革、毛皮、羽毛及其制品和制鞋业	13.3	3.3
木材加工和木、竹、藤、棕、草制品业	6.4	10.3

行业	亏损面（%）	亏损深度（%）
家具制造业	14.9	2.2
造纸和纸制品业	14.6	83.3
印刷和记录媒介复制业	16.3	6.0
文教、工美、体育和娱乐用品制造业	15.0	1.1
医药制造业	12.9	4.4
化学纤维制造业	24.1	14.7
橡胶和塑料制品业	15.0	7.7
平均	13.4	7.7

数据来源：国研网。

（四）主要问题

1. 产品附加值低

随着东部地区产业转移步伐加快，西部地区消费品工业发展迅速。但是从产品附加值来看，由于西部地区消费品工业以传统加工贸易和一般商品生产为主，承接的多为标准化技术，产品的技术含量不高、加工增值性产品比重较低，这一问题严重制约了西部地区消费品工业的获利能力。

2. 人才资源缺乏

一方面，由于教育发展水平有限，西部地区人力资本素质虽然不断提高，但与东部地区相比仍然有很大的差距。另一方面，由于特殊的地理位置和经济发展水平，西部地区很难吸引和留住人才。人才资源尤其是高素质专业人才的缺乏不能满足现代产业发展的需要，很大程度上制约了产业创新能力的提高。

3. 生产性服务业发展缓慢

随着产业现代化发展，现代物流、金融保险、信息服务、科技服务、商务服务等知识技术水平要求较高的生产性服务业成为推动产业发展的重要因素，而西部地区生产性服务业发展缓慢，表现为缺少综合性较强的信息化物流中心、金融服务缺乏多元化、中介服务执业效率低等，成为制约消费品工业发展的重要因素。

二、典型行业发展情况：纺织工业

西部地区是我国棉花、羊毛（绒）、蚕丝等重要纺织工业原料的主产地。近年来，在国家政策的大力促进下，西部地区的原料优势与相对充裕的劳动力结合起来，纺织工业得到了快速发展，在全国纺织版图中的地位显著提升。

（一）生产情况

1. 主要产品产量增速反弹

在经历了 2012 年的低位运行后，进入 2013 年，西部地区纺织工业生产增速回升，主要产量增速领跑全国。1—8 月，西部地区累计纱、布、服装产量分别为 128.1 万吨、19.2 亿米、3.4 亿件，同比增速分别为 8.9%、10.8%、12.8%，分别高于全国同类产品产量同期增速水平的 7.8%、8.0%、0.2%。

2. 在全国的产量地位有所提升

2013 年 1—8 月，西部地区纱、布、服装产量占全国同类产品产量比分别为 5.7%、4.4%、2.0%。与 2012 年同期相比，西部地区在全国纱线生产中的地位没有发生变化，但布和服装的地位却有一定的提升，产量占全国同类产品产量比均提高了 0.2 个百分点。这表明，纺织工业自东部沿海地区向西部地区的转移正在由初级的纱线生产环节向加工程度更高的布（面料）和服装环节转变。

表 11-5　2013 年 1—8 月西部地区主要纺织品产量

产品	单位	累计产量	同比增速	占全国比重	与同期占全国比重变化
纱	万吨/%	128.1	8.9	5.7	0
布	亿米/%	19.2	10.8	4.4	0.2
服装	亿件/%	3.4	12.8	2.0	0.2

数据来源：国家统计局。

3. 不同地区的产量变化存在一定的差异

从整体上看，西部不少地区主要纺织品的产量增速与 2012 年同期相比均出现了反弹，但在纱、布、服装等不同产品上，不同地区还是存在一定的差异。纱方面，除西藏、宁夏不生产外，其他的 10 个地区中有 7 个地区的产量增速回升，其中贵州、甘肃表现尤为明显。布方面，除西藏、宁夏、青海不生产外，其他 9

个地区中有 9 个地区的产量增速回升，甘肃、内蒙增速反弹强劲。相比于纱和布，服装行业不尽如人意。在 11 个有生产的地区中，产量增速回升与下降几乎平分秋色，而且增速回落的 6 个地区中只有新疆的同比增速回落幅度低于全国平均水平，其他 5 个地区均明显高于全国平均水平。特别是在广西、四川、重庆等三个产量较大的地区中，只有广西的产量增速回升，四川同比增速下降了 57.7 个百分点，重庆的同比增速降幅也达到了 16.1 个百分点。

表 11-6 2013 年 1—8 月西部地区主要纺织品产量增速与 2012 年同期的比较

地　区	2013年1—8月			2012年1—8月			差		
	纱	布	服装	纱	布	服装	纱	布	服装
内　蒙	−70.5	0.0	−0.9	−41.8	−54.8	17.4	−28.7	54.8	−18.3
广　西	−13.7	−19.0	49.7	−15.1	−17.6	−16.7	1.4	−1.3	66.4
重庆市	12.1	−3.9	5.3	5.6	−6.9	21.5	6.5	3.0	−16.1
四川省	5.3	32.9	−12.3	6.8	18.4	45.4	−1.6	14.5	−57.7
贵州省	28.2	−	62.0	−19.7	−13.0	18.4	48.0	13.0	43.6
云南省	8.6	3.2	20.8	1.9	−14.3	−4.6	6.7	17.5	25.4
西　藏	−	−	−	−	−	−	−	−	−
陕西省	18.6	−10.3	−14.3	17.4	−1.6	22.8	1.2	−8.7	−37.0
甘肃省	33.9	0.0	55.7	−8.0	−55.6	3.4	41.9	55.6	52.2
青海省	−27.2	−	12.9	101.9	−	46.9	−129.1	−	−34.0
宁　夏	−	−	16.5	−	−	13.7	−	−	2.8
新　疆	7.8	4.2	−9.2	−9.5	191.9	−8.4	17.3	−187.6	−0.9
全　国	7.8	8.0	0.2	13.5	10.3	7.4	−5.7	−2.3	−7.2

数据来源：国家统计局。

（二）出口情况

1. 出口增速明显下滑

2013 年 1—8 月，西部地区纺织工业累计实现出口交货值 148.5 亿元，同比增速达到了 10.4%，高出全国平均水平的 6.9%。但与 2012 年同期相比，同比增速由 23.1% 提高至 10.4%，下降了了 12.7 个百分点。从全国层面看，2013 年 1—8 月西部地区纺织工业出口交货值占比为 2.4%，较 2012 年同期略有提高。

2. 不同地区存在显著差异

2013 年 1—8 月，在除西藏外的 11 个地区中仅有内蒙、陕西、甘肃三个地区纺织工业的出口交货值同比增速为负，其他均为正数。其中，贵州、青海两地出口交货值同比增速超过了100%。与2012年同期增速相比，在除西藏外的11个地区中有5个地区纺织工业出口交货值同比增速出现了不同程度的回升，其中贵州的回升幅度最大，达到了144.7个百分点。在出口交货值同比增速出现回落的地区中，青海的降幅最为明显，达到了150.2个百分点。

表11-7 2013年1—8月西部地区各省、区、市纺织工业出口交货值增速及其变化（%）

地　区	2012年1—8月	2013年1—8月	差
内蒙古	72.2	-6.3	-78.5
广　西	0.7	27.5	26.8
重庆市	18.1	12.8	-5.3
四川省	8.7	6.7	-2.0
贵州省	-8.6	136.2	144.7
云南省	2.8	69.3	66.5
西　藏	-	-	-
陕西省	-12.0	-1.4	10.6
甘肃省	-0.6	-60.8	-60.3
青海省	267.7	117.5	-150.2
宁　夏	80.0	69.4	-10.6
新　疆	-27.7	44.3	72.0

注："-'表示无出口交货值。
数据来源：国家统计局。

3. 外向型的服装行业受到冲击明显

在纺织工业的三个子行业中，纺织服装服饰业的外向度最高，特别是在青海、宁夏等地，服装服饰的外销比超过了90%。由于国际经济不景气，西部地区的这个行业的出口受到了明显的冲击。2013年1—8月，西部地区的纺织、化学纤维制造两个行业的出口交货值同比增速分别为26.1%、17.2%，而纺织服装服饰业则为-9.8%。

（三）效益情况

1. 主营业务收入增速反弹

2013年1—8月，西部地区纺织工业累计实现主营业务收入1913.6亿元，同比增速达到14.0%，高出全国平均水平的11.8%。与2012年同期同比增速的

10.5% 相比，回升了 3.6 个百分点。从全国层面看，2013 年 1—8 月，西部地区纺织工业累计主营业务收入占比由 2012 年同期的 4.7% 提高至 4.8%，在全国的地位有所改善。从各地区的情况看，2013 年 1—8 月，12 个地区中主营业务收入同比增速超过 50% 的有青海和贵州两地，分别为 57.6% 和 56.7%，其他 10 个地区中除了西藏外均有不同程度的增长。与 2012 年同期的同比增速相比，12 个地区中仅有云南、广西、西藏三地出现了下降，其他地区均有不同程度的提高，其中贵州的增速反弹最为显著。

表 11-8 2013 年 1—8 月西部地区各省、区、市纺织工业出主营业务收入同比增速及其比较

地　区	同比增速（%）	与去年同期同比增速差（%）
全　国	11.8	2.5
内蒙古	9.6	5.1
广　西	1.6	−54.4
重庆市	9.0	1.4
四川省	16.5	5.8
贵州省	56.7	90.0
云南省	17.7	−3.0
西　藏	−30.1	−14.0
陕西省	22.5	4.3
甘肃省	14.1	14.7
青海省	57.6	25.4
宁　夏	33.4	22.1
新　疆	6.0	23.6
西部地区	14.0	3.6

数据来源：国家统计局。

2. 亏损情况得到缓解

随着收入的增长，2013 年以来西部地区纺织工业的亏损情况有所改善。

就亏损面看，1—8 月，西部地区纺织工业的整体亏损面为 18.8%，虽高于全国平均水平的 15.5%，但与 2012 年同期的 21.5% 相比下降了 2.7 个百分点，降幅高于全国平均水平。12 个地区中，只有内蒙、云南的亏损面较 2012 年同期水平有所提高，其他 10 个地区都有改善。其中，亏损面最高的新疆改善最为明显。

表 11—9 2013 年 1—8 月西部地区各省、区、市纺织工业亏损面及其变化

地区	亏损面（%）	与去年同期差（%）
全 国	15.5	-1.4
内蒙古	23.1	0.6
广 西	25.0	-1.5
重庆市	12.6	-2.9
四川省	8.3	-2.1
贵州省	47.6	-2.4
云南省	35.7	4.9
西 藏	0.0	0.0
陕西省	26.4	-6.5
甘肃省	18.2	-1.2
青海省	12.5	-1.8
宁 夏	5.1	-5.1
新 疆	53.3	-10.0
西部地区	18.8	-2.7

数据来源：国家统计局。

就亏损深度看，1—8 月西部地区纺织工业整体水平为 9.6%，低于全国平均水平 0.2 个百分点。在 12 个省、区、市中，只有贵州、新疆两地不盈利，其他 10 个地区均有不同程度的盈利。其中，甘肃的亏损深度也较高，远高于西部和全国平均水平；与 2012 年同期相比，西部地区整体亏损深度下降了 2.7 个百分点，12 个省、区、市中有 8 个地区的亏损深度下降，4 个地区亏损加深。在亏损深度下降的 8 个地区中，新疆表现最为明显，降幅超过 100 个百分点。在亏损加深的 4 个地区中，贵州的亏损深度提高了 7.5 个百分点，重庆的亏损深度升幅也达到了 5.9 个百分点。

表 11—10 2013 年 1—8 月西部地区各省、区、市纺织工业亏损深度及其变化

地区	2013年1—8月（%）	2012年1—8月（%）	与去年同期差（%）
全 国	9.4	11.8	-2.5
内蒙古	6.4	7.0	-0.6
广 西	13.3	28.6	-15.3
重庆市	19.8	13.9	5.9
四川省	3.9	7.4	-3.5
贵州省	-195.2	-202.7	7.5

地区	2013年1—8月（%）	2012年1—8月（%）	与去年同期差（%）
云南省	11.4	7.8	3.6
西　藏	0.0	0.0	0.0
陕西省	17.4	35.5	−18.2
甘肃省	80.5	98.3	−17.9
青海省	5.8	13.9	−8.1
宁　夏	0.1	0.4	−0.3
新　疆	−286.3	−152.5	−133.9
西部地区	9.6	12.3	−2.7

数据来源：国家统计局。

（四）发展经验

1. 集群化发展承接产业转移

为了吸引纺织巨头到西部投资建厂，各省、区、市纷纷加大产业基地建设，如新疆阿克苏地区的轻纺城、四川彭州的家纺服装基地、重庆的高新纺织工业园等。通过产业基地的建设，西部地区逐渐形成集纺纱、织造、染整、制衣、辅料生产、科研、产品销售为一体的产业集群，承接纺织产业转移、发展纺织产业的能力得到很大提升。

2. 政策扶持助力纺织产业发展

纺织业是典型的成本导向型产业，为了吸引东部纺织企业投资，西部地区在资金、土地使用费、税收和当地资源的使用方面都给予投资者极大的优惠，使企业的投资成本大大降低，投资意愿日趋高昂。

三、典型地区发展情况：宁夏

宁夏是西部地区消费品工业发展较快的地区之一，尤其是以清真食品、穆斯林用品为主的轻纺工业集中区。在新一轮西部大开发战略指引下，为进一步密切我国与阿拉伯国家的经贸关系，2012年国务院批准宁夏为内陆开放型经济试验区，同年年底银川也确定为综合保税区。对外开放的提速使得宁夏成为我国面向中东及穆斯林世界的开放先导区、中国与穆斯林金融合作实验区和中阿投资贸易区。受益于此，近年来宁夏的消费品工业得到了快速的发展。

（一）生产

1. 主要消费品产量高速增长

2013 年以来，虽然国内外经济不景气，但宁夏主要消费品产量仍然保持了较好的增长势头。与 2012 年同期相比，1—8 月宁夏在全国具有一定地位的 8 种消费品中有 7 种消费品的产量保持了两位数的增速，唯有纸浆的产量出现了明显的下降。其中，罐头、葡萄酒产量的增长最为显著。与全国同类产品的产量增速相比，8 种主要消费品中也只有纸浆的同比增速低于全国平均水平，其他 7 种产品产量同比增速均高于全国平均水，罐头、葡萄酒两种产品表现强劲。

2. 主要产品全国产量地位有所提升

随着产量的增长，宁夏主要消费品在全国同类产品中的地位也得到了不同程度的提升。8 种主要消费品中只有纸浆产量占全国比出现了一定的下降，其他 7 种产品产量占全国同类产品产量比均出现了不同程度的上升。其中，葡萄酒的产量占比提升幅度最为明显，增幅达到了 0.5 个百分点。

表 11–11　2013 年 1—8 月宁夏重点消费品产量及其变化

产品	单位	累计产量	同比增速	与全国同比增速差	占全国比	占去年同期占全国比差
小麦粉	万吨/%	25.5	20.3	10.0	0.3	0.0
液体乳	万吨/%	40.3	20.2	8.1	2.7	0.2
纸浆	万吨/%	7.7	−43.7	−40.2	0.7	−0.5
大米	万吨/%	31.7	35.3	22.4	0.4	0.1
机制纸及纸板	万吨/%	42.2	18.5	7.3	2.4	0.1
罐头	万吨/%	21.9	60.4	57.8	0.5	0.2
白酒	万千升/%	13.9	17.8	16.7	0.4	0.1
葡萄酒	万千升/%	0.9	51.7	62.6	1.3	0.5

数据来源：国研网。

（二）出口

1. 出口交货值增速回落

受国际需求疲软的影响，2013 年宁夏消费品工业的出口受到了明显的冲击。

1—8月，宁夏消费品工业累计实现出口交货值24.9亿元，同比增速为17.4%。这一增速高于全国平均水平的6.9%，但与2012年同期的增速相比，还是出现了明显的下降。

2. 不同行业表现存在差异

目前，农副食品加工、食品制造、纺织、医药制造四个行业是宁夏消费品工业出口的重点行业。2013年1—8月，四个行业的出口交货值占全部消费品行业出口交货值比高达96.2%。但因国际经济的不景气，2013年以来包括这四大行业在内的9个行业中有6个行业的出口交货值同比增速出现了下降，四大主导行业只有医药制造业的同比增速有所提高，但幅度极为有限。

表11—12　2013年1—8月宁夏主要消费品行业出口交货值增速及其变化

行业	同比增速（％）	与去年同期同比增速差（％）
农副食品加工业	5.2	−58.8
食品制造业	−0.5	−53.6
酒、饮料和精制茶制造业	0.0	44.5
纺织业	70.8	−11.3
纺织服装、服饰业	−25.9	−28.2
皮革、毛皮、羽毛及其制品和制鞋业	23.2	−85.1
造纸和纸制品业	−78.0	−78.0
医药制造业	−10.7	5.6
橡胶和塑料制品业	130.1	218.9

数据来源：国研网。

（三）效益情况

1. 主营业务收入增长较快

2013年1—6月，宁夏消费品工业累计主营业务收入同比增速为16.0%，增速与全国基本持平，但较2012年同期的同比增速相比有明显回落。主要行业中，食品制造、皮革、木材加工、造纸等4个行业的同比增速回落最为明显。

2. 亏损有所缓解

就亏损面看，2013年1—6月，宁夏消费品工业整体水平达到了21.7%，高于全国消费品工业平均水平的13.8%。各行业中，医药制造业的亏损面最高，达到 50%。与 2012 年同期相比，消费品工业整体亏损面下降了 2.2 个百分点。各行业中，印刷和记录媒介复制、食品制造两个行业的亏损面降幅较为明显，分别为 25.7 个和 12.3 个百分点。

就亏损深度看，2013 年 1—6 月，宁夏消费品工业的整体水平较高，达到了 75.3%，远远高于同期全国平均水平的 6.8%。各行业中，造纸与纸制品、橡胶和塑料制品两个行业利润为负，医药制造业亏损深度高达 500%，只有纺织业的亏损深度较小。与 2012 年同期相比，宁夏消费品工业的整体亏损深度显著下降，降幅达到了 31.7 个百分点。各行业中，农副食品加工、皮革、橡胶与塑料制品等行业的亏损深度也都有明显的下降。

（四）发展经验

宁夏坚持区域比较优势原则，从资源禀赋出发，以特色消费品为突破口带动消费品工业快速发展。一是大力发展生物发酵抗生素和其他化学原料药；二是加快调整现有羊绒产业产品结构，提高加工深度和附加值；三是支持发展清真食品、乳制品、葡萄酒、马铃薯淀粉、枸杞等特色食品工业；四是积极发展农、林、牧产品废弃物综合利用，促进造纸工业向规模化、林纸一体化、清洁化方向发展；五是推进宁夏生态纺织园、吴忠清真产业园、贺兰山东麓葡萄长廊建设进度，积极促进羊绒、葡萄酒、清真食品及穆斯林用品等特色产业集群发展；六是在配套服务业方面，打造形成了清真餐饮、特色旅游、商贸流通迅速发展的局面。

园 区 篇

第十二章 消费品工业产业园区发展基本情况

一、发展现状

　　截至2013年，全国31个省、自治区、直辖市及新疆生产建设兵团共创建国家新型工业化产业示范基地231家,其中消费品工业领域39个,分布在上海、浙江、黑龙江、贵州、山东等全国20个省、区、市,涵盖纺织、生物医药、食品、轻工等子行业。从区域布局看,东部地区在纺织、医药、轻工业集中了相对较多的示范基地,食品行业示范基地多分布在中、西部地区。

表12-1　消费品领域的国家新型工业化产业示范基地

子行业	示范基地名称
纺织	纺织印染·浙江绍兴县
	纺织（产业用纺织品）·浙江海宁市
	纺织（羊绒制品）·宁夏灵武市
	纺织服装·福建泉州经济开发区
	纺织（真丝产品）·浙江嵊州
	纺织·新疆库尔勒经济技术开发区
	纺织服装·江西共青城经济开发区

（续表）

子行业	示范基地名称
医药	医药产业·河北石家庄高新技术产业开发区
	医药产业·吉林通化市
	生物产业·山东德州市
	生物产业·长春经济技术开发区
	生物医药·上海张江高科技园区
	医药·江苏泰州医药高新技术产业开发区
	医药·珠海高新区三灶科技工业园区
	生物医药·广东中山高技术产业开发区
	生物医药·哈尔滨利民经济技术开发区
食品	食品产业·黑龙江哈尔滨市
	食品产业·河南汤阴县
	农产品深加工·内蒙古通辽科尔沁区
	食品·河南漯河经济开发区
	食品（国优名酒）·四川宜宾
	食品（国优名酒）·贵州仁怀
	高原绿色食品·拉萨经济技术开发区
	农产品深加工·陕西杨凌农业高新技术产业示范区
	食品（清真）·宁夏吴忠金积工业园区
	食品（乳制品）·内蒙古呼和浩特
	食品·重庆涪陵工业园区
	食品（名优白酒）·四川泸州酒业集中发展区
	食品·吉林梨树
	清真食品·长春绿园区
	食品·黑龙江肇东经济技术开发区
	农副产品加工·宁夏贺兰山工业园区
家电	家电产业·安徽合肥经济技术开发区
	家电产业·浙江余姚
	家电·安徽滁州经济技术开发区

（续表）

子行业	示范基地名称
轻工	轻工（林木产品制造）·黑龙江穆棱经济开发区
	轻工（灯饰）·广东中山市古镇
	五金制品（水暖厨卫）·福建南安经济开发区

数据来源：工业和信息化部，2013年9月。

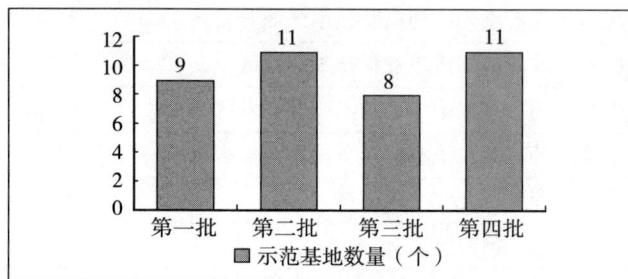

图12-1　消费品领域各批次示范基地数量

数据来源：工业和信息化部，2013年9月。

2012年，消费品工业示范基地总体保持平稳快速增长。实现工业总产值18063.2亿元，同比增长19.1%，连续三年保持19%以上增速。实现销售收入20704.1亿元，同比增长18.6%，连续三年保持较快增长态势；完成工业增加值4731.1亿元，同比增长21.3%，增速连续两年比全国消费品工业增加值高出11

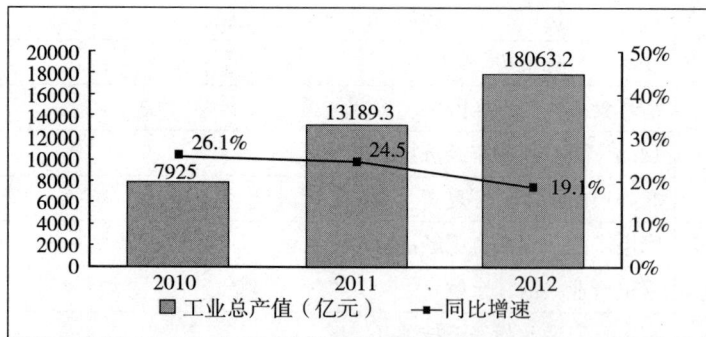

图12-2　消费品工业示范基地近三年工业总产值及其增速

注：由于示范基地数量变动，增速按照相同示范基地范围的本年数据和上年数据计算。
数据来源：工业和信息化部。

个百分点左右；实现税金 991.7 亿元，同比增长 21.3%；利润总额达 1808.3 亿元，同比增长 34.5%，利润率达到 8.7%，比全国平均水平高 2.2 个百分点。进出口额总计 432.7 亿美元，同比增长 18.3%，其中出口额 296.9 亿元，同比增长 14.5%。

二、区域分布

消费品工业领域的示范基地共 38 家，分布在上海、浙江、黑龙江、贵州、山东等全国 21 个省、区、市，涵盖纺织、生物医药、食品、轻工等子行业。

在园区数量方面，东北和华东地区的园区数量最多，分别有 9 个园区；第二是华南、西北和西南地区，分别都有 5 个消费品工业园区；最后分别是华北地区和华中地区，分别为 3 个和 2 个。

从子行业分布的区域布局看，纺织、医药、轻工业集中类的示范基地相对较多的集中在东部地区，食品行业示范基地多分布在中、西部地区。其中，食品产业园区共 16 个，其中位于东北和西南的数量最多，分别为 5 个，另外还有华北、华中和西北三个区域分别有 2 个园区；医药类园区共有 9 个，也主要分布在东北地区和华东地区，分别为 3 个，另外还有 3 个园区分布在华南和华北地区；纺织类的产业示范园区共有 7 个，主要分布在华东地区；轻工类的产业园区共 3 个，其中华南地区有 2 个，东北地区有 1 个；家电类产业园区共 3 个，其中华东地区有 2 个，另外还有 1 个分布在西北地区。

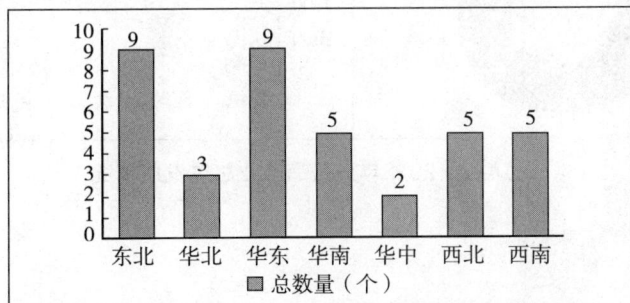

图12-3　我国各区域的消费品工业产业园区数量

数据来源：工业和信息化部。

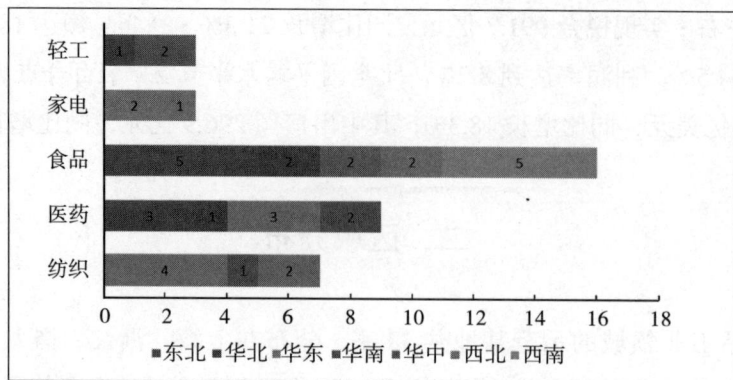

图12-4　我国消费品工业产业园区子行业分布情况

数据来源：工业和信息化部。

三、行业分布

消费品工业领域近40家示范基地分布在上海、浙江、黑龙江、贵州、山东等全国20个省、区、市，涵盖纺织、生物医药、食品、轻工等子行业。

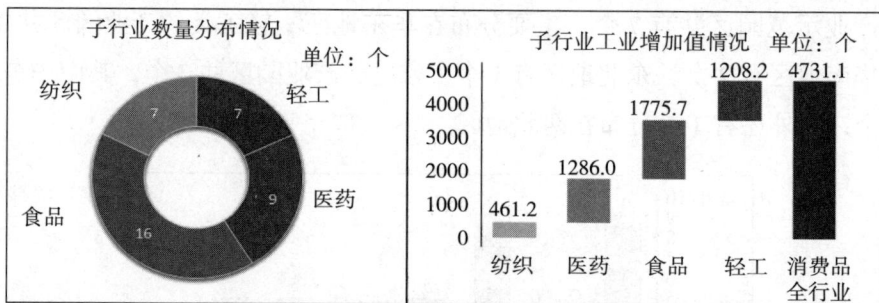

图12-5　2012年消费品工业总体发展情况

数据来源：工业和信息化部。

（一）纺织

纺织工业示范基地涉及浙江、江西、宁夏、福建、新疆等5省、区共7家，从区域分布看，东部地区集中了4家，西部地区有2家，中部地区有1家。2012年，我国纺织行业受到国际经济形势复杂多变，国内经济发展面临压力增多等因素影响，产业发展比 2011 年整体趋缓，纺织服装产业示范基地以自主创新、技术改造、淘汰落后、优化布局为重点，推动纺织工业结构调整和产业升级，2012年实现工业总产值 2363.8 亿元，同比增长 10.6%，近两年均实现两位数增长，整体发展态势稳定。

示范基地品牌发展环境不断完善，注重加强品牌建设，引导产业发展不断向产品设计和创意转型，自主品牌纺织服装在国内外份额不断上升，自主品牌建设取得新成就。另一方面，示范基地着力提高纺织产品的质量水平，全面加强质量管理，鼓励采用新技术、新工艺、新设备、新材料，促进产品品种更新和质量水平提升，在国内外消费市场确立了良好的质量信誉。

（二）生物医药

生物医药产业示范基地涉及上海、河北、山东、江苏、广东、吉林、黑龙江 7 省、市共 9 家，全部集中在东部。2012 年生物医药示范基地实现工业总产值 5184 亿元，同比增长 13.5%，连续三年保持两位数增长；实现销售收入 6656.9 亿元，同比增长 16.4%；完成工业增加值 1286 亿元，比 2011 年同期增长 19.5%，比全国医药行业工业增加值增速高 5 个百分点。实现利润总额 656.8 亿元，同比增长 25.5%，销售利润率达到 9.8%。累计研发投入 316.7 亿元，有效发明专利数量达到 4780 个，在消费品工业中稳居首位。

示范基地立足区域资源优势和产业基础，对区域进行总体谋划，全力培育区域支撑带动作用突出的企业集团和产业链，引领产业发展水平不断提高，提高企业间的关联度和集群效应，形成规模效益和聚集效应。另一方面，示范基地已成为新产品研制及产业化的重要载体。各示范基地通过加大科技投入，提升生物医药产业水平，持续推动创新药物研发，特别是在在重大疾病、多发性疾病等领域，加快推进创新药物开发和产业化，着力提高创新药物的科技内涵和质量水平。

（三）食品

食品工业示范基地分布在河南、贵州、黑龙江等 9 个省、区、市，共 16 家，从区域布局看，主要集中在中西部地区，其中西部地区有 9 家，中部地区有 2 家。2012 年示范基地实现工业总产值 5746.6 亿元，同比增长 30.4%，比 2011 年高出近 6 个百分点。实现销售收入 6377.5 亿元，连续两年保持 20% 以上的增速。完成工业增加值 1775.7 亿元，同比增长 27.9%，高出全国农副食品加工业增速 13 个百分点；利润总额和增速在消费品工业中遥遥领先，达到 744 亿元，同比增长 55.3%，销售利润率高达 11.7%，比整个消费品工业高近 3 个百分点。

示范基地不断延伸产业链条，逐步向种养殖、生产加工、流通销售为一体的全产业链发展，形成产业链条集聚效应，加快产业链间的集成融合，实现优势互补、信息共享、协调发展。另一方面，示范基地注重食品安全保障能力提升，不断推进企业诚信体系建设，健全食品安全监管体制机制，完善食品标准体系，有效推进质量安全保障从经验规范性向标准体系性转变，产品质量安全保障能力得到提高。

（四）轻工

轻工业示范基地达到 7 家，分布于黑龙江、浙江、广东、安徽、福建、江西六省。2012 年，以生产消费品为主的轻工业示范基地克服困难、积极调整，努力拓展国内、国际两个市场，保持较高的增长态势。2012 年示范基地实现工业总产值 4768.7 亿元，同比增长 17.6%，在整个消费品工业总产值的比重提升至 30.9%。工业增加值达到 1208.1 亿元，同比增长 17.4%。实现利润总额 294.9 亿元，同比增长 25.5%，比全国规模以上轻工业企业增速高 7 个百分点。完成进出口额 142.8 亿美元，同比增长 32.5%，连续三年保持 30% 增长，其中出口额达到 93.5 亿元，增速突破 30%，达到 33.1%。

示范基地加快产品品牌建设步伐，重点行业品牌集中度、品牌附加值、产品利润率进一步提高，产品在节能环保、数字化、智能化、网络化和集成化的市场竞争力明显增强，有效提高了企业的认知度、美誉度。同时依托优势品牌产品，拓展产业发展新领域。另一方面，示范基地鼓励企业加大研发投入，把信息技术融入到研发设计、生产、流通等各环节，全面推进企业生产过程智能化和网络化，着力提高信息化与工业化融合水平。

四、主要问题

消费品工业产业园的蓬勃发展在增强我国工业实力、优化产业结构、促进经济社会发展方面成效显著，但园区在提升自主创新能力、提高集约化发展水平、加强公共服务平台建设等方面仍有较大提升空间。

一是自主创新能力有待提升。在各级各地政府的鼓励和支持下，进入消费品工业产业园的企业无论在技术水平还是产品研发能力方面，明显高于同行业水平，也取得了较好的经济效益和社会效益，但创新意识不强，创新能力不足等短板也显露出来。首先，是一些核心技术、重要生产装备和材料仍然严重依赖进口；其次，研发投入不足，集成创新和引进消化吸收再创新的意识不强，尤其在装备数字化设计与制造、智能控制与检测设备开发、节能减排技术的推广应用、安全卫生共性技术与标准完善等关键环节存在不足；另外，人才队伍建设和研发团队建设滞后阻碍了研究能力提升。创新的短板不尽快弥补将会制约消费品工业园区的发展。

二是集约化发展水平需要进一步提高。虽然消费品工业产业园集约化发展的整体水平较高，但是结构性矛盾也比较突出。不少产业园区土地、资源浪费严重，标准化厂房建设利用不足，造成土地利用效率不高。部分园区为了招商引资，对入园企业的投资强度、环保标准、科技含量、企业规模、能源消耗、亩均效益产出等方面的标准要求不严，甚至对项目投资强度和容积率降低标准。同时，园区污水管网、燃气入园、用电规划等服务配套设施建设未能统一规划，甚至出现重复建设，浪费资源。

三是公共服务平台建设质量和服务水平亟待完善。公共服务平台的建设是产业园区的重要组成部分，但建设缺乏统一标准和规范管理，发展水平参差不齐。具备良好软硬件、拥有权威资质、专业化水平高的"优秀"平台的缺乏，使得公共服务平台建设质量和服务水平亟待提升。"华而不实"、盲目建设的现象，导致同一产业园区内功能相同或类似的公共服务平台重复建设，导致服务平台的效率大大降低。面向新型工业化发展所需的研发服务、公共信息服务、电子商务、企业信息化管理等生产性信息技术服务能力依然不足。

第十三章　主要消费品行业产业园区发展情况

一、生物医药

　　2012年，我国生物医药工业示范基地共有9个，其中位于东北地区的有3个，分别是长春经济技术开发区、吉林通化生物医药工业园区和哈尔滨利民经济技术开发区；位于华东地区的也有3个，分别是山东德州市开发区、江苏泰州医药高新技术产业开发和上海张江高科技园区；还有2个位于华南地区，分别是珠海高新区三灶科技工业园区、广东中山高技术产业开发区；另外还有河北石家庄高新技术产业开发区。

（一）总体规模

　　2012年，9个示范工业园区共有7750个企业，其中年产值过亿的企业共有289个，共实现销售收入6656亿元，相比2011年增长16.4%。其中，河北石家庄高新技术产业开发区的总体规模最大，2012年该园区内共有518个企业，其中年产值过亿的企业有24个，2012年该园区共实现销售收入1512.5亿元，工业总产值1574.8亿元，与2011年同比增长27%，总体规模和发展速度均排在全国所有医药产业园区之首。

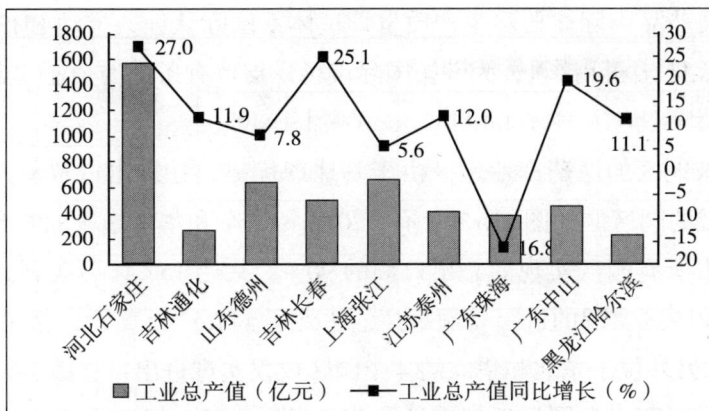

图13-1　我国医药工业产业园区总体规模（亿元、%）

数据来源：工业和信息化部。

（二）效益情况

2012年9个生物医药产业园区共实现利润总额656亿元，相比2011年增长25.6%。其中上海张江高科技园区2012年实现利润总额329.9亿元，远远领先于其他8个产业园区。另外，位于黑龙江省哈尔滨市利民经济开发区发展速度最快，2012年共实现利润总额32.5亿元，相比2011年增长了49%。

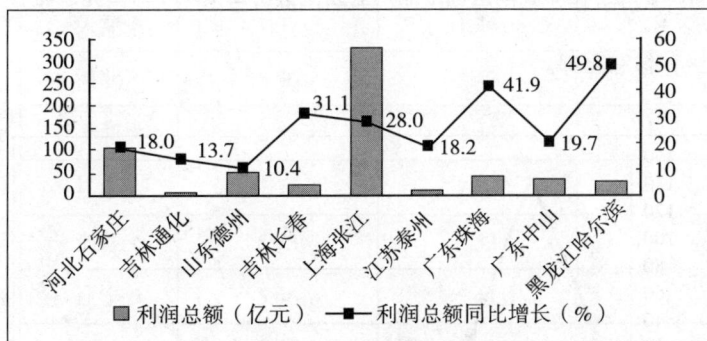

图13-2　我国医药工业产业园区效益情况（亿元、%）

数据来源：工业和信息化部。

（三）进出口

自"十一五"以来，我国在继续巩固化学原料药在全球医药国际地位的同时，

179

通过积极开展药品国际注册和生产质量管理体系国际认证，推动 EHS 管理体系及其他各项标准与国际接轨，为开拓国际市场，支持有条件的企业"走出去"创造条件。

地处华东地区的医药产业园区由于其地理优势，在进出口贸易方面明显领先于其他区域的园区。如图 13−3 所示，2012 年华东和华南地区的 5 个工业园区的进出口额占所有园区实现的总出口额的 90%，共达 157.21 万美元，其中上海张江医药产业园区实现的进出口额最高，达到了 111.53 万美元，相比 2011 年增长了 9.68%；另外位于东北和华北的 4 个园区仅仅实现进出口总额 17.98 万美元。但是吉林通化医药产业园区近年来外贸业务发展迅速，2012 年相比上一年增长了 142.86%。

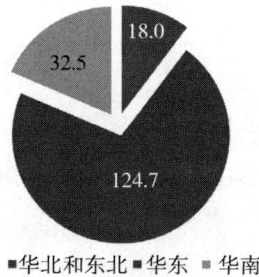

图13−3　2012年我国医药工业产业园区进出口情况（万美元、%）

数据来源：工业和信息化部。

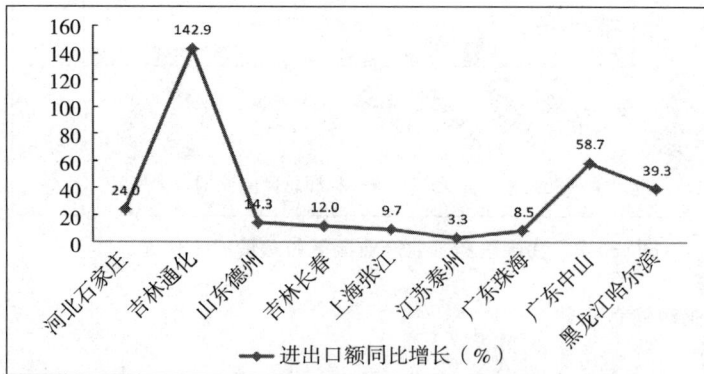

图13−4　2011至2012年我国医药工业产业园区进出口发展速度（%）

数据来源：工业和信息化部。

（四）固定资产投资

近年来医药行业由于 GMP 改造等原因，固定资产投入继续加大，2012 年 9 个医药工业园区共投入 437.3 亿元用于固定资产投资，相比 2011 年增长 18.3%。而且，山东德州和黑龙江哈尔滨的医药工业产业园的固定资产投入 150 亿元，排在所有园区的前两位；另外，广东珠海在发展速度上领先于其他园区，2012 年相比 2011 年的固定资产投入增长了 119.5%。

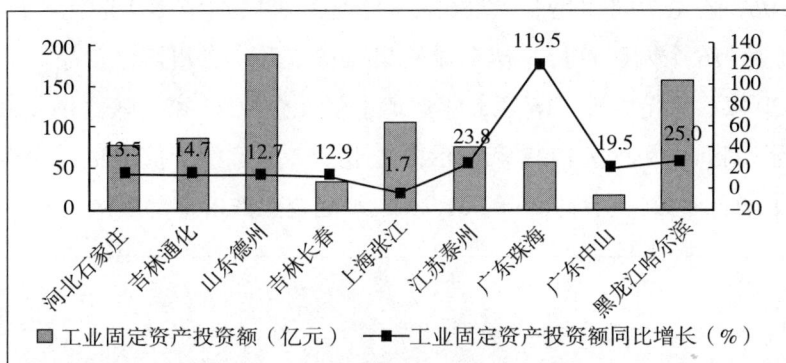

图13-5　我国医药工业产业园区固定资产投资规模（亿元、%）

数据来源：工业和信息化部。

二、食品工业

截至 2012 年年底，我国食品工业示范基地共有 16 个，占全部消费品工业园区的 42%，包括食品加工、农产品深加工、农副产品加工、乳制品、白酒、清真食品加工等食品产业的主要领域。从区域分布来看，主要分部在我国东北（黑龙江、吉林）、中部（河南）、西部（内蒙古、重庆、四川、贵州、宁夏）等农业和粮食资源优势明显的地区；从经济效益来看，16 家食品工业园区实现工业总产值 5747 亿元，占全部消费品工业总产值的 32.3%。食品工业园区依托资源与区位优势，通过资源和产业整合，在推动区域经济发展，促进食品产业结构调整方面起到了积极的示范和带动作用。

（一）总体规模

截至 2012 年年底，16 个食品工业园区入驻企业共计 5903 家，其中，示范产业企业 2457 家，年产值过亿的企业 374 家。2012 年，园区总计实现销售收入 6377.55 亿元，同比增长 25.6%；实现工业总产值 5746.66 亿元，同比增长 30.4%；实现工业增加值 1755.73 亿元，同比增长 27.9%。其中，内蒙古通辽科尔沁农产品深加工园区 2012 年实现工业总产值 1002 亿元，同比增长 49.33%，销售收入 967 亿元，同比增长 47.86%，实现工业增加值 284 亿元，同比增长 55.19%，位于 16 个园区首位；从企业聚集数量来看，贵州怀仁食品工业园区入园企业 2320 家，示范企业 716 家，年产值上亿元企业 33 家；陕西杨凌农业高新技术产业示范区入园企业 1325 家，示范企业 852 家，年产值上亿元企业 46 家，两个园区集聚企业数占全部园区的 61.7%，示范企业数占全部园区的 63.8%。

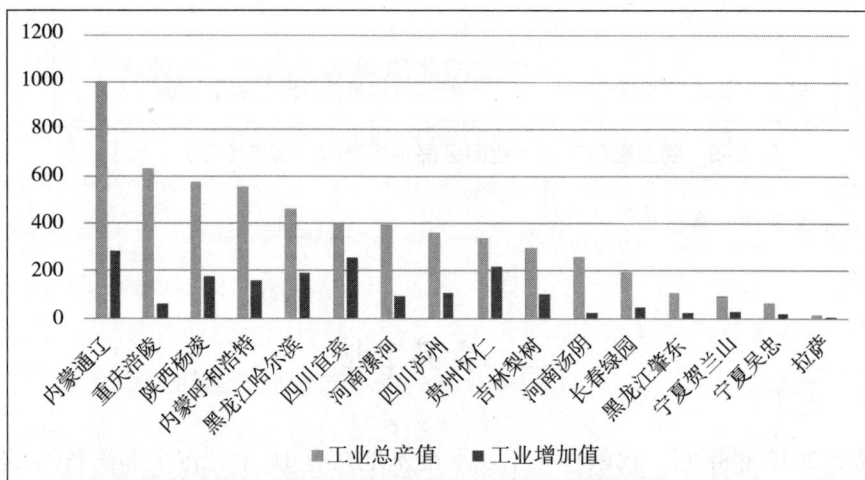

图13-6　16个食品工业园区按2012年工业总产值排序（亿元）

数据来源：工业和信息化部。

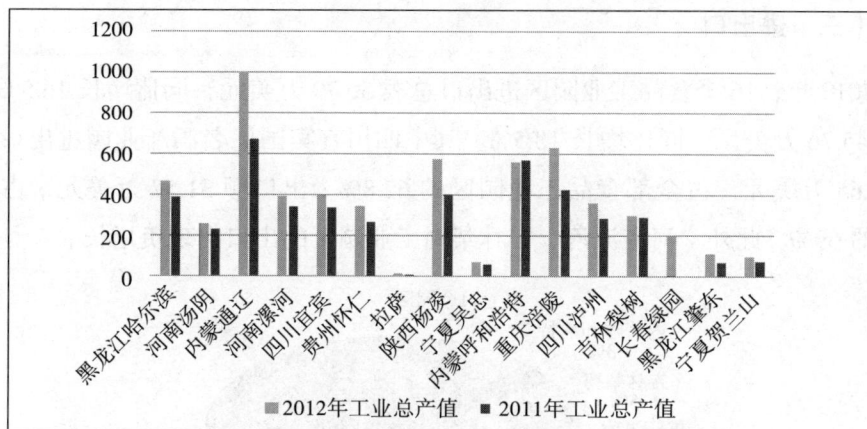

图13-7　16个食品工业园区工业总产值对比图（亿元）

数据来源：工业和信息化部。

（二）效益情况

截至2012年年底，16个食品产业园区共实现利润总额744.03亿元，同比增长55.3%，上交税金395.18亿元，同比增长33.4%。其中四川宜宾、四川泸州和贵州怀仁三个白酒工业园的利润均超过120亿元，共计423.26亿元，占全部食品工业园区的62.2%，其中贵州怀仁国优名酒产业园区利润总额高达202亿元，占16个食品产业园区的27.1%，四川宜宾名酒产业园区上交税金103.62亿元，占16个食品产业园区的26.2%。

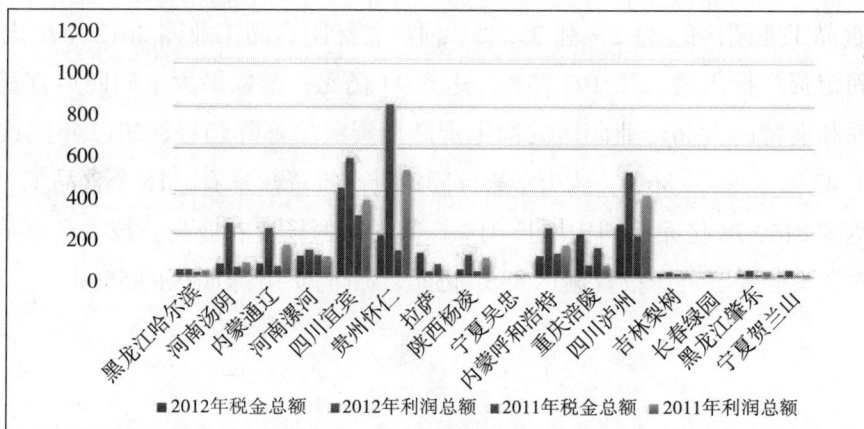

图13-8　16个食品工业园区利润和纳税总额对比图（亿元）

数据来源：工业和信息化部。

（三）进出口

2012 年，16 个食品工业园区进出口总额 56.79 万美元，同比增长 16.5%；出口额 45.76 万美元，同比增长 18.5%。其中四川宜宾国优名酒产业园进出口总额为 35.65 万美元，占全部食品工业园区的 62.8%；出口额 31.57 万美元；占全部园区的 69%。此外，河南漯河、吉林梨树工业园区的出口出现负增长。

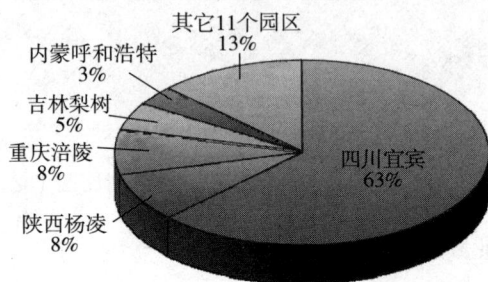

图 13-9　2012年我国食品产业园区进出口对比图（万美元、%）

数据来源：工业和信息化部。

（四）固定资产投资

2012 年 16 个食品工业园区共投入 1378.93 亿元用于工业固定资产投资，同比增长 43.5%，其中技术改造资金 516.18 亿元。2012 年陕西杨凌农业高新技术产业示范区投入工业固定资产投资 458.4 亿元，技术改造资金 132.65 亿元，占 16 家食品工业园区的 33.2% 和 25.7%；河南省汤阴食品工业园 2012 年相比 2011 年的固定资产投入增长了 193.75%，达到 94 亿元，增幅最大；而四川宜宾、内蒙古呼和浩特的食品产业园区的固定资产投资额呈下降趋势，2012 年同比分别下降了 43.99% 和 73.36%。从历年累计固定资产投资额来看，16 个食品工业园区累计达到 8129.78 亿元，同比增长 31%，其中陕西杨凌农业高新技术产业示范区历年累计工业固定资产投资额达 4552 亿元，占全部 16 家园区的 56%。

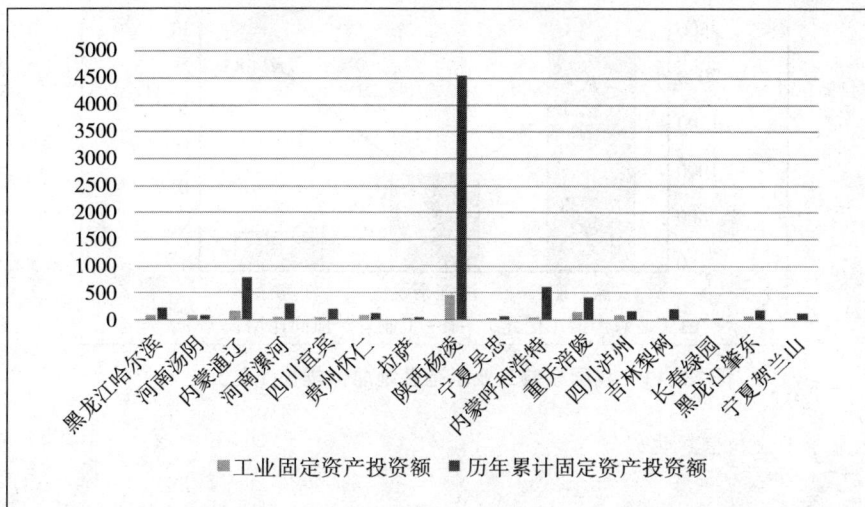

图13-10　家食品工业园区固定资产投资额与历年累计固定资产投资额对比图（亿元）

数据来源：工业和信息化部。

三、家电工业

2012 年，我国家电工业新型工业化示范基地共有 3 个，均位于我国华东地区，分别为安徽合肥经济技术开发区、浙江余姚、安徽滁州经济技术开发区。

（一）总体规模

2012 年，3 个家电工业示范基地共有 14447 个企业，其中年产值过亿的企业共有 182 个，共实现销售收入 3680.21 亿元，相比 2011 年增长 19.3%。三家示范基地中，安徽合肥经济技术开发区产值规模最大，综合实力最强，2012 年该园区内共有 4252 个企业，其中年产值过亿的企业有 33 个，2012 年该园区共实现销售收入 2321.58 亿元，工业总产值 2290.17 亿元，相比 2011 年增长 23.1%。

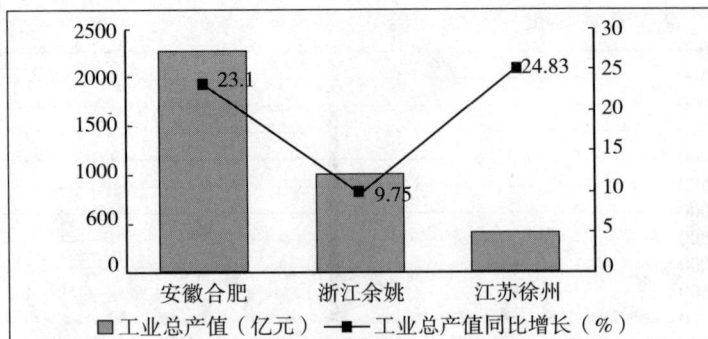

图13-11　我国家电工业示范基地总体规模（亿元、%）

数据来源：工业和信息化部。

（二）效益情况

2012年，3个家电工业示范基地共实现利润总额213.52亿元，相比2011年增长31.2%。其中安徽合肥经济技术开发区2012年实现利润总额和同比增速均列第一位，分别达到116.81亿元和46.93%。

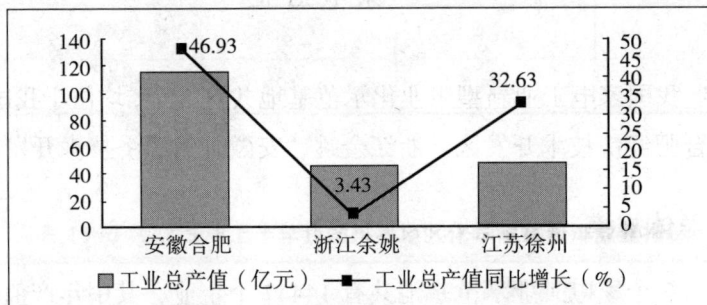

图13-12 我国家电工业示范基地效益情况（亿元、%）

数据来源：工业和信息化部。

（三）进出口

进出口贸易方面，余姚充分发挥其全球知名的特色小家电产品出口基地的优势，2012年，进出口额为67.3万美元，占三家基地进出口总额的53.7%。安徽合肥经济技术开发区增速明显，2012年较2011年增长69%，达到54.57万美元。

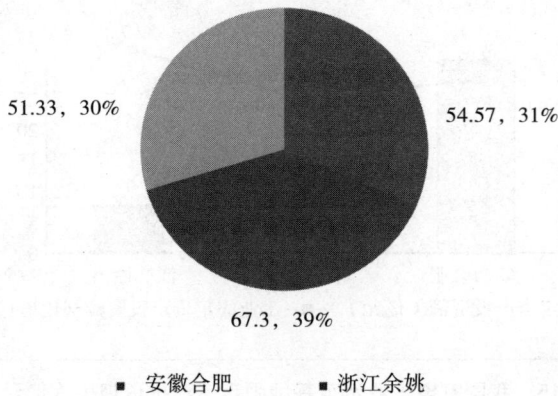

51.33，30%   54.57，31%

67.3，39%

■ 安徽合肥   ■ 浙江余姚

图13-13　2012年我国家电工业示范基地进出口情况（万美元、%）

数据来源：工业和信息化部。

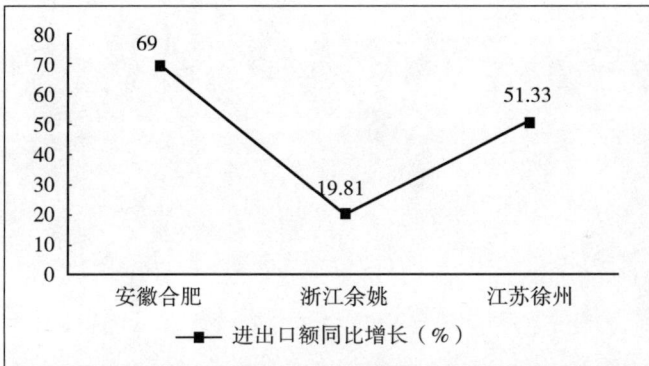

图13-14　2011至2012年我国家电工业示范基地进出口发展速度（%）

数据来源：工业和信息化部。

（四）固定资产投资

固定资产投资方面，2012年，3个家电工业示范基地共投入365.92亿元用于固定资产投资，比2011年增长了28%。其中安徽合肥经济技术开发区优势明显，2012年固定资产投资达到224.28亿元，同比增速为28.1%，占三家基地固定资产投资总额的61%。

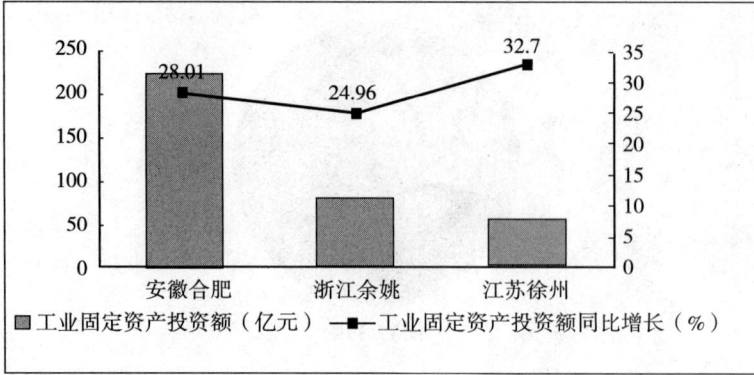

图13-15 我国家电工业示范基地固定资产投资规模（亿元、%）

数据来源：国家统计局。

第十四章　典型消费品工业产业园区发展情况

一、上海张江生物医药产业园

（一）基本情况

上海生物医药科技产业基地——张江生物医药基地（张江药谷）由国家科技部、原国家卫生部、原国家食品药品监督管理局、中国科学院与上海市人民政府共建，属于张江高科技园区。

1992 年，张江高科技园区成立，明确了生物医药产业是张江高科技园区主导产业的定位。1994 年，罗氏制药入驻张江园区，这是张江高科技园区首个重大项目，也标志着张江生物医药园区正式启动运行。1999 年，上海市实施"聚焦张江"战略，生物医药被确立为张江园区重点发展的科技新兴产业，为张江生物医药产业的快速发展奠定了扎实的基础。2001 年，为加快生物医药产业的发展，组建了上海张江生物医药基地开发有限公司，由生物医药基地公司统一规划产业发展的空间布局，集聚产业发展的相关要素，集成服务，打造完整的产业链，实现了生物医药产业的快速发展。之后 10 年间，礼来、杜邦、霍尼韦尔等国际大型药企研发中心进驻、上海中医药大学等科研院所正式运营，给园区带来了蓬勃发展生机。该园区现已涵盖国内外生命科学领域企业、科研院所及配套服务机构400 多个，形成了完善的生物医药创新体系和产业集群，是国内生物医药领域研发机构最集中、创新实力最强、新药创制成果最突出的基地之一。

近几年，张江药谷打造了全国最大、功能完善的孵化器，在创新项目的孵化发展中起到了积极的促进作用。其中平台一期是国家级孵化器，占地 10000 平方米，已累计引进生物医药企业 119 家，毕业企业 53 家，申请国内外专利 130 项，获得国家级、上海市、区级支持项目40余项。平台二期是区级孵化器，目前正在申报中，占地3500平方米，可同时孵化90个项目，已引进了7大公共服务平台，涵盖了6大专业功能板块。

（二）主导产品

张江药谷的主导产品主要为生物药和化药，企业类型主要分为科研机构、中小型企业、研发外包企业、高端生产企业、跨国企业，无论是哪种企业类型，占主营业务收入比重最大的都是生物药和化药，由此可看出生物药和化药毋庸置疑成为张江药谷的主导产品。

1. 科研机构

科研机构集聚，形成核心研发力量。目前园区集聚了高等院校、国家级研究院所、市级研究中心等60余家，成为园区研发的核心动力。通过建立大型基础研发平台和产业体系，初步完成了药物品种研发布局。

2. 中小型企业

中小型企业集聚，成为园区快速发展的关键。目前园区集聚了康弘药业、和记黄浦医药等240余家中小型创新研发企业，主营业务范围覆盖生物药、化学药、中医药、诊断试剂及测试等，其中生物药和化学药占比超过70%，成为园区中小型企业的优势业务。拥有自主知识产权的中小型创新创业的健康发展成为园区持续发展的原动力。

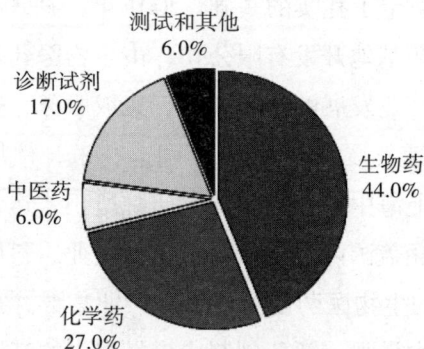

图14-1　中小型企业主营业务分布

数据来源：张江药谷，2012年11月。

3. 研发外包企业

研发外包企业集聚，成为园区发展的新生力量。目前园区集聚了金斯瑞生物科技、方达医药技术等40余家研发外包企业，分布在新药研发的生物、化学、综合、临床研究和分析测试各个阶段，其中，研发外包业务主要分布在生物药和化学药领域，占全部研发外包业务的70%多，在提高新药研发效率、降低研发成本方面发挥了重要的作用。

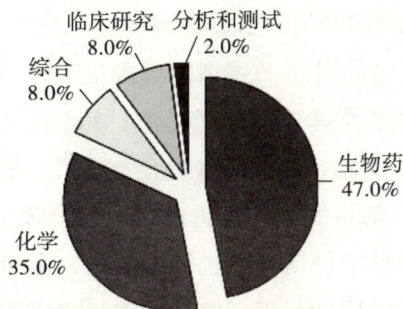

图14-2　研发外包企业主营业务分布

数据来源：张江药谷，2012 年 11 月。

4. 高端生产企业

高端生产企业集聚，为区域经济发展贡献力量。目前园区集聚了罗氏、上海微创医药器械、上海迪赛诺等 30 余家高端生产企业，成为园区经济总量的重要组成部分，为区域经济的发展做出了积极的贡献。30 余家高端生产企业的生产领域涉及生物药、化学药、中医药、诊断试剂和医疗器械五大领域，其中生物药和化学药占主导，中医药和医疗器械略显薄弱。

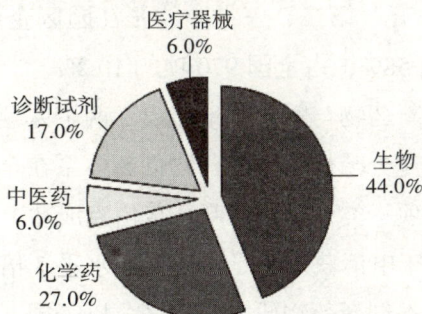

图14-3　高端生产企业主营业务分布

数据来源：张江药谷，2012 年 11 月。

5. 跨国企业

跨国企业研发中心集聚，为园区创造了不可复制的软环境优势。目前园区集聚了辉瑞、帝斯曼等20余家跨国企业研发中心、亚太总部等机构，主要业务涉及生物医药和精细化工两部分，其中国际前12位跨国药企中有7家在张江落户，他们带来了国际新药研发的新理念、新工艺，为张江生物医药与世界接轨创造了条件。

（三）产业发展情况

1. 形成了产业综合创新环境

园区已营造了由研究开发、孵化创新、成果转化、教育培训、专业服务、风险投资等六个模块组成的创新创业环境，涵盖研究开发、中试孵化、规模生产、市场销售的现代生物医药技术创新体系已初具规模，形成专业人才高度集聚、创新企业健康发展、科研成果持续涌现、服务功能日趋完善的现代生物医药产业发展的生态环境。

2. 各类人才高度集聚

生物医药领域是张江园区的人才"高地"，在高学历人才和各类专家的数量上已经形成明显的集聚优势。目前园区从业人员约2.5万人，其中博士、硕士约占20%，国家级专家为110人，其中院士12人，千人计划专家7人，海归人才占3%。高层次人才的集聚为生物医药产业的发展创造了良好的人才环境，通过不断完善创新创业环境，形成了人才集聚效应，为产业发展提供了源源不断的人力资源。

3. 研发创新能力领军全国生物医药基地

在重大新药"十一五"第二、三批中，张江园区企业和科研院校等共承担99项，占上海172项的58%，占全国970项的10.2%。"十一五"期间，"张江药谷孵化基地"、"张江创新药物与孵化基地建设"两个课题在全国各个生物医药园区的评比中名列第一，充分凸显了张江药物创新体系在全国的领先地位，国家重大新药创制科技重大专项一类生物溶栓新药普佑克成功上市。新药研发优势明显，经SFDA反馈张江的临床申请获批率是全国平均水平3倍以上，与全国其他生物医药基地相比，张江药谷创新药物研发数最多，以美国、欧共体为目标的国际新药研发注册最多，国内外CRO机构集聚度最高。

4. 产值规模不断扩大

园区 20 个品种年产值超亿元，其中包括中信国健益赛普、微创医疗的心脑血管支架、新先锋头孢曲松钠等 11 个品种年产值超 3 亿元。园区力争 3 年内通过产品工艺改良、技术改造，培育 10 个以上年产值超 5 亿元的大品种。

表 14-1 11 个年产值超 3 亿元的品种

中信国健	益赛普
微创医疗	心脑血管支架
新先锋	头孢曲松钠、头孢替安
津村制药	浸膏中间体
罗氏制药（4 个）	卡培他滨片、PEG 干扰素注射液
绿谷制药	丹参多酚酸盐注射剂
勃林格殷格翰	沐舒坦
英伯肯	HIV 快速诊断试剂

数据来源：张江药谷 2012 年 11 月。

（四）存在问题

1. 同质化竞争

张江生物医药产业集群属于依赖型产业价值链，园区产业链的核心技术或工艺等都是从国外或其他地区引进的，这就决定了产业价值链的发展完全依赖于国外或其他地区的核心技术或工业提供者。事实表明，在当下张江药谷的发展过程中，多数企业存在严重的技术从众心理，放弃符合市场新需求的创新机遇，而选择与集群内掌握核心技术或工艺的企业趋同的发展路径，这在一定程度上会造成技术同质化，进入市场后会造成园区企业间的恶性竞争。

2. 知识产权保护不够

张江药谷内的医药企业主要以生物药和化学药研发生产为主，新药研发（特别是生物药）周期长、耗费大、存活率低，只有建立完善的知识产权制度，产业的发展才能形成"创新—保护—促进—再创新"的良性循环。而现在张江药谷内很多企业反应园区知识产权服务少，导致企业缺乏创新动力，存在创新风险，难以有效地开展研发创新。所以，为园区内企业提供知识产权服务，完善知识产权保护体系是张江药谷提升园区内企业整体创新能力的基石。

二、河南汤阴食品产业园

（一）基本情况

河南汤阴食品产业园位于河南省安阳市汤阴县城东部和北部，规划面积 23.4 平方千米，已开发面积 16.5 平方千米，是河南省首批确立的 175 个产业集聚区之一，于 2010 年入选工业和信息化部第一批"国家新型工业化产业示范基地（食品产业）"。河南汤阴食品产业园依托河南省丰富的农产品资源，以及汤阴县"全国食品工业强县"和"全国农产品加工业示范基地"的品牌优势，已成为我国食品工业带动农产品深加工的高效产业集聚区。

目前，园区入驻食品加工企业 196 家，包括益海嘉里、今麦郎、众品、阳光油脂、华龙、诺金、永达、健丰、钟瑞等众多知名企业，建成了粮食、肉类、蔬菜、休闲食品等四大加工产业集群，形成小麦、玉米、肉鸡、食用菌、生猪、蔬菜、肉奶牛等八大食品加工产业链。

截至 2012 年年底，汤阴食品产业园累计完成固定资产投资 218.2 亿元，销售收入累计 293 亿元，上交利税 15.1 亿元，实现工业总产值 265 亿元。2013 年，园区将再签约 15 个大型食品项目，签约资金 107.5 亿元，项目建成后可实现年产值 370 亿元，实现利税 35 亿元。汤阴食品产业园在带动汤阴县居民收入增长，推动汤阴县农业规模化、专业化、标准化发展，加快汤阴县食品工业现代化发展起了重要作用。

（二）主要特点

河南省汤阴食品产业园依托益海嘉里、今麦郎等众多知名企业，建成了粮食、肉类、蔬菜、休闲食品等四大加工产业集群，形成小麦、玉米、肉鸡等八大食品加工产业链，涵盖畜禽肉制品、面粉、挂面、小杂粮、木糖醇、饼干、啤酒饮料、脱水蔬菜等 80 余个系列产品。拥有益海嘉里"香满园"面粉、"永达"肉鸡、阳光油脂"奥利福"食用油、"江顺"饼干、"甲家"面粉、"众品"冷鲜肉等知名品牌。在面制品、肉制品、油脂、食用菌、饮料、饲料和有机食品等领域发展了一批有影响力的名优产品。

1. 面制品

依托益海嘉里、今麦郎等面加工龙头企业，开发出了专用粉、强化粉、预配粉，以及麦胚产品、小麦膳食纤维等高附加值产品，形成面制品深加工产业链，推动馒头、水饺等传统面食产品的工业化生产。

2. 肉制品

依托永达食业、众品食业等龙头企业，开发出了冷鲜分割肉、调理肉制品和熟肉制品，形成了完善的肉制品深加工产业链。

3. 油脂加工

依托阳光油脂食用油等企业，开发出菜籽油、茶油、米糠油等特色产品。

4. 食用菌生产加工

园区依托宇豪科技、易祥等知名企业，形成了食用菌工厂化规模生产及精深加工产业链，开发出食用菌真空系列、罐头系列、保健口服液、味精、面档配料、精装即食食品、即食性冲饮粉剂等产品。

5. 高档饮品生产

以奥地利、诺迪力波、诺利如一等企业为龙头，开发出高档饮品、保健饮品。

6. 饲料

园区以六和永达饲料、北京大北农科技、容大牧业等企业为龙头，发展了复合饲料产业集群。

7. 有机健康食品

依托河南省佳多农林科技有限公司，打造出以种植、养殖、加工、销售"琵琶寺"有机食品的一条龙生产企业，开发出了有机蔬菜系列、有机肉类系类、有机禽蛋系列、有机杂粮系列和有机油料系列。

（三）骨干企业

1. 益海嘉里（安阳）食品工业有限公司

益海嘉里（安阳）食品工业有限公司位于安阳市汤阴县食品工业园区，是益海嘉里集团在安阳市注册成立的以生产、销售面粉为主，兼营其他农副产品收购、加工、销售和物流中转的侨商独资企业。

益海嘉里集团工厂占地面积249亩，项目一期已于2011年7月投产运营，已建成日加工小麦1200吨、年加工小麦40万吨的面粉生产线，该生产线采用瑞士布勒公司的工艺和设备，代表了国际最先进的制粉水平。二期新项目规划为年加工小麦 30 万吨的面粉深加工项目，主要产品为谷朊粉、淀粉、糖浆、酒精等。项目建成后，可实现年产值 5.5 亿元，利税 2000 万元，1000 人提供就业岗位。

2. 河南永达食业集团

河南永达食业集团是河南省知名大型农牧清真食品企业，主要产品有冷冻、冰鲜、速冻调理、面食、鸡肉熟食、方便菜肴、生物骨素、出口熟食等八大系列 730 多个品种。公司拥有年产 2 万吨出口注册鸡肉熟食生产线 1 条，时宰 3000 只肉鸡生产线 2 条、时宰 10000 只肉鸡生产线 1 条，年屠宰加工肉鸡规模 5000 万只；内销熟食生产厂 1 座，年加工能力 1.2 万吨；速冻面食生产厂 1 座，年加工能力 6000 吨；肉种鸡场 7 座，年存栏肉种鸡规模 50 万套，与其配套的孵化厂 3 座，年孵化能力 6000 万羽；饲料生产线 4 条，年加工能力 40 万吨；现代化商品鸡场 102 座，年出栏毛鸡 3000 万只；拥有"永达放心鸡"连锁店 150 多家。

公司生产的清真鸡肉系列产品及低温熟制品畅销国内 30 多个大中城市，是肯德基在中国的三大鸡肉供应商之一，同时还是麦当劳、小肥羊、海底捞、家乐福、沃尔玛、麦德龙、大润发等国际国内知名连锁企业的重要供应商。其中"淇水"牌清真鸡肉系列产品由中国伊斯兰教协会监制，并出口到日本、南非、中东、东南亚、中国香港等国家和地区，出口量位居河南省第一位、全国前三强。河南永达食业集团不断探索龙头企业与农户联结的经营机制和利益机制，与农民结成了互惠互利的利益共同体，形成了"公司＋基地＋农户＋标准化"肉鸡产业化发展模式，有力地带动了农业、养殖业等发展。

3. 河南省佳多农林科技有限公司

河南省佳多农林科技有限公司位于汤阴县食品产业园内，是佳多（集团）公司投资新建的一家专门生产绿色有机健康食品生产企业。公司投资建立的琵琶寺万亩有机生态园是我国专业从事有机蔬菜种植和销售的有机农庄，采用公司加基地封闭式生产模式，积极倡导生态农林理念，严格按照有机产品标准进行封闭式生态化培育，不用农药化肥，不用任何添加剂。

公司投资建立的琵琶寺万亩有机生态农林园总面积已达 20000 亩，可生产有机认证的蔬菜 82 种，年产有机粮 3000 吨，有机食用菌 1200 吨，有机蔬菜 1800 吨，有机果品 9500 吨，生态鲫鱼 26000 尾。公司在汤阴食品产业园投资 6 亿元的年加工 20000 吨有机食品项目已投产，主要是对佳多公司琵琶寺生态农林园的有机食品进行精深加工。项目引进具有国际先进水平的深加工工艺和设备，极大地提升了国内有机食品深加工产业的工艺水平，促进企业生产总量和人均生产量大幅增加，可实现年销售收入 12 亿元，利税 4.5 亿元。

4. 安阳市健丰食品工业有限公司

安阳市健丰食品有限公司成立于 2001 年，是目前全国最大的饼干制造和销售为主的农产品精深加工企业。公司占地面积 500 余亩，总资产 5.53 亿元，固定资产 1.8 亿元，建有全国最大的饼干生产车间，建筑面积达 43000 平方米，员工 2100 人，年生产能力 15 万吨。现有 20 条生产线，其中饼干生产线 18 条（含巧克力涂层生产线 4 条，威化生产线 2 条、曲奇生产线 1 条），月饼生产线 2 条，包装设备 300 余台套。公司主导产品主要有酥性饼干、韧性饼干、夹心饼干、薄脆饼干、巧克力涂层饼干、粗粮饼干、威化饼干、野菜饼干、木糖醇饼干等 30 个系列 300 多个品种。公司拥有国内先进的饼干生产设备和国际先进的饼干生产技术，产量、效益、质量和市场占有率均位居全国同行业第 3 名，河南省同行业首位。公司主导品牌共有 30 多个系列 300 多个单品，产品销往中国 28 个省 200 多个城市，并直接出口美国，加拿大，日本，韩国，马来西亚，泰国等 30 多个国家和地区。公司已和世界巨头美国卡夫，沃尔玛公司成功地进行了合作。

健丰公司通过严格的质量管理体系，打造食品安全。先后通过了 ISO 质量（环境）管理体系认证、HACCP 食品安全管理体系认证、BRC 食品安全全球标准认证等质量标准认证，"江顺"牌系列饼干荣获"中国名牌"称号。同时，公司积极响应和落实国家"三农"政策，围绕"龙企富民、产业兴县"的目标，带动全县 10 万优质小麦种植户和 4000 余名农村劳动力就业，并促进了当地运输、服务、彩印等相关行业发展。

（四）存在问题

一是自主研发能力较弱。虽然汤阴食品工业园发展较快，取得了较好的成绩，但入园 196 家企业中，劳动密集型和小企业仍然居多，贴牌加工产品较多，自主品牌研发能力不强，很多企业依然靠传统工艺和手工操作，创新投入不足，同时企业技术改造步伐缓慢，产品跟不上市场发展。

二是龙头企业带动效应有待增强。龙头企业因其技术和研发实力较强，是推动产业园区内产业有机融合、互动发展的重要力量，但汤阴食品工业园区内龙头企业与园区中小企业多层次、全方位的联合协作不够，龙头企业市场开拓和营销网络建设强等方面的优势没有充分发挥，园区资源共享和共同发展的局面还有待形成。

三是品牌意识不强。虽然园区依托一批龙头企业培育出了一批知名品牌，但发挥品牌效应，扩大品牌经营规模，提升区域品牌的建设水平，仍显不足。企业创立和使用自主品牌的积极性不高，对集体商标、地理标志保护产品等区域品牌的创建重视不够，未能加强区域品牌的培育和运作，未能提高产业园区的品牌集聚力、影响力和竞争力。

四是人才队伍建设有待加强。人才是推动食品工业园区发展和转型、升级的关键，相比园区企业技术装备水平来说，园区在人才引进和发挥人才作用方面的不足开始显现。除了传统的技术人才、销售人才、生产工人之外，管理人员、品牌策划、市场营销、网络技术人才等新型人才在企业发展和园区做优做强方面的重要性日益显现。必须牢固树立人才是第一资源的思想，把培养发现人才放在重要位置，加大培育工作力度，充分调动各类人才的积极性和创造性。

三、安徽合肥家电产业园

（一）基本情况

合肥经济技术开发区成立于 1993 年 4 月，1997 年被列为全国首批行政管理体制和机构改革试点单位，2000 年被国务院批准为国家级经济技术开发区。目前，全区实际管辖面积 72.72 平方公里，另有县区合作开发的新港工业园 22.3 平方公里，常住人口 60 万。自建区以来，开发区秉承"三并重、二致力、一促进"的办区方针，通过一系列深化改革和优化升级，综合实力不断提升，辐射和示范作用显著增强。至 2012 年，开发区共有注册企业 4252 家，引进 30 个国家及地区的项目 1275 个，有 26 家世界五百强企业进驻。

目前，开发区已形成包括家电电子产业、装备制造产业、汽车及零部件产业、快速消费品产业在内的四大支柱产业集群。其中，家电产业多年来一直保持开发区第一支柱产业的绝对地位。合肥已成为国内最大家电生产基地之一，被中国轻工业联合会、中国家电协会授予中国家电产业基地。区内家电工业以海尔、美的、长虹、美菱、格力、华凌、友达、晶弘、冠捷等企业为代表。2012 年开发区实现规模以上工业产值 2290.17 亿元，同比增长 24.5%，其中家电产业实现产值 985.57 亿元，同比增长 34.8%，家电工业产值占全区工业总量 43%。

（二）主导产品

开发区家电工业主导产品包括彩电、空调、洗衣机、冰箱／冰柜等全系列整机产品，目前开发区家电产业拥有规模以上工业企业 42 家。已形成年产彩电 500 万台、空调 400 万台、洗衣机 600 万台、冰箱 2380 万台的产能，是全国最大的冰箱制造基地，冰箱产量占全国约 20%，已成为全国家电产品种类品牌集中度最高的开发区之一。2012 年，开发区家电四大件产量达到 2747.2 万台，其中彩电 370 万台、空调 349.7 万台、洗衣机 403.2 万台、冰箱 1624.3 万台。

（三）骨干企业

开发区目前拥有海尔、美的、长虹、美菱、格力、华凌、晶弘等国内国际知名厂商。自 2010 年合肥经开区被首批授予"国家新型工业化家电示范基地"以来，开发区家电工业实现了跨越式发展。海尔、长虹、美菱、美的、华凌等企业不断扩大生产规模，开发区内单个企业产值最大的企业海尔年新增 300 万台冰箱项目建成投产，格力电器在开发区新建年产 500 万台冰箱生产基地也已建成投产。

随着家电整机企业的集聚，园区家电综合配套能力也日趋完善，产业链更加成熟，陆续引进了台湾友达光电、台湾冠捷、峻凌电子、航嘉电子、淀川高科技钢板等核心配套企业，形成了涵盖电子元器件、专用集成电路、显示器件、压缩机、线路板、模具、注塑、钣金、印刷、包装、维修、物流和研发在内的配套链条，目前家电产业本地配套率已达 70%。

在规模扩大的同时，开发区还不断开拓研发能力。目前区内拥有 5 个国家级研发中心，8 个省级研发中心，其中美菱的国家企业技术中心从事的深冷研究位于全国领先水平，杰事杰作为国家级企业技术中心，在家电材料领域的研发能力跻身全国前列。

（四）存在问题

1、开发区外部产业布局有待优化。合肥市各县区、开发区都有一些家电及配套企业，但各区间还没有形成专业化协作的配套体系，这导致各园区间某种程度上存在重复建设和过度竞争，专业化的分工不明显，缺少协同合作，园区间的产业优势不能互补，这都不宜于区域内家电产业链和产业集群的形成和壮大。

2、产品配套能力仍需加强。随着开发区家电整机生产能力逐步增强，产品配套能力短板效应渐显，部分配套产品尤其是核心部件仍需外购，无疑增加了企业成本。一是要外购如集成电路、电磁阀、电源控制系统等技术含量高、附加值高的核心配套件。二是家电原材料市场供给能力较弱，如发泡料、塑料粒子需从外地购入，甚至是吸塑件、金属件一些小的零部也要外购。三是塑料及模具加工研发能力不足。

3、开发区缺乏国际知名品牌以及带动性强的大项目，局限了产业集群知名度的提升。目前在开发区家电产业中，还没有松下、索尼、西门子、飞利浦、东芝、日立等国外知名家电品牌入住。

四、浙江绍兴纺织产业园

（一）基本情况

绍兴县位于杭州湾南岸，东接宁波市、西邻杭州城，地域面积 1177 平方公里，下辖 1 个国家级经济技术开发区、1 个省级开发区、1 个省级旅游度假区、4 个街道和 15 个镇，户籍人口 72.6 万，外来登记人口 87.6 万。绍兴县域经济以工业为主，工业以纺织为主，是全国纺织大县，拥有从 PTA、化纤原料到织造印染、服装家纺的轻纺完整产业链，有全球规模最大的轻纺专业市场——中国轻纺城，全球有约 1/4 的纺织产品在此交易，年成交额近 1000 亿元。至 2012 年底，绍兴县纺织业实现产值 1948.74 亿元，同比增长 14.5%，增幅高出全县工业平均 2.5 个百分点，占全县工业总产值的 49.8%，有力地促进了全县经济社会的持续健康发展。

从产业规模来说，绍兴县共有各类纺织企业 8900 余家，年生产各类化纤原料 305 万吨、印染布 190 亿米，分别约占全国产量的 10% 和 30%。已形成 PTA、聚酯、化纤原料、织造、染整，以及服装、家纺和轻纺市场等一条完整的产业链和市场产销体系，并向纺织机械、中介服务等领域延伸。与国内其它纺织集群相比，绍兴县纺织产业集群具有较强的抗危机能力和竞争优势，区域竞争力优势更加明显。

从装备水平来说，绍兴县自动化程度较高，80% 以上进口，拥有世界一流的高端无梭织机3.6万余台，针织圆机1.5万余台，倍捻机近万台、汽流等染色机缸7900余台。先进的技术装备为绍兴县纺织产业转型升级提供了强有力的硬件保障，极大地提高了企业的生产效率、产品质量和研发能力。

从外贸资源来说，绍兴县纺织外贸依存度较高，已充分融入全球市场经济。经过多年历练，绍兴县很多纺织企业都形成了相对完善的营销网络和成熟的业务团队，并拥有一批善于经营、管理、懂业务的外贸专业人才和国内外优秀客商。绍兴纺织在国内外市场已颇具盛名，与世界上180多个国家和地区有经贸业务往来，2012年全年纺织品自营出口额达90亿美元。

从人才储备来说，绍兴县纺织拥有一批善于经营管理的企业家、精于生产技术的科技人才以及熟练掌握生产技能的职工队伍。目前，全县有20余万人从事纺织行业，其中各类纺织专业技术人员达5万余人，中、高级技术人员为2万余人，专业技术人员百人拥有量达23人，具有较强研发设计和产品开发能力。此外，绍兴县纺织业已拥有国家级品牌29只，发明专利20余件，并积极参与国家和行业标准制订，大大提高了绍兴纺织产品在国内外市场中的竞争力。

从服务配套来说，经过多年发展，绍兴县已拥有全国乃至亚洲最大的中国轻纺城市场和钱清轻纺原料市场。2012年轻纺城市场群成交总额达973.22亿元，市场群拥有经营户总数22108家，国外境外企业常驻代表机构919家，营业房总量26378间。同时，还配套建有"网上轻纺城"、浙江省现代纺织工业研究院、特色工业设计（创意）基地、国际物流中心、仓储物流中心等公共交易和服务平台，"印染＋市场"的配套优势十分明显。

（二）主导产品

绍兴县域内各开发区和镇（街道）结合自身实际条件选择不同领域集聚发展，形成区块行业集聚发展、不同区块分工协作的空间布局。滨海工业园区是绍兴县工业经济发展的大平台和主战场，在纺织工业方面重点发展PTA、化纤、织造、印染等，被中国印染行业协会授予目前国内唯一"绿色印染研发生产基地"称号；7个特色名镇中钱清镇主要发展轻纺原料市场、马鞍镇主要发展化纤原料、漓渚镇和兰亭镇主要发展针织、夏履镇主要发展非织造布、齐贤镇主要发展纺机业、杨汛桥镇主要发展经编家纺；柯桥街道主要发展市场和研发设计等支撑服务机构。

（三）骨干企业

根据绍兴县经信局公开的工业龙头企业资料显示，绍兴县销售额前10位的纺织印染企业有：

浙江远东化纤集团有限公司：公司2011年销售额347.85亿元、利税21.15亿元。其主导产品为PTA、聚酯切片、涤纶长丝、涤纶短纤。建有省级企业技术中心。

浙江天圣控股集团有限公司：公司2011年销售额84.36亿元、利税9.07亿元。其主导产品为涤纶聚酯化纤原料、化纤面料。建有省级高新技术研发中心。

浙江赐富集团有限公司：公司2011年销售额70亿元、利税7.3亿元。其主导产品为涤纶丝、双向拉伸聚酯薄膜（BOPET）、生物医药。科研经费占销售收入达到6%。

浙江南方控股集团有限公司：公司2011年销售额55.57亿元、利税4.5亿元。其主导产品为涤纶长纤、短纤、纺织面料，是省级企业技术中心。

浙江永通染织集团有限公司：公司2011年销售额50.34亿元、利税2.46亿元。其主导产品为漂、炼、印、染、特殊后整理各类面料。拥有驰名商标。

浙江新中天控股集团有限公司：公司2011年销售额36.5亿元、利税2.52亿元。其主导产品为无纺布、化纤面料、涤纶长丝。建有省级企业研发技术中心。

浙江永利实业集团有限公司：公司2011年销售额35.18亿元、利税2.93亿元。其主导产品为家纺、经编、热电。

绍兴县稽山控股集团有限公司：公司2011年销售额20.34亿元、利税2.63亿元。其主导产品为特宽幅印花、染色、阿巴斯甜。有省级高新技术研发中心。

浙江新乐纺织有限公司：公司2011年销售额7.9亿元。其主导产品为衬衫面料。拥有中国驰名商标。

浙江红绿蓝纺织印染有限公司：公司2011年销售额4.2亿元、纳税3434万元。其主导产品为印染加工各类棉、麻、化纤、真丝等纺织面料。

（四）存在问题

1、生产成本问题。绍兴县纺织业早期的发展优势，基本是依托低廉的劳动力成本，以及粗放式的增长方式。随着近几年劳动力等生产成本以5%到20%不等的速度递增，企业盈利空间不断压缩，再加上员工生产生活条件的改善性需求日益增加，原材料、水、电、汽等生产资料成本的不断上涨，对本来就利润率不高的纺织业来说，盈利空间严重挤压，财务成本较高的企业亏损在所难免，先前的发展优势难以为继。

2、生产要素问题。到 2020 年，绍兴县允许建设用地指标仅为 9600 亩，用地指标紧缺，并且不少为有条件建设区，加上印染集聚土地指标缺口较大，想发展但又没土地，想新上项目难上加难，即使通过土地招拍挂拿到土地，成本也过高。用电、用能指标偏少，难以满足正常纺织工业用电指标增长需求，迎峰渡夏时拉闸限电较多，都制约绍兴纺织业的进一步发展。

3、节能减排问题。绍兴县是纺织大县同时也是能耗大县、排放大县，万元GDP 能耗比全市平均水平高出 60%、比全省平均水平高出 90%。全县共有 167家企业列入省高能耗、高排放企业，为全省的 14.1%，其中超过九成的属于化纤、印染企业。"十二五"时期，全县需完成万元 GDP 能耗降低率 21.5% 目标，任务十分艰巨。可以说，节能减排是影响绍兴县纺织业发展的一个短板。

展望篇

第十五章　2014年中国消费品工业发展环境展望

一、整体发展环境展望

（一）全球经济温和复苏带动消费需求增强

2014 年，全球经济将温和复苏、逐步回归至长期趋势增长，全球范围的通胀率仍将保持温和。然而，整体向好的背后，不同经济体表现仍然差异较大，在制造业、房地产等行业推动下，美国经济开始复苏，而欧洲的经济前景要黯淡一些。在此背景下，全球消费品需求增长萎缩的态势将有所改善，欧美国家政府公共需求仍可能萎缩，政府购买力下降，这些国家失业率居高不下，消费信心下降，家庭储蓄率上升，导致私人需求不足。公共需求萎缩和私人需求不足，都会进一步减弱消费需求。与此同时，我国制造业的竞争优势正在弱化，新一轮全球范围的产业转移初现端倪。一些发展中国家如越南、印度尼西亚、孟加拉、印度、斯里兰卡等国家，正在利用比我国更加低廉的土地资源和劳动成本，生产与我国相同的劳动密集型产品，并向美欧等发达国家大量出口，在全球市场上对我国劳动密集型产品形成了较大的竞争关系。

同时，全球范围内贸易保护主义重新抬头。反倾销、反补贴等贸易救济措施屡遭滥用，贸易摩擦政治化的倾向日益突出，世界经济复苏蒙上了浓厚的阴影。以美国为例，仅 2011 年 1 月至 2011 年 9 月，美国就发起 70 项 337 调查，比 2010 年同期增加 37%。在欧洲,主权债务危机的压力也将驱使这些国家限制进口。进口限制的加剧和贸易壁垒的不断翻新使得我国出口导向型消费品工业面临的障碍也越来越多，消费品企业面临的出口风险加大。

（二）国内宏观经济仍将低位运行

2013年4月9日，亚洲开发银行（亚行）发布的《2013年亚洲发展展望》称，2014年政府为了减轻环境压力和缩小收入差距所采取的措施将抑制经济进一步增长；同时世界银行在最新的《东亚太平洋经济更新》报告说，世界银行下调2013和2014年中国的经济增长预测：世界银行估计中国2014年增长为7.7%，比先前的预测下调0.3个百分点。

与过去几十年单纯追求经济增长不同，中国新一届领导班子正致力于实现可持续和高质量的经济增长，十八届三中全会明确指出，要加快转变经济发展方式，加快建设创新型国家，推动经济更有效率、更加公平、更可持续发展。2014年，财政和金融改革、对企业设定更为严格的环境目标、国内人力资源成本和其他成本的不断上升、劳动密集型制造业向外转移等因素将制约经济增长的反弹。

（三）扩大消费需求的政策有利于消费品工业的持续增长

2013年政府换届，新一届政府更加强调调整经济结构、扩大消费需求。2013年7月12日，国务院常务会研究部署加快发展节能环保产业，促进信息消费，拉动国内有效需求，推动经济转型升级。会议指出，我国正处于新"四化"同步推进的阶段，扩大内需要创新和拓展思路，发展节能环保产业，促进信息消费，不仅有利于破解资源环境制约、释放消费潜力，而且会拉动有效投资，带动新兴产业成长。

党的十八大提出，要坚持走中国特色新型城镇化道路，推动工业化和城镇化良性互动、城镇化和农业现代化相互协调，促进工业化、信息化、城镇化、农业现代化同步发展。新型城镇化战略作为未来我国经济增长的主要动力之一，释放出的内需潜能将为消费品工业提供广阔的市场。城镇化将带来居民收入水平的提高，随之带来消费能力的提升。有学者测算，以每年城镇化率提高0.8个百分点测算，可每年多拉动消费约1.2万亿元；此外，政府采购清单也将有所调整，将刺激新的消费增长点。

（四）社会环境因素变化带来的消费观念和消费结构变化

首先是要素供给结构发生重大变化。伴随着观念上的巨大变化，我国的出生率持续下降，人口老龄化步伐加快，人口红利正在稀释，劳动力市场逐年承压，多年以来支撑我国消费品工业快速发展的动力正在快速削弱，劳动密集型的食品、轻纺等消费品工业发展面临着"用工荒"的困境，一些边境省份消费品企业甚至要雇佣东南亚国家的劳动力。同时，随着城镇化的快速发展，我国耕地资源短缺加剧，粮食、油料、棉花等重点消费品原料的供给保障面临挑战，价格波动加剧。随着雾霾、水污染等问题的出现，人们环保意识的增强，我国消费品工业发展面临的生态环境要素约束也在升级，节能、减排、降耗压力较大。除了劳动力、原材料、环境因素外，消费品工业要参与全球产业竞争，必须走集约化、规模化、一二产业联动的路径，由此产生的资金瓶颈也是产业发展的制约因素之一。面对要素供给结构的大变化，消费品工业必须加快转型升级，走集约式发展之路。

其次是收入水平持续增长，消费结构快速升级。改革开放30多年来，伴随着收入水平的快速增长，城乡居民的消费观念和消费结构发生了显著的变化，生存型需求下降，发展型和享受型需求增加。消费结构的变化对消费品工业发展提出了更高的要求：既要满足城乡居民的基本消费需求，又要迎合个性化、多元化的时尚需求；既要提高耐用消费品的品质和档次，又要满足新一代消费群体对快速消费品的需求增长；既要重视传统消费品行业的发展，又要大力发展医疗保健等新兴消费品工业。

（五）行业管理和自律将进一步加强

消费品工业是重要的民生产业，特别是食品、医药等子行业更是与老百姓的生活息息相关，这些年频频出现的乳品安全、食品安全、药品安全等事件，凸显行业管理和行业自律的重要性。2014年，消费品行业主管部门将进一步加强行业管理，如针对乳品行业，一方面通过强化行业规范管理，规范企业生产行为；另一方面通过推进产业结构调整，优化成长环境，加快推动实施企业兼并重组；同时加强标准体系建设，完善发展环境。再如针对食品安全，将以质量安全追溯体系建设为切入点，推进行业两化深度融合，促进加工业重点地区和企业自主品牌建设，确保食品、药品安全。

二、产业政策环境展望

（一）加快推进企业兼并重组为消费品企业做大做强带来发展机遇

为转变发展方式，调整产业结构，推进企业兼并重组是近年工业领域实现"转方式，调结构"的重点工作，这为消费品工业领域的企业做大做强提供了重要发展机遇。为进一步推进重点行业的企业兼并重组，2013 年 1 月，工信部、国家发改委、财政部等 12 部门联合印发了《关于加快推进重点行业企业兼并重组的指导意见》（以下简称《意见》）。《意见》把医药行业作为兼并重组工作的九个重点行业之一，要求各地落实促进企业兼并重组财政、税收、金融服务、土地等方面的政策，着力提高行业集中度和资源配置效率，增强大型企业的国际竞争力，并鼓励大型骨干企业进行产业链上下游整合和跨地区兼并重组。《意见》量化了医药行业的兼并重组目标，要求到 2015 年，前 100 家医药企业的销售收入占全行业的 50% 以上，基本药物主要产品销量前 20 家企业所占市场份额达到 80%，实现基本药物生产的规模化和集约化。另外，《意见》还要求完善医药产业链条，鼓励生产和研发、原料药和制剂、中药材和中成药企业之间的上下游整合和鼓励生产同类产品的企业强强联合。

（二）外商投资为消费品工业利用当地资源优势提供了发展资金

近年，随着西北大开发、中部崛起、东北老工业基地振兴规划的逐步实施和一系列优惠政策的不断落实，内陆及沿边地区的开放程度不断提升，外商及一大批跨国企业融入程度提高，为这些地区的消费品工业发展注入了新的发展活力。2013 年 5 月，国家发改委、商务部联合印发了《中西部地区外商投资优势产业目录（2013 年修订）》（以下简称《目录》），这是 2000 年首次颁布以来的第三次修订。2013 年版《目录》的实施，将对中国西部地区提高利用外资质量和水平，提高对外开放水平，促进产业结构调整和引导外资利用当地优势资源具有积极作用。在 2011 年版本的基础上，《目录》拓宽了行业领域，新增加条目达到 173 条，其中涉及到消费品行各业的多项领域，如江西省新增加了脐橙、苎麻、竹、山药、莲、葛等特色、优势植物种植及深加工，艺术陶瓷、日用陶瓷、工业陶瓷、特种陶瓷等高技术陶瓷的研发与生产，包装装潢印刷品印刷、医疗设备及关键部件开发及生产等条目。此外，《目录》还由原来的鼓励省份 21 个增加到 22 个，鼓励的标准提高和产业导向更加优化。

（三）品牌提升工程为消费品工业市场开拓国内外市场创造有利条件

知名品牌少、品牌影响力不足长期制约着我国消费品工业产品开拓国内外市场，与发达国家的消费品工业相比，我国部分消费品行业生产的科技和质量水平已接近发达国家水平，但受制于品牌影响力不足，我国消费品部分行业特别是纺织、服装行业为国际品牌代工现象已经较为常见，其发展受制于上游品牌持有厂家，利润上只能获取整个环节中的一小部分。为提升和培育我国消费品行业知名品牌，我国在多项消费品行业的"十二五"规划中把品牌提升当作一项重点工程。纺织工业"十二五"规划中要求加强企业研发中心建设，推广计算机辅助设计工艺系统应用，采用自动化、数字化、信息化生产工艺技术，以及加快推进我国服装家纺品牌的国际化进程，尽快形成一批国际化服装家纺品牌。轻工业"十二五"规划中要求加快推动品牌建设，引导企业通过掌握核心技术、申请注册商标、改进产品外观、包装和服务等途径，提升品牌形象和价值，在家电行业培育3—5个拥有国际影响力和竞争力的优势品牌。为此，国家及各地政府对消费品行业的知名品牌培育给予了政策和资金支持，这对企业开拓国内市场和实施"走出去"战略以及提升国际竞争力将是一个很好的机遇。

（四）技术改造支持力度加大促进消费品工业健康发展

随着资源配置的逐渐优化以及国家对节能环保的日益重视，传统的高耗能、高排放、低产出生产方式已不适合消费品工业持续发展，企业必须通过采用新技术、新工艺、新设备和改造提升现有生产设备来促进生产方式的转变。近年，中央及地方政府安排大量资金用于支持技术改造，并且支持幅度快速增加，同时，企业用于技术改造的资金预算增加更为明显。以河南省为例，2012年企业技术改造的投资预算达到2000亿元。经过近年的技改工作，行业技术水平明显得到提升，节能减排去取得了显著成效，企业效益也得到显著好转，这对我国消费品工业持续健康发展、提升发展质量起到了重要作用。在医药行业，清洁生产、节能降耗、新型制剂、生产过程质量控制等方面的新技术、新工艺、新装备的开发与应用，以及新版GMP改造等方面的技改步伐会明显加快。在食品行业，产品质量检测仪器设备、原（辅）料检验仪器设备、产品出厂检验设施与仪器设备、生产过程质量动态监测预警设备的更新改造会日益得到重视。在家电领域，企业会加快提升节能环保、智能等技术，提升电冰箱、空调器、洗衣机及冰箱压缩机、空调器压缩机、直流无刷电机等关键零部件的制造水平。

第十六章 2014年中国消费品工业发展走势展望

一、整体运行走势

（一）生产增速持续低位运行

2013 年，美、日在量化宽松货币政策推动下经济发展有好转迹象，但内生经济缺乏亮点。新兴经济体增速低位运行成为常态。国内经济受产能过剩、内需疲软影响增速趋于放缓。面对内外部经济发展的不确定性，2014 年消费品工业生产增速将持续低位运行。

预计，2014 年消费品工业的工业增加值增速将维持在 9.5% 左右。其中，由于国家大力支持乳品业发展以及加大十二五中期建设投资力度，轻工、纺织两大行业的工业增加值增速将在现有基础上小幅反弹。而医药行业由于新版 GMP 第一个生死时间节点的逼近，生产增速将出现大幅度的下滑。

（二）出口增速小幅上扬

从各国消费者信心指数来看，虽然世界经济的疲软态势没有得到根本性改变，但主要国家消费需求有望稳步提升，进而带动我国消费品工业出口。然而，尽管来自美国和东盟国家的需求能够部分抵消欧洲消费的疲软，但由于政府对谎报贸易发票行为的打击、人民币升值和工资成本增加，2014 年消费品工业出口难言会有大的逆转。

预计，2014 年我国消费品工业的出口交货值增速将小幅上扬。其中，由于美联储宣布继续保持现有的量化宽松政策，全球制造业复苏步伐不会受到阻碍，纺织中间产品和化药原药的进口需求持续增长，纺织工业和医药工业的出口交货值增速将小幅上扬。轻工行业的出口交货值不会出现大的变化。

（三）内需有望进一步扩大

近年来，政府陆续出台多项扩内需政策，致力于改变消费环境，包括深入推行医疗体制改革、加大食药品安全监管和治理力度、推广节能绿色产品的生产和消费等。这些举措很大程度上鼓励了消费者的消费积极性，为消费注入新的动力，消费者信心指数自2013年6月开始持续上升。另外，2013年以来，我国商品零售价格指数相对稳定，物价控制在合理的增长范围之内，消费者的积极性未受到抑制，也有利于我国消费需求的进一步扩大。

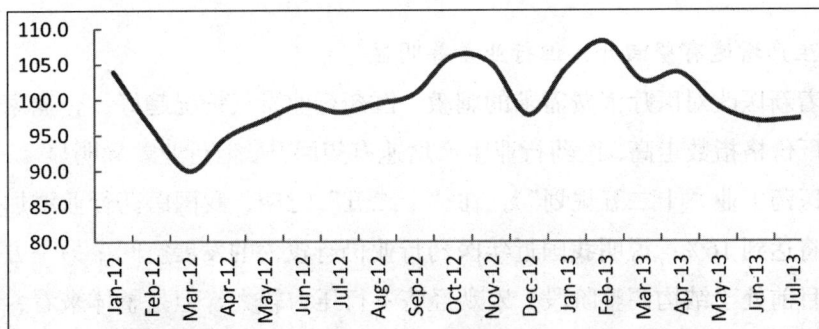

图16-1　2012—2013年中国消费者信心指数走势

数据来源：国家统计局。

表16-1　2013年1—9月我国商品零售价格指数（上年同期=100）

指标	1月	2月	3月	4月	5月	6月	7月	8月	9月
商品零售价格指数	101.3	101.7	101.4	101.3	101.2	101.2	101.3	101.3	101.4
其中：食品	102.8	104.5	103.9	103.9	103.8	104.0	104.2	104.2	104.4
饮料、烟酒	101.9	101.7	101.6	101.5	101.3	101.2	101.1	101.0	100.9
服装、鞋帽	102.4	102.2	102.3	102.3	102.4	102.3	102.3	102.3	102.3
纺织品	101.2	100.8	100.8	100.9	101.0	101.0	101.0	101.0	101.0
家电及音像器材	98.1	98.0	98.0	98.1	98.1	98.1	98.1	98.2	98.2
文化办公用品	98.1	98.1	98.2	98.3	98.4	98.4	98.5	98.5	98.5
日用品	101.5	101.3	101.3	101.2	101.1	101.1	101.0	101.0	100.9
体育娱乐用品	101.1	101.0	101.0	101.0	101.0	100.9	100.9	100.8	100.8
家具	100.9	100.9	101.0	101.0	101.1	101.1	101.1	101.1	101.1
化妆品	102.3	102.3	102.3	102.2	102.1	102.0	101.9	101.8	101.7
金银珠宝	102.0	100.3	99.5	98.6	98.0	97.2	96.2	95.4	94.5
药品及保健用品	100.9	100.9	100.9	100.9	100.9	100.9	101.0	101.0	101.1

数据来源：国家统计局。

进入 2014 年,由于城市化进程加速,我国消费类型和数量持续增加,且春节、元旦两节临近,节日消费需求提前释放也将成为 2014 年拉动居民消费需求的动力之一。预计,2014 年零售额增长可能出现反弹,社会消费品零售总额将会有一定幅度的增长,累计增速在 13.5% 左右。另外,随着十二五中期评估工作的深入开展,消费品工业固定资产投资增速将大幅增长。

二、重点行业发展走势展望

(一)医药

1. 生产增速有望回升,但行业差异明显

随着新医改对医疗消费需求的刺激,医药行业景气情况趋好,企业家信心指数和出厂价格指数走高,医药行业生产增速有望回升,但行业差异明显。一方面,根据《医药工业"十二五规划"》,在"十二五"时期,我国医药行业增加值年均增长率将达到 16%,说明我国近年医药行业仍有较大的发展空间;另一方面,虽然我国目前处于结构调整阶段,宏观经济下行压力较大,但是整体来看,经济仍然会平稳运行,刺激消费和拉动内需的政策仍会继续实施,医药行业的消费市场有望出现回升态势。但是,由于我国目前正在实施医保付费机制方面的改革,医药的用药习惯和偏好肯定发生改变,化学原药的增长幅度会略逊中成药。预计,2014 年,化学原料药增速有望止跌回升,实现 7% 的增长率;中成药继续呈现快速增长态势,预计会实现 15% 以上的增长率。

2. 出口增速小幅回升

整体来看,医药行业的出口环境会相对宽松,但出口颓势短期内难有改观。一方面,美、日、欧盟国家 PMI 持续走高,消费者信心增加,美国仍将维持复苏态势,欧盟也将走出经济负增长状态,而日本受益于"安倍经济学",经济复苏有望加快,所以可以判断明年整个医药的国际市场会逐渐走暖。另一方面,国际监管环境趋严,人民币仍存在升值预期,美、日、欧盟经济的复苏仍不稳固。再者,为促进国内就业,保护国内医药产业,这些国家采用了一些新的贸易壁垒,对我国医药的出口形成压力。以即将实施的欧盟 62 号令为例,2014 年所有出口到欧盟的国外原料药必须满足欧盟的 GMP,这将加大我国医药行业进入欧盟市

场和进行认证的难度。预计，医药制造业出口增速将小幅回升到 7% 左右，但会略低于 2012 年的增速。

3. 内需增速小幅回落

内需一直是我国医药工业发展的首要动力。从长期来看，医药行业属于朝阳产业，将长时间保持较高的年均增长率，但是在我国，部分医药行业已经存在产能过剩现象，行业的持续健康发展受到影响。进入 2014 年，受宏观经济基本面运行的影响，消费者信心不乐观，且我国目前开始全面实行基本药物总额控制，全面推广门诊总额预付、住院按病重付费，该政策的推进将影响医院用药结构，控制药费占比。工资收入放缓日益成为抑制扩大医药行业内需的重要因素，加上目前医疗体系存在的部分弊端，医药行业内需存在阶段性放缓难以避免。此外，中央严格控制公务消费的政策对我国部分药品、特别是高档中药材消费形成了明显的冲击。预计，2014 年的中西药零售额将小幅回落至 12% 左右的增速。

（二）纺织

进入 2014 年，国内外经济走势依然复杂。纺织工业既具备较为积极的动力因素，如内需市场回暖、产业转移加快等，同时也面临着诸多风险的挑战，如外需不振、成本攀升压力加剧等。总体来看，纺织工业有望在 2014 年继续保持平稳增长的态势。

1. 生产增速小幅回升

首先，纺织工业是典型的出口依赖型产业，国际市场的经济走势将对其发展产生重要影响。IMF 发布的数据显示，2014 年国际市场并未呈现显著好转的趋势，但也不会明显恶化，纺织行业的外需市场有望保持相对稳定。其次，在国家稳增长、调结构、促改革政策的推动下，国内经济企稳回升，同时国际经济缓慢复苏以及国内强劲的基础设施投资等因素都将支撑我国经济温和复苏。再次，纺织企业去库存进程顺利，新订单指数持续回升，新开工项目高位增长，行业生产有望小幅回升。预计，2014 年纺织工业行业增加值增速在 10% 左右，其中化学纤维制造业增速明显回升，有望达到 12%，而考虑到部分国家对我国服装服饰和纺织品的贸易限制，这两个子行业的增加值增速不会有明显的回升。

表 16-2　2013—2014 年主要经济体实际 GDP 增速预测（%）

区域和国家	2012年（实际增速）	2013年	2014年
全球	3.2	2.9	3.6
发达经济体	1.5	1.2	2.0
中东欧	1.4	2.3	2.7
亚洲发展中国家	6.4	6.3	6.5
拉美及加勒比地区	2.9	2.7	3.1
中东和北非	4.6	2.1	3.8
南部非洲	4.9	5.0	6.0
中国	7.7	7.6	7.3

数据来源：IMF，World Economic Outlook Database，October 2013。

2. 出口持续好转

进入 2014 年，我国纺织工业的出口将延续 2013 年以来的回暖态势，增速持续上扬。首先，国际市场需求大幅增长。IMF 预测，进入 2014 年，发达经济体以及新兴市场的货物进口量将较 2013 年上升 2.2 和 1 个百分点。其中，欧、美、韩国等我国纺织工业传统出口市场由于经济持续复苏，进口量将出现较大幅度的增加，东盟、金砖四国等新兴市场的需求量也大幅增长。其次，美联储宣布继续保持现有的量化宽松政策，新兴市场国家很大程度上也会继续追随美国在货币和财政政策方面的决定，全球制造业复苏步伐不会受到阻碍，纺织中间产品的进口需求也将继续增长。最后，国家关于《促进外贸稳定增长的若干意见》的实施，将继续为出口提速注入动力。预计，2014 年整个纺织工业的出口交货值增速将会达到 10% 左右。各行业中，纺织服装服饰业的出口交货值增速回升最为明显，预计将达到 8%，化学纤维制造业和纺织业也会有小幅增长。

表 16-3　2011—2014 年主要国家和地区货物进口量增速预测（%）

区域和国家	2011年	2012年	2013年	2014年
发达经济体	5.0	0.6	2.1	4.3
其中：欧元区	4.9	−1.4	−0.1	2.7
美国	5.2	2.1	2.5	5.4
日本	5.8	2.8	4.0	5.3
韩国	5.5	0.8	4.7	8.0
加拿大	6.0	3.0	2.5	4.7
澳大利亚	10.7	6.4	5.0	3.5

（续表）

区域和国家	2011年	2012年	2013年	2014年
中国台湾	-0.2	-2.6	3.2	4.5
中国香港	4.7	2.7	6.6	8.1
新兴市场和发展中国家	9.5	4.6	6.5	7.5
其中：俄罗斯	16.8	5.2	7.4	7.3
印度	13.3	4.3	4.8	7.5
巴西	8.9	-2.3	8.7	7.2
南非	9.7	6.3	2.4	2.7
墨西哥	8.5	4.6	7.2	6.9
亚洲发展中国家	10.0	5.1	7.6	9.5
其中：东盟五国	7.8	6.1	8.2	8.1

数据来源：IMF, World Economic Outlook Database, October 2013

3. 内需市场继续稳定增长

进入 2014 年，预计我国纺织工业内需将继续保持稳定增长态势，内需增长将逐步由政策主导向市场主导转变。首先，随着中国城乡居民收入继续增加，城镇化建设有序推进，《国务院关于深化流通体制改革加快流通产业发展的意见》、《促进外贸稳定增长的若干意见》以及营改增试点扩围等各种惠民生、扩内需措施进一步落实并显现效果，内需市场将继续保持稳定较快增长，且增速有所提升，带动纺织工业产销增长较 2013 年有所加速。特别是《国务院关于深化流通体制改革加快流通产业发展的意见》的出台，将逐步解决长期以来我国一直存在的"重生产、轻流通"问题，为流通企业的发展注入新的动力，带动消费需求的增长。其次，作为人口大国，我国纺织服装市场刚性需求巨大，在国内经济平稳运行的大环境下，纺织服装需求也会稳定增长。最后，随着国际经济形势回暖，纺织服装的出口增长前景看好，这将提振企业家的投资信心，刺激纺织行业固定资产投资的增长。

预计，2014 年内需市场将会继续稳步增长。消费需求方面，全年消费者信心指数的平均水平可达到 102，社会消费品零售总额增速会回升至 14% 左右，全国限额以上企业（单位）服装鞋帽、针纺织品零售额也将达到 16%。固定资产投资方面，受库存影响，纺织工业固定资产投资增速增加不会太明显。

4. 中西部地区纺织工业地位进一步提升

进入 2014 年，纺织产业向中西部地区转移将会取得实质性的进展。一方面，随着《纺织工业"十二五"发展规划》和《西部大开发"十二五"规划》的进一步推进，中西部地区的纺织产业体系将会不断完善，基础设施与产业配套水平逐步提高，承接产业转移的能力将会稳步增强。另一方面，国家流通体制改革的推进将会推动物流成本下降，加之劳动力市场依然承压，劳动密集型的纺织服装服饰业、劳动与原料密集型的纺织业向原料相对丰富、劳动力成本相对较低的中西部地区转移的潜力将会进一步释放。

（三）轻工

1. 行业整体将呈现平稳增长态势

2014 年，随着人均可支配收入的不断增加，我国消费者对轻工行业产品需求将进一步扩大。在国民经济持续增长，扩大内需、城镇化等各项政策效果逐渐显现的大背景下，市场和政策环境不断优化，轻工行业将面对更加有利的发展机遇。但同时，由于原材料和劳动力成本不断上涨、人民币汇率升值，使一直以来的价格优势逐渐丧失，再加上海外市场不断萎缩、贸易壁垒不断提高、科技创新能力低、品牌附加值不高、中小企业融资困难等突出问题，使我国轻工行业发展面临着严峻的挑战。预计 2014 年轻工行业生产增速基本保持稳定。

2. 行业将呈现格局分化

2013 年 1—5 月，轻工业内部呈现出不均衡的发展态势。从行业规模看，大多数轻工行业的主营业务收入增速在两位数以上，其中，饮料、食品、农副食品加工等行业的工业增加值合计占轻工行业增加值的 50% 左右，同比增长超过 10%，明显高于轻工行业工业增加值增速；而其他轻工行业增长率为 9.3%，乐器、酿酒、造纸、缝纫机械等行业发展面临困难。根据国家统计局公布的数据，65 类产品实现同比增长，占主要轻工产品总数的 70.7%。家电、大食品类产品有较大增长，而同时纸、革为代表的原料类产品产量下降明显。

从产业结构看，企业发展两极分化。优势企业以市场为导向，不断发挥竞争优势，规模与效益不断增大，而不符合市场需求的企业逐渐被淘汰，轻工行业集中度不断提高。在 9.6 万轻工企业中，前 100 位的轻工企业利润和主营业务收入分别占到整个行业的 16% 和 11%。

从产业布局看，中部地区快速崛起。中部地区积极承接产业转移，起到了承接东部、带动西部的作用。2013 年 1—5 月，中部地区规模以上轻工企业快速发展，在主营业务收入和利润总额增速上明显高于东部和西部地区；从利润总额上来看，河南省轻工产业迅猛发展，排名全国第三，仅位居山东省、广东省之后，已经超过了其他东部传统轻工强省。

从产业投资看，投资增长趋于理性。2013年1—5月，由于整体经济形势放缓，部分轻工行业固定资产投资增速减缓，食品加工、食品制造、造纸等行业的投资更是出现了负增长。

2014年，轻工产业发展将进一步呈现格局分化。从行业规模看，随着国家抑制产能过剩，淘汰落后产能政策的不断深入，印染、化纤、酒精、味精、柠檬酸、造纸、皮革、铅蓄电池等行业的市场进入条件将不断提高，轻工行业中生产技术落后、产能低下的企业将逐渐被淘汰，个别产业规模增长速度减缓。而诸如乳制品等行业，由于受到市场需求的刺激将快速增长，产业规模差距将进一步加大。

从产业结构看，在诸如食品、造纸、家电、塑料、家具、皮革、铅蓄电池等规模效益显著的行业，国家将积极推进跨地区、跨所有制兼并重组，提高产业集中度。同时，国家将对现有生产企业进行技术升级，帮助企业提升竞争力，对具有自主知识产权、自主品牌的骨干企业进行扶持，培养一批具有国际影响力的跨国企业集团。鼓励中小企业向"专、精、特、新、优"方向转变。技术装备落后、能耗高、环保不达标的企业将会被淘汰。

从产业布局看，轻纺产业布局调整将进一步加快，产业转移将根据不同地区发展要求和具体行业特点不断进行。东部沿海不断发挥技术、资金等优势，不断承接国外先进产业转移，而中西部地区利用资源和劳动力优势，不断承接传统轻工产业。例如，主要家电产品的研发和制造将由珠三角、长三角和环渤海等地区向本区域内有条件地区和中西部地区转移；东部沿海的皮革制造业将重点进行研发、设计和贸易，而把生产转移到原材料和劳动力价格低廉的中西部地区。

3. 外贸出口将稳步上升

在国外复杂多变的经济形势下，2012年我国轻工业全行业保持了较高的增长水平，轻工产品出口额超过5000亿美元，生产总值、出口总额、利润总额均实现了两位数以上的增长。

2014年，在各国新一轮宽松货币政策的刺激下，世界经济形势将有所好转，我国轻工产品出口整体形势将逐渐好转。为了避免人民币不断升值和贸易壁垒所带来的衰退风险，我国轻工业外贸出口将坚持实施多元化出口战略，一方面应对贸易摩擦，巩固美、欧、日等传统国际市场；另一方面积极开拓中东、俄罗斯、非洲、北欧、东南亚、西亚等新兴市场，这将保证我国轻工业出口在多变的国际形势下保持平稳的增长。

三、重点区域发展走势展望

（一）东部地区

1. 医药产业主导地位进一步提升

进入 2014 年，东部地区医药产业主导地位将进一步提升。首先，2014 年是"十二五"时期极为关键的一年，随着东部各省市《医药工业"十二五"发展规划》《"十二五"国家战略性新兴产业发展规划》以及《生物产业发展规划》的推进，医药工业将出现跨越式发展。其次，国家政策和财政支持进一步向医药产业倾斜，基药政策、大病保险政策的实施都将加速东部地区医药工业发展。再次，GMP 改造第一个节点已过，医药工业经过一轮调整进入新的发展周期，企业间兼并重组步伐加快，生产增速有望加快。预计，2014 年东部地区医药工业主营业务收入占整个消费品工业的比重将达到 10% 以上，同时纺织工业和轻工业占比将有所下降。

2. 生产增速出现反弹

2014 年，国内经济企稳回升，居民消费需求稳步提升，固定资产投资有望加速。因此，对市场最为敏感的东部地区工业生产将在现有基础上出现反弹，但由于经济大环境依然处于缓慢复苏的过程，生产反弹幅度不大。预计，2014 年东部地区纺织工业和医药工业生产增速将有明显提高，轻工和食品工业生产增速变化不大。

3. 出口增速企稳回升

2013 年，世界经济增长不如预期，但仍在缓慢复苏当中。美国 ISM 制造业指数连续 5 个月上涨，德国 Ifo 商业景气指数持续高于预期，日本和英国失业率逐月走低，欧元区消费者信心指数日渐上扬，短期来看经济环境不会恶化，外部需求有望进一步扩大。预计，2014 年东部地区消费品工业出口增速将企稳回升。其中，由于纺织中间产品和医药原料药需求的增加，纺织工业和医药工业出口增速将明显回升，轻工业和食品工业出口交货值出口增速也将在现有基础上微幅反弹。

（二）中部地区

1. 产量增速明显

受益于丰富的原料资源和数量众多的人口，中部地区是我国重要的消费品产地和市场。随着中部崛起战略的实施，中部地区人均收入快速增长，消费需求稳步提高，主要产品产量增速明显。预计，2014 年，中部成品糖、速冻米面食品、软饮料、精制茶、毛机织物、蚕丝、轻革、纸制品和塑料制品仍会保持 30% 以上的增速，而精制食用植物油、方便面、罐头会保持 20% 左右的增速。需要关注的是，食品工业作为中部地区的优势产业，其几种重要的食品工业原料亦将保持快速稳定增长，如小麦粉、液体乳和大米亦将呈现 15% 的增速，这对中部地区大力发展食品工业提供了重要的原料保障和支持，也正是部分受益于这些原料优势，中部地区食品工业在全国的地位稳步增加。

2. 出口保持快速增长

虽然中部地区在我国消费品工业出口中的地位不高，但近年出口却呈现快速增加趋势，多数行业保持了超过 20% 的增速，特别是酒、饮料和精制茶制造业，2013 年 1—9 月份出口交货值同比增长达到 60.3%。进入 2014 年，一方面国际市场逐渐回暖，出口需求部分释放；但是另一方面，人民币仍存在升值预期，加上部分国内外原材料的价格差对我国出口优势形成不利。综合以上因素考虑，我国消费品工业出口仍将保持快速增长，但增速会略有放缓。预计，中部地区食品制造业、纺织服装、服饰业、家具制造业、印刷和记录媒介复制业和医药制造业出口交货值仍会保持 20% 左右的增速，而造纸和纸制品业、化学纤维制造业出口形势不容乐观，依然会有出口交货值出现同比下降的可能，但有望止跌回升。

3. 亏损情况有所好转

进入 2014 年，随着去库存、去产能的进程加快和内需拉动，我国消费品行业的亏损情况将有所好转，企业利润仍将快速增加。从亏损面来看，整体上看，多数行业亏损面减少，其中食品制造业，酒、饮料和精制茶制造业，纺织业，医药制造业亏损面将继续呈现减少态势，将维持在 15% 左右，而农副食品加工业亏损面加大，预计会增加至 15% 左右。从亏损深度来看，行业分化差异明显，其中农副食品加工业，纺织服装、服饰业亏损深度有望继续扩大，分别达到 7% 和 9%，而食品制造业，酒、饮料和精制茶制造业，纺织业，家具制造业亏损深度将继续减少。值得重点关注的两个行业是化学纤维制造业和造纸和纸制品业，目前亏损深度已经分别达到了 52.2% 和 16.8%，行业和企业需要加以重视，减少目前的亏损深度。

（三）西部地区

1. 利用地缘优势，加快发展相关产业

我国西部内蒙古、西藏、新疆、广西等省区与东欧、中亚、东南亚接壤，随着我国与这些地区国家经贸合作日益深入，相关产业将加快发展。特别是新一届政府上台后，习近平主席、李克强总理分别出访东南亚，表明我国将进一步塑造与东南亚各国互惠互利、共存共赢的格局。广西利用东盟自贸区发展机遇，加快相关产业发展，自治区纱线面料对东盟等新兴地区的出口迅速增长，给区纺织服装业的发展提供了机遇。农产品加工业方面，把原来主要出口欧盟、美国、日本、韩国的罐头、竹芒编织、松香、茴油、桂油、皮革制品等大宗农产品加工出口产品，逐渐向东盟各国扩展，不但赚回了大量外汇，而且企业和产品在东盟站稳了脚跟，使农产品加工体系逐渐升级为开放型的经济体系，为我区农产品加工业更加开放打下了基础。建设了一批具有东盟特色的进出口农产品加工基地，如以南宁保税物流中心为引擎，建设的食品出口加工基地；以北海国家科技兴贸创新基地建设为契机，建设的水产品、轻纺产品出口加工基地；以钦州港经济开发区建设为契机，建设的粮油产品出口加工基地；以防城港企沙工业区建设为契机，建设的粮油出口加工基地；依托桂林国家科技兴贸创新基地，建设的生物医药出口加工基地；以凭祥等边境县市为主，建设的面向东盟市场的出口农产品加工、木材进口加工基地。

2. 依托农业、畜牧业等资源优势，发展特色消费品产业

西部省份普遍具有农林、畜牧业等资源优势，2014 年，西部各省份将凭借特有资源和地域特色发展特色消费品工业。宁夏、青海、甘肃、新疆等穆斯林聚居省份将大力发展清真产业，宁夏正在正全力打造国内最大的清真食品和穆斯林用品集散地，区内银川、吴忠的国内外影响力显著提升；青海已编制专门的清真

产业规划，将大力发展清真食品、穆斯林用品和清真餐饮等产业；甘肃的清真餐饮全国各地开花，临夏清真产业集群快速发展。重庆将依托千万亩优质粮油基地、千万亩蔬菜种植基地、70个优质肉猪、草食牲畜、家禽等生产基地，按照"公司＋基地＋农户"利益联结模式，大力发展农产品加工产业，目标是全市农产品加工转化率每年提高2—3个百分点，推进农业产业化进程，促进工业化、城镇化、农业现代化融合发展。

3. 市场供求变化，相关细分行业加快结构调整

受市场需求变化、宏观经济下行、国家严格公款消费管理等因素影响，西部省份一些重点发展的消费品细分行业受影响较大，2014年将加快产业结构调整步伐。四川、贵州针对白酒市场增长放缓、高端白酒销量大幅下滑，将加大产品调整力度，树立"名酒"也是"民酒"的发展理念，积极开发"亲民"的白酒新品，同时借机推进行业整合，提高市场集中度。贵州将针对烟草产品省外销量大幅下滑的情况，加快对老产品的提升改造和新产品申报，并协调推进烟草库等基础设施建设，保证原料供应和烟草质量。

4. 积极承接东部产业转移，促进产业资源整合

"十一五"以来，为优化产业布局，缓解东部沿海地区工业化进程中的资源与环境压力，促进区域协调发展，国家开始大力实施产业转移战略。2013年，中国轻工业联合会分别与青海、甘肃、宁夏等省区签订战略合作协议，促进相关产业企业落户投资。2014年，西部各省将加快承接东部消费品工业转移的步伐。青海省提出凭借特色的农产品资源、相对廉价的劳动力以及国家西部大开发的政策优势，承接劳动密集型的轻纺工业、资源依赖性的农产品加工业，并通过引进省外藏毯生产企业加速对省内企业的重组整合。甘肃提出积极承接产业转移，提高皮革、毛皮深加工能力，提高终端产品比重，延伸产业链；通过加强与国药集团的战略合作，引进战略投资者，兼并重组省内有发展潜力的制药企业。重庆将把握国际及东部产业梯度转移趋势，大力发展钟表、眼镜、自行车、文化/生活用纸等空白产品和薄弱产品。

附　录

关于加快推进重点行业企业兼并重组的指导意见

一、指导思想和基本要求

（一）指导思想

以邓小平理论、"三个代表"重要思想、科学发展观为指导，以产业结构调整为主线，以规模效益显著的行业为重点，坚持市场化运作，发挥企业主体作用，充分发挥政府引导作用，提高产业集中度和资源配置效率，增强国际竞争力，推动重点行业健康有序发展，加快经济结构调整和发展方式转变。

（二）基本要求

——坚持市场化运作，发挥企业主体作用。充分发挥市场的基础性作用，遵循经济规律和市场准则，尊重企业意愿，由企业通过平等协商，自愿自主地开展兼并重组。

——完善政策措施，发挥政府引导作用。完善相关行业规划和政策措施，努力营造有利于企业兼并重组的政策环境。完善企业兼并重组服务管理体系，努力消除制约企业兼并重组的体制机制障碍，规范行政行为。

——推动体制创新，加快转型升级。支持企业通过兼并重组完善治理结构，增强技术优势，开展管理创新，加强品牌建设，淘汰落后产能，培育国际竞争力，推进转型升级。

——实行分类指导，促进大中小企业协调发展。结合行业自身特点和企业实际情况实行分类指导，促进各种所有制企业公平竞争和优胜劣汰，促进大中小企业协调发展，形成结构合理、有效竞争、规范有序的市场格局。

——加强统筹兼顾，维护企业、社会和谐稳定。严格执行相关法律法规和产业政策，兼顾国家、地方、企业和职工的利益，依法维护债权人、债务人和企业职工等利益主体的合法权益，促进企业、社会和谐稳定。

二、主要目标和重点任务

通过推进企业兼并重组，提高产业集中度，促进规模化、集约化经营，提高市场竞争力，培育一批具有国际竞争力的大型企业集团，推动产业结构优化升级；进一步推动企业转换经营机制，加强和改善内部管理，完善公司治理结构，建立现代企业制度；加快国有经济布局和结构的战略性调整，促进非公有制经济和中小企业发展，完善以公有制为主体、多种所有制经济共同发展的基本经济制度。

推动重点行业企业兼并重组，要以产业政策为引导、以产业发展的重点关键领域为切入点，鼓励大型骨干企业开展跨地区、跨所有制兼并重组；鼓励企业通过兼并重组延伸产业链，组成战略联盟；鼓励企业"走出去"，参与全球资源整合与经营，提升国际化经营能力，增强国际竞争力。

（一）汽车行业。到2015年,前10家整车企业产业集中度达到90%,形成3 — 5家具有核心竞争力的大型汽车企业集团。

推动整车企业横向兼并重组。鼓励汽车企业通过兼并重组方式整合要素资源，优化产品系列，降低经营成本，提高产能利用率，大力推动自主品牌发展，培育企业核心竞争力，实现规模化、集约化发展。

推动零部件企业兼并重组。支持零部件骨干企业通过兼并重组扩大规模，与整车生产企业建立长期战略合作关系，发展战略联盟，实现专业化分工和协作化生产。

支持大型汽车企业通过兼并重组向服务领域延伸。完善汽车行业服务体系，以品牌营销为主体，大力发展研发、采购、现代物流、汽车金融、信息服务和商务服务，实现服务业与制造业融合发展。

支持参与全球资源整合与经营。鼓励汽车企业"走出去"，把握时机开展跨国并购，在全球范围内优化资源配置，发展并完善全球生产和服务网络，提升国际化经营能力，增强国际竞争力。

（二）钢铁行业。到2015年,前10家钢铁企业集团产业集中度达到60%左右,形成3 — 5家具有核心竞争力和较强国际影响力的企业集团,6 — 7家具有较强区域市场竞争力的企业集团。

重点支持大型钢铁企业集团开展跨地区、跨所有制兼并重组。积极支持区域优势钢铁企业兼并重组。大幅减少企业数量，提高钢铁产业集中度。支持重组后的钢铁企业开展技术改造、淘汰落后产能、优化区域布局，提高市场竞争力。鼓励钢铁企业参与国外钢铁企业的兼并重组。

鼓励钢铁企业延伸产业链。重点支持钢铁企业参与国内现有矿山资源、焦化企业的整合，鼓励钢铁企业重组符合环保要求的国内废钢加工配送企业。

（三）水泥行业。到2015年，前10家水泥企业产业集中度达到35%，形成3—4家熟料产能1亿吨以上，矿山、骨料、商品混凝土、水泥基材料制品等产业链完整，核心竞争力和国际影响力强的建材企业集团。

重点支持优势骨干水泥企业开展跨地区、跨所有制兼并重组。坚持集约化发展的原则，鼓励企业通过合并、股权收购、资产收购、资产置换、债务重组等多种方式，实施强强联合、兼并改造困难企业和中小企业，实现产能合理布局。

鼓励水泥企业延伸产业链。鼓励水泥企业在做强做大主业的基础上兼并重组上下游关联企业，优化物流配送，整合发展预拌砂浆、商品混凝土及建筑预制构件产业。鼓励具有科技研发优势的建材企业集团，以并购、产业联盟等多种方式整合资源，融合咨询、测试、科研、技术开发、工程设计、安装调试、工程承包等业务，促进运营服务及生产一体化发展。

支持重组企业整合内部资源，走以内涵为主的发展之路。鼓励将企业兼并重组与改组、改制、技术改造、加强管理相结合。鼓励企业创新商业模式，发展电子商务。

（四）船舶行业。到2015年，前10家造船企业造船完工量占全国总量的70%以上，进入世界造船前10强企业超过5家。形成5—6个具有国际影响力的海洋工程装备总承包商和一批专业化分包商。形成若干具有较强国际竞争力的品牌修船企业。

积极推进以大型骨干造船企业为龙头的跨地区、跨行业、跨所有制的兼并重组，优化资源配置，发展拥有国际竞争力的企业集团，提高产业集中度。促进优势企业通过兼并重组等方式扩大高端产品制造能力。鼓励上下游企业组成战略联盟，进行产业链整合。推进骨干企业开展境外并购。鼓励中小型造船企业面向细分市场实施差异化竞争，向"专、精、特、新"的方向发展，在优势领域形成特色和品牌。引导船用低中速柴油机和甲板机械等配套企业以资本、产品为纽带，加大专业化重组力度。

（五）电解铝行业。到2015年，形成若干家具有核心竞争力和国际影响力的电解铝企业集团，前10家企业的冶炼产量占全国的比例达到90%。支持具有经济、技术和管理优势的企业兼并重组落后企业，支持开展跨地区、跨行业、跨所有制兼并重组。鼓励优势企业强强联合，积极推进上下游企业联合重组，鼓励"煤（水）—电—铝"及"矿山—冶炼—加工—应用"一体化经营，实现规模化、集约化发展，培育3－5家具有较强国际竞争力的大型企业集团。

（六）稀土行业。贯彻落实《国务院关于促进稀土行业持续健康发展的若干意见》（国发〔2011〕12号）有关要求，支持大企业以资本为纽带，通过联合、兼并、重组等方式，大力推进资源整合，大幅度减少稀土开采和冶炼分离企业数量，提高产业集中度，基本形成以大型企业为主导的行业格局。

（七）电子信息行业。到2015年，形成5－8家销售收入过1000亿元的大型骨干企业，努力培育销售收入过5000亿元的大企业。以资本为纽带推进资源整合及产业融合，加快发展和形成一批掌握关键核心技术、创新能力突出、品牌知名度高、国际竞争力强的跨国大公司。

支持龙头骨干企业开展并购，大力推动产业链整合，提高产业链管理及运作水平，强化产业链整体竞争力。积极推进制造业向服务延伸，推动产品制造与软件和信息服务融合、制造业与运营业融合，大量催生新产品、新业态，鼓励引导商业模式创新。引导并加快产业链垂直整合进程，促进资源优化重组。

（八）医药行业。到2015年，前100家企业的销售收入占全行业的50%以上，基本药物主要品种销量前20家企业所占市场份额达到80%，实现基本药物生产的规模化和集约化。鼓励研发和生产、原料药和制剂、中药材和中成药企业之间的上下游整合，完善产业链，提高资源配置效率。鼓励同类产品企业强强联合、优势企业兼并其他企业，促进资源向优势企业集中，实现规模化、集约化经营，提高产业集中度。培育形成一批具有国际竞争力和对行业发展有较强带动作用的大型企业集团。

（九）农业产业化龙头企业。贯彻落实《国务院关于支持农业产业化龙头企业发展的意见》（国发〔2012〕10号），支持农业产业化龙头企业通过兼并重组、收购、控股等方式，组建大型企业集团。培育壮大龙头企业，打造一批自主创新能力强、加工水平高、处于行业领先地位的大型龙头企业。引导龙头企业向优势产区集中，形成一批相互配套、功能互补、联系紧密的龙头企业集群，培育壮大区域主导产业，增强区域经济发展实力。

三、积极引导企业稳妥开展兼并重组

（一）科学制定方案。引导企业根据自身发展战略规划，按照国家产业政策要求，确定兼并重组目标企业。选择目标企业要有利于实现资源的优势互补，有利于最大限度地发挥资源的协同效应。结合宏观经济状况和行业、企业情况，做好尽职调查，认真调研、反复讨论，科学制定兼并重组方案。

（二）加强风险防控。企业要有步骤有计划地实施兼并重组，深入研究兼并重组中可能出现的矛盾和问题，高度重视企业兼并重组中面临的市场、财务、职工安置等方面的风险，以及跨国并购中的风险。加强风险管理，识别风险因素，评估风险强度，妥善制定相应的应对预案和措施，构建完善的风险管理体系。

（三）加强重组后整合。企业要高度重视重组后各种要素资源的整合，加强人员、文化、管理的融合。以兼并重组为契机，深化管理体制改革，积极开展公司制、股份制改造，进一步完善公司治理结构。结合实际，在人事、财务、采购、销售、生产、研发等环节开展业务流程再造，优化土地、资金、技术、人才等生产要素配置，创新管理模式，实现优势互补、深度融合。

（四）加强组织协调。各地区要根据实际建立企业兼并重组工作协调机制，加强对企业兼并重组的组织领导，统筹协调本地区企业兼并重组工作。各地工业和信息化主管部门要发挥牵头作用，加强与发展改革、财政、人力资源社会保障、国土资源、商务、人民银行、国资、税务、工商、银监、证监等部门的配合，协调解决兼并重组企业面临的实际问题，积极推动本地区企业兼并重组。充分发挥协调机制作用，深入调查研究，努力解决企业兼并重组中的问题，及时反映需要国家有关部门协调解决的问题。工业和信息化部将会同相关部门，积极协调解决各地反映的问题。各地区可根据实际，选择本地区优先支持的企业兼并重组重点行业，研究出台具体的支持政策。

（五）落实政策措施。各地区要认真贯彻落实《国务院关于促进企业兼并重组的意见》，以及在财政、税收、金融服务、债权债务、职工安置、土地、矿产资源配置等方面促进企业兼并重组的政策措施，支持企业开展兼并重组。各地工业和信息化、发展改革、财政、人力资源社会保障、国土资源、商务、国资、工商等部门要结合本地区实际，研究出台促进企业兼并重组的具体措施，优先支持兼并重组企业开展技术改造，鼓励企业加强和创新管理，提升企业综合竞争力。对通过兼并重组淘汰落后产能的企业，中央财政淘汰落后产能奖励资金给予重点

支持，加大奖励力度。

（六）营造良好环境。坚持市场化运作，充分尊重企业意愿，充分调动企业积极性，引导和激励企业自愿自主开展兼并重组。认真清理、修订、废止各种不利于企业兼并重组的政策、规定和做法，尤其要坚决取消各地自行出台的限制外地企业对本地区企业实施兼并重组的规定。积极探索跨地区企业兼并重组地区间利益共享机制。在不违背国家有关政策规定的前提下，地区间可根据企业资产规模和盈利能力，签订企业兼并重组后的财税利益分成协议，妥善解决企业兼并重组后增加值等统计数据的归属问题，实现企业兼并重组成果共享。

（七）做好管理服务。各地区有关部门要督促企业严格执行兼并重组的有关法律法规和国家产业政策，规范操作程序，加强信息披露，防控内幕交易，防范道德风险。鼓励外资以参股、并购等方式参与国内企业改组改造和兼并重组，加强外资并购境内企业安全审查，维护国家安全。对达到经营者集中法定申报标准的企业兼并重组，要依法进行经营者集中反垄断审查。各地区要加强对企业兼并重组的指导服务，研究制定推动本地区企业兼并重组实施意见，把兼并重组与企业改制、管理创新、技术改造、淘汰落后等结合起来。拓宽企业兼并重组信息交流渠道，建立促进企业兼并重组的公共服务平台。推动企业兼并重组中介服务专业化、规范化发展，重点引进和培养熟悉企业并购业务，特别是跨国并购业务的专门人才，积极为企业提供市场信息、战略咨询、法律顾问、财务顾问、土地估价、资产评估、产权交易、融资中介、独立审计和企业管理等中介服务。认真做好典型经验的总结推广工作，加强宣传引导。

2013年食品工业企业诚信体系建设工作实施方案

一、工作目标

加强工作督促指导和业务培训，推动企业建立并运行诚信管理体系；完善评价工作规则，规范诚信管理体系评价工作；组织编写重点食品行业诚信管理体系实施指南；支持地方、行业诚信信息平台建设；开展诚信建设专题宣传。

二、工作任务

（一）健全诚信制度建设

进一步修订完善《食品工业企业诚信管理体系评价工作规则（试行）》；组织编写冷冻食品、白酒等食品重点行业诚信管理体系实施指南；组织研究《食品工业企业诚信管理体系（CMS）建立与实施通用要求》（QB/T4111-2010）修订工作。

（二）开展诚信培训评价

指导5000家以上食品工业企业建立并运行诚信管理体系；组织行业、地方完成对12000人次的培训，开展对22家委托评价机构的评价人员专业培训；推动开展食品企业诚信管理体系评价工作，争取150—200家企业通过评价。

（三）完善诚信平台建设

进一步完善国家食品工业企业诚信信息公共服务平台；继续支持地方和行业诚信信息公共服务平台建设，实施信息联系员制度，推动实现地方平台与国家平台互联互通，促进国家平台与相关部门平台相互采信、共享资源。

（四）扩大诚信宣传交流

积极营造诚信建设的舆论氛围，加强地区间、行业间、企业间交流，开展诚信建设专题宣传；分片召开部分省（区、市）诚信体系建设座谈会，总结交流各地及企业好的做法和经验。

（五）加强工作督促指导

加强对各地工业和信息化主管部门、行业协会工作指导，督促建立健全推进诚信建设工作协调机制；建立食品工业企业诚信体系建设工作督查制度；加强对委托评价机构的监督检查，定期对评价工作开展抽查考核。

三、工作要求

（一）全面落实工作责任。各地工业和信息化主管部门及相关单位要进一步加强组织领导，结合本通知要求和各地实际制定工作实施方案，明确分工、任务到人、责任到岗，督促并指导食品企业全面落实主体责任，实现企业全过程、全岗位的全覆盖。

（二）完善协调工作机制。各地工业和信息化主管部门及相关单位要加快推进建立政府、行业组织和企业的良性互动、协调合作机制，按照分工定位，有效整合各方面的优势和力量，为诚信体系建设工作的深入开展提供有力保障和支持。

（三）加强诚信信息共享。各地工业和信息化主管部门及相关单位要进一步利用好国家食品工业企业诚信信息公共服务平台的信息服务功能，加快推进建立本地区诚信信息公共服务平台建设，并实现诚信信息资源管理的共建共享、互联互通。

（四）加大诚信宣传教育。各地工业和信息化主管部门及相关单位要采取各种宣传方式和具体措施，努力营造食品行业"以讲诚信为荣，不讲诚信为耻"的诚信建设氛围。加快研究实施守信激励和失信惩戒措施，配合相关部门建立违法违规企业"黑名单"制度，完善市场退出机制。

提高乳粉质量水平 提振社会消费信心行动方案

一、工作目标

着眼当前，通过加强清理整顿和正面宣传，营造有利于婴幼儿配方乳粉安全生产的环境氛围。夯实基础，通过推动企业技术改造和质量保障体系建设，持续提高质量安全保障水平，年内实现社会公众对国产婴幼儿配方乳粉的消费信心明显增强；立足长效，通过严格行业准入和加快产业调整，全面推动行业结构转型和升级。

二、主要任务

（一）督促企业强化管理

组织开展为期三个月（6月1日至8月31日）的婴幼儿配方乳粉企业质量安全专项检查。重点要求企业强化内部食品安全管理，配备专职食品安全管理人员，严格落实原料与产品进货查验、出厂检验、索证索票、购销台账记录、标签标识、企业食品安全事故报告、产品召回等各项管理制度，健全和落实质量安全管理体系。加强诚信体系建设，尽快对所有婴幼儿配方乳粉企业诚信管理建设工作的实施情况再次展开审核评价，确保企业100%建立并运行诚信管理体系。组织婴幼儿配方乳粉生产企业开展诚信自律活动，在电视、报刊、网络等媒体上向社会公开承诺保证产品质量安全。在国家食品工业企业诚信信息公共服务平台上公布生产企业相关信息及负责人办公电话，鼓励社会公众监督婴幼儿配方乳粉产品安全。

（二）强化行业准入管理

进一步规范婴幼儿配方乳粉行业投资行为，严格按照准入条件要求核准新建和改（扩）建项目；在2013年年内开展婴幼儿配方乳粉企业（项目）再审核清理工作，淘汰一批不符合国家产业政策和质量安全保障条件不达标的企业（项目）。

（三）推进产业结构调整

落实《食品工业"十二五"发展规划》，联合制定发布《全国奶业发展规划》，引导婴幼儿配方乳粉优势企业实施强强联合、兼并重组，提高产业集中度；完善自主创新机制，加强婴幼儿配方乳粉生产工艺、重大共性关键技术研究，鼓励企业加强研发和创新投入，实现产品差异化，避免恶性低价竞争；加快淘汰落后产能，健全产业退出机制。

（四）推动企业技术改造

结合年度技改项目安排，将婴幼儿配方乳粉生产企业的产品质量控制、监测与检测、安全卫生、质量可追溯体系建设等作为提升质量保障能力的重要内容。按照国务院统一部署和工作要求，积极推进婴幼儿配方乳粉生产企业加快食品安全信息化建设，运用物联网技术建立产品质量可追溯体系。鼓励企业延伸产业链，加强源头控制，支持企业发展自有（或自控）奶源基地，对重点企业和重点项目给予专项资金支持。

（五）完善标准体系建设

加快制（修）订和完善婴幼儿配方乳粉行业的基础标准、产品标准、方法标准、管理标准、检测标准等，从生产环节严格执行各项标准，提升标准的通用性、科学性和实用性；会同相关部门健全标准评审程序和制度，增强标准制定的透明度，并与国外通行或先进检测标准做合理对比。

（六）加强舆论宣传引导

从2013年5月份开始，组织开展"食品安全深度行"公众开放日活动，组织消费者、各新闻媒体到婴幼儿配方乳粉企业实地参观，现场跟踪了解国产乳粉产品质量的真实情况，有效防止虚假信息的传播和炒作；6月中旬，在食品安全宣传周期间，开展国产乳制品质量安全专题宣传活动，普及科学消费知识，以"质量、安全与责任"为主题，通报政府、行业、企业在确保产品质量、维护消费者利益等方面采取的措施及取得的成效；通过行业协会加大食品安全法律法规和科学知识的普及力度，加强对从业人员职业道德教育和专业知识培训。

关于促进太阳能热水器行业健康发展的指导意见

一、加快太阳能热水器行业健康发展的重要意义

我国太阳能热水器行业已经形成机械装备、原材料加工、太阳能集热管、集热器等核心零配件、热水器整机装配与生产、市场营销、安装服务等相互配套的产业链，并形成了以一些重点区域为中心的太阳能热水器产业集群，涌现出多家品牌企业。近几年，太阳能热水器行业快速增长，据统计，2012年太阳能热水器产量约4968万平米（2484万台），实现销售收入400多亿，全行业提供就业机会30多万个，以2012年全国太阳能热水器保有量2亿平方米测算，每年可节能3000万吨标准煤，减少二氧化碳排放7470万吨，具有良好的经济效益、社会效益和环境效益。

太阳能热水器行业在快速发展的同时，也面临着一些突出问题。企业研发投入不足，产品结构单一、同质化严重；生产设备自动化程度低，产品加工精细化程度不高；标准体系不完善，造成产品质量良莠不齐；售后服务体系不健全，市场拓展难度加大；产业集中度低，企业发展水平差异较大。切实解决当前问题，有利于全面提高太阳能热水器产品质量水平，促进行业健康可持续发展；有利于推动太阳能热水器与建筑更好的融合，扩大太阳能热水器的使用范围；有利于引导低碳、环保的消费理念和生活方式，推动全社会节能减排；有利于进一步完善太阳能热水器的产业体系，培育消费品工业新的增长点。

二、指导思想、基本原则和主要目标

（一）指导思想

以科学发展观为指导，全面贯彻落实《国民经济和社会发展第十二个五年规划纲要》和《轻工业"十二五"发展规划》，以推动行业转型升级和实现节能减

排为目标，以科技创新为支撑，提高装备制造水平和产品研发制造能力，提升产品性能，优化产品结构，进一步完善标准，健全售后服务体系，积极开拓市场，更好满足多层次消费需求，推动资源节约型、环境友好型社会建设。

（二）基本原则

坚持自主创新和技术进步。加快产业核心技术研发和产业化，推动技术装备水平整体提升，进一步增强行业在国际市场的竞争优势。

坚持市场化与政策引导相结合。深入结合市场需求，充分发挥政策引导作用，提高产品的舒适性，促进太阳能热利用与建筑一体化发展。

坚持质量为本。保障产品使用安全，完善标准体系、加强市场监管、提升装备水平，稳步提升太阳能热水器产品的质量水平。

坚持节能环保发展理念。大力推广节能环保设计和制造技术，减少生产过程中能源、资源的消耗和环境污染，有效发挥太阳能热利用节能、环保、经济实用等特点。

（三）主要目标

提高行业集中度，到2015年，培育3家年产销量在500万平方米（250万台）以上的龙头企业，培育5家以上年产销量达200万平方米（100万台）以上的企业，行业排名前10家企业占到行业总产销量的45%以上，逐步提高龙头骨干企业的品牌影响力；健全标准体系，制定并实施涉及安全、可靠性以及安装方面的标准（储水箱、支架以及安装的行业标准），提高标准的针对性和权威性；加强太阳能热水器产品在城镇市场的推广应用，优先推广高效太阳能热水器产品，太阳能热水器在整个热水器行业（包括电热水器、燃气热水器、太阳能热水器）的比重超过40%，能效等级二级以上的产品市场占有率达到50%；加强专业培训，提高安装服务水平，完善售后服务体系。

三、主要任务

（一）提升技术与装备水平

大力研发和应用自动控制技术、二次循环技术、平板太阳能集热技术以及相变蓄热等新材料技术，提升产品技术含量；提高设计和生产过程中的信息化、自动化程度，推广行业先进的制造技术；提高产品减量化、可再利用和回收的节能环保设计水平，积极开展环保发泡技术的应用和替代，进一步提升产品的能源、资源利用效率；以太阳能低温利用为基础，大力研究开发中高温利用技术，拓宽太阳能热利用领域；着力提升集热管、仪表、水箱等关键零部件和模具的制造技术水平和配套能力；鼓励企业进行生产装备的改造升级，提高制造工艺装备的机械化、自动化程度。

（二）推动产品结构调整

提升非承压产品的品质，提高产品使用的舒适性、便捷性及安全性；注重附加值更高的承压性产品的开发，提高承压型产品的生产、销售比重；根据不同市场需求，调整真空管式太阳能热水器和平板太阳能热水器的产品结构；顺应太阳能热水器与建筑一体化的发展趋势，大力开发能够与建筑充分结合并实现整体外观和谐统一的产品；提高电辅助加热太阳能热水器的安全性和能效水平，加大以燃气、热泵等为辅助能源产品的开发力度，保障太阳能热水器的全天候使用；进一步扩大太阳能中高温技术在工业领域的热能应用，为工业企业节能减排提供有效途径，同时促进太阳能热水器企业的转型升级。

（三）加大市场拓展力度

根据各地太阳能资源的不同条件和居民生活习惯，因地制宜推广产品，加大太阳能资源丰富地区的市场拓展力度；继续巩固农村市场，实施差异化竞争策略，满足不同层次消费需求，引导农村消费者进行产品升级换代；加强节能环保消费理念引导和产品的宣传推广，结合城镇建设规划及节能减排要求，提高太阳能热水器与建筑一体化程度，培育多元化城市市场，培育和建设城市市场销售渠道；积极开拓海外出口市场，与国际太阳能市场接轨，并适时在国外建立生产基地。

（四）健全售后服务体系

制定安装售后服务的行业标准，推动常用零部件的标准化，有效规范售后服务；规范太阳能热水器安装资质要求，加强安装服务人员培训，提高服务人员素质，保障安装质量；完善市场配套能力，进一步优化企业售后服务网点的布局，增强市场反应能力；建立健全涵盖售前、售中和售后过程的服务体系，加强农村售后服务网络建设，培育壮大第三方的售后服务网络，提升售后服务整体水平。

（五）加强质量品牌建设

强化企业质量主体责任，推广先进质量管理方法和国际质量体系认证，推动企业建立健全从技术创新、产品研发、生产制造、储运销售、技术服务等全员、全过程、全方位的企业质量管理体系；严格执行产品质量标准，进一步提高产品的可靠性、稳定性和高端产品加工的精细化程度；加强质量管理基础能力建设，健全产品质量检测能力，提升行业产品质量控制和技术服务水平，引导企业加强过程控制，增强行业质量基础保障能力；推广品牌培育方法，带动企业提高品牌培育意识。

（六）注重优化产业布局

结合推动太阳能热水器行业优化升级目标，发挥山东、江苏、浙江、北京等现有产业集中地区比较优势，注重生产布局与市场需求的协调统一，统筹规划产业布局，推动产业有序转移；进一步提升现有产业基础较好地区太阳能热水器行业发展水平，以骨干企业为龙头，完善太阳能热水器配套产业链，充分发挥产业集群在规模效应、上下游配套和人才集聚上的优势；支持龙头企业在区域间按照产业链的不同环节进行分工布局，到市场需求稳定及日照条件充足的地区建立生产基地，促进东中西部地区产业协调发展，形成特色鲜明、分工协作、优势互补、共同发展的产业布局。

（七）积极履行社会责任

增强企业社会责任意识，引导并督促企业遵守法律法规和社会公德、商业道德，加强行业自律；推进诚信体系建设，保持产品与品牌承诺及宣传的一致性，提高违约成本，形成良好的社会信任环境；切实维护职工合法权益，建立和健全劳动保护措施，为职工提供安全、健康、卫生的工作条件和生活环境；遵守有关环境保护和循环经济的法律、法规，为创建资源节约型和环境友好型社会做出贡献；积极开展社会公益活动，实现企业发展与社会进步的和谐统一，树立太阳能热水器行业良好的整体形象。

四、促进措施

（一）大力推广太阳能热水器应用

继续贯彻国家扩大消费需求的相关政策，落实好《关于印发〈节能产品惠民工程高效节能家用热水器推广实施细则〉的通知》，引导行业产品结构调整和产业转型升级；鼓励太阳能热水器企业参与政府采购活动；加强政策引导，落实《国家重点节能技术推广目录》和《国家鼓励发展的环保产业设备（产品）目录》，扩大太阳能热水器的应用范围；充分利用可再生能源发展专项资金，对各地推广太阳能热水系统及产品给予支持，并纳入"太阳能屋顶计划"统一管理，对纳入示范的城市，由中央财政予以专项补助；鼓励有条件的省（区、市、兵团）通过出台地方法规、政府规章等方式，对适合本地区资源条件及建筑利用条件的太阳能技术进行推广；在资源、建筑等条件具备的情况下，推动保障型住房、国家机关优先使用太阳能热水系统，充分发挥示范带动作用。

（二）推动技术创新和技术改造

建立健全以企业为主体，以市场为导向，产学研用相结合的产业创新体系，充分利用加快自主创新的相关政策和中央财政安排的可再生能源建筑应用专项资金，引导企业加大核心技术的自主创新力度，支持具有知识产权、技术示范和推广效应显著、市场发展前景良好的技术成果产业化；鼓励具备较强研发能力和核心部件生产能力的太阳能热水器生产企业申请国家级、省级高新技术企业和国家技术创新示范企业；充分发挥中小企业发展专项资金等财政资金的引导作用，支持符合条件的太阳能热水器行业技术创新、研发设计和检验检测等公共服务平台建设；利用产业振兴和技术改造专项资金，引导企业加大对装备更新、质量提升、品种优化、节能减排等项目的技术改造力度，提升太阳能热水器生产企业的技术装备水平，鼓励装备企业和用户联合开发重大技术装备，鼓励技术服务机构提升产品质量控制和技术评价能力。

（三）加强标准化建设

从机构完善、人员培训等方面加强标准化基础能力建设，有序开展标准化工作；逐步形成内容全面、结构合理、技术先进的行业标准体系，强化有助于提升产品质量和可靠性的条款内容；推动产品安全标准和安装标准制订，在条件成熟时，促进整机产品纳入国家"CCC"认证管理目录；进一步完善基础通用、关键零部件等方面标准，及时修订现有行业标准，研究制定工程安装标准，补充和调整与现实需求发展有关的内容；加大对现有标准的宣贯培训、贯彻实施和监督力度，指导和规范企业的生产、经营和服务；引导企业逐步建立和完善企业标准体系，形成标准化的生产模式、管理模式和服务模式，逐步提高企业生产与管理的科学化和规范化水平；加强国际交流与合作，支持企业积极参与各项国际标准的制定工作，推动标准的国际化进程。

（四）积极营造有利于行业健康发展的环境

加强和完善市场监管，把太阳能热水器列入产品质量国家监督专项抽查范围，加大对假冒伪劣太阳能热水器生产、销售企业的查处力度，切实维护企业的合法权益，创建健康有序的市场竞争环境；打破地方保护主义，促进市场机制的完善；严厉惩处侵犯知识产权和企业合法权益的行为，加大对企业商标、外观设计、发明专利等知识产权的保护力度；充分发挥新闻媒体的舆论引导作用，加强节能环保消费理念引导，提高消费者对太阳能热水器产品的认知度；不断建立和完善品牌建设的激励机制，大力宣传品牌建设成就突出的企业，营造行业品牌建设的良好氛围。

（五）充分发挥行业组织的作用

充分发挥行业协会等中介组织了解行业、与行业关系密切的优势，加强行业自律、推动行业诚信体系和质量保障体系建设；通过建立行业自律机制，对扰乱公平竞争秩序、违背行业自律规则的企业通过劝诫、向会员通报等方式予以处理；建立行业重点零部件、终端产品产销数据月度统计体系，加大公共服务平台建设力度，努力提高服务能力；协助政府部门行使行业管理职能，及时反映企业的意见和建议，引导企业贯彻执行相关政策；加强行业的技术交流与合作，组织新产品鉴定和推广，推进技术创新和科学管理，积极组织开展国际交流合作和企业培训等活动。

五、组织实施

工业和信息化部加强与有关部门及相关单位的协调与配合，不断总结促进太阳能热水器行业健康发展中的经验和问题，确保本指导意见稳步实施。

各地工业和信息化主管部门要按照科学发展观的要求，把本指导意见的主要目标与本地区太阳能热水器行业发展目标有机结合起来，研究制定具体实施方案，加强调查研究，及时做好信息的搜集和反馈，切实做好组织和实施工作。

2013年食品安全重点工作安排

一、加强和改善食品工业行业管理

（一）组织实施发展规划。继续做好《食品工业"十二五"发展规划》和粮食加工业、马铃薯加工业、肉类工业、制糖工业以及葡萄酒行业发展规划的组织实施工作；细化规划的年度工作，跟踪了解规划实施进展及目标任务、政策措施落实情况，协调解决规划实施中的问题，组织开展规划中期评估工作。

（二）严格执行产业政策。继续严格执行乳制品工业产业政策，巩固审核清理工作成果，促进行业健康有序发展；认真落实《关于促进我国大豆产业健康发展的若干意见》，进一步落实浓缩果蔬汁（浆）和葡萄酒行业准入条件，促进加工能力与原料保障协调发展；继续开展淘汰落后产能工作，完成酒精、味精和柠檬酸行业淘汰落后目标任务。

（三）加强标准体系建设。按照"边清理、边完善"的工作原则，进一步清理和整合现行食品行业标准；加快制（修）订食品基础标准、产品标准、方法标准、管理标准等行业标准，进一步提升标准的通用性、科学性和实用性；参与国际标准追踪研究，配合做好食品安全国家标准制（修）订工作。

（四）推进产业结构调整。引导和推动优势企业实施强强联合、跨地区兼并重组，提高产业集中度；继续推动食品工业成为资源优势明显的中西部地区的重点支柱产业，促进食品工业集群集聚发展和新型工业化示范基地建设；加快实施创新驱动发展战略，鼓励企业加强研发和创新投入，实行产品差异化，避免恶性低价竞争。

（五）促进企业技术改造。加强食品安全检（监）测能力建设，安排技术改造资金，支持食品企业质量与安全检验检测仪器及环境监测技术改造、食品企业质量安全可追溯体系建设和检测技术示范中心建设；支持中西部地区清真食品、砖茶等特色产业升级和技术改造；支持米面制品、豆制品、肉制品、水产制品等食品货架期延长技术、工艺流程标准化等技术应用和升级改造；组织开展技术改造项目实施效果评价工作。

（六）提升安全保障能力。建设一批食品企业质量安全检测技术示范中心，指导一批食品企业提升质量安全检测能力，培训一批中小食品企业的质量检测队伍；加快食品安全信息化建设，支持婴幼儿配方乳粉、酒类生产企业运用物联网技术建立产品质量可追溯体系；在白酒、乳制品、食用油等行业采取调整生产工艺设备，推动实施以钢代塑、更换产品包装材料等措施，提升企业质量安全保障水平；加强对乳制品行业发展的指导帮扶，组织实施提高国产乳品质量、提振国内消费信心行动计划（"双提"行动），全面推动行业持续健康发展。

（七）督促企业强化管理。督促企业强化内部食品安全管理，设置食品安全管理机构，明确分管责任人，健全质量安全管理体系；严格落实原料与产品进货查验、出厂检验、索证索票、购销台账记录及企业食品安全事故报告等各项管理制度；保持食品安全能力建设资金投入，加强法制和专业技能培训，落实质量安全保障条件。

二、全面推进诚信管理体系建设

（一）加强工作督促指导。继续加强对行业组织和食品企业工作的指导，加快推进规模以上乳制品、肉类食品等食品行业企业建立并运行诚信管理体系；有序推进企业诚信管理体系评价工作；加强企业社会责任建设，鼓励企业发布社会责任报告。

（二）完善诚信制度建设。进一步完善评价工作规则，规范诚信体系评价工作，加强对委托评价机构的业务指导和督促检查；配合相关部门建立实施"黑名单"制度，公告一批严重失信食品企业名单；支持地方和行业诚信信息公共服务平台建设，促进诚信信息互联互通。

（三）组织专题业务培训。继续组织编写冷冻食品、白酒等食品重点行业诚信管理体系建立及实施指南手册。加强对诚信管理体系标准的宣贯和评价人员培训，组织完成对12000人次/年的培训工作；组织开展对22家诚信管理体系评价机构的评价人员年度专业培训。

（四）开展工作经验交流。加强地区间、行业间、企业间诚信建设交流，总结推广工作中的好做法和可行经验，营造诚信建设的舆论影响和示范引导的氛围。

三、配合开展食品安全专项整治

（一）深化综合治理工作。继续配合开展乳制品、酒类、肉类、调味品、食品包装材料等综合治理；指导和督促企业完善食品标签标识规定，着力解决食品标签标识不规范问题，严禁标签不合格产品出厂、上市；配合开展食品安全风险隐患大排查大治理专项执法行动，全面排查食品可能受到邻苯二甲酸脂类物质污染问题；配合做好餐厨废弃物资源化利用和无害化处理试点工作。

（二）继续开展专项整治。全面加强对农药生产经营监管力度，依法查处违法违规生产经营单位；配合做好打击违法添加非食用物质和滥用食品添加剂专项整治，重点排查列入《食品中可能违法添加的非食用物质和易滥用的食品添加剂名单》的物质；配合做好打击"地沟油"、"私屠滥宰"违法犯罪等工作。

四、继续加强食品安全宣传教育

（一）开展宣传教育活动。在食品行业继续深入开展"讲诚信、保质量、树新风"活动，牢固树立"企业诚实守信，产品质量第一，生产者对消费者负责"的行业新风；组织搞好 2013 年食品安全宣传周等重大宣传活动，提高社会公众的食品安全意识、认知水平和应对风险能力；广泛普及食品安全法律法规和科学知识，加强对从业人员职业道德教育，提高从业人员素质；继续配合做好互联网信息内容管理，禁止传播和炒作虚假信息的行为。

（二）发挥行业自律作用。督促行业组织建立健全各项自律性管理制度，制订并组织实施行业职业道德准则，完善行业自律性管理约束机制；充分发挥行业组织在参与食品安全法律法规、政策、标准的制定、宣传教育以及在行业贯彻落实等方面的作用，指导帮助企业牢固树立"质量第一、安全为先"的发展理念，推广先进质量管理方法，促进管理创新，全面提升行业诚信自律水平。

五、加强组织领导和督促检查

（一）加强工作组织领导。各地工业和信息化主管部门要切实加强组织领导，牢固树立产业"安全为先"，以发展促安全、以安全保发展的理念，不断提高思想认识，增强使命感、紧迫感，始终把保障食品安全作为食品行业管理的重要基础工作，扎实抓好落实，努力完成全年保安全、促发展的各项任务。

（二）精心组织贯彻实施。各地工业和信息化主管部门要按照工作安排的要求，结合本地实际制订具体实施方案，明确完成时限和考核指标，做到目标明确，措施到位、责任到位，落实到位；要加强与相关部门的工作协调，密切协作、上下联动、齐抓共管、形成合力。

（三）加强工作督促检查。各地工业和信息化主管部门要切实改进工作作风，进一步完善食品安全绩效评价工作，逐级健全督查考核制度；要认真自查工作进度，做好工作总结。

2013年度中药材生产扶持项目申报指南

一、重点支持范围

2013年度中药材扶持资金重点支持的范围包括：

（一）中药材规范化规模化产业化生产基地

围绕关系全民健康的中药大品种（含中药饮片）和民族药特色品种，特别是中药基本药物和创新药的支撑性原料药材的保障，扶持一批常用大宗和濒危稀缺中药材品种的规范化、规模化和产业化生产基地；在药材主产区择优扶持优质药材规范化采收、规模化加工、产品质量控制综合性生产加工基地。

（二）名贵中药材产业化生产基地

对于资源稀缺、价格昂贵、野变家技术有基础但尚未有效建立人工繁育基地的名贵中药材，例如穿山甲、羚羊角、冬虫夏草、霍山石斛、重楼、川贝母等，通过实施名贵中药材产业化项目，加快良种扩大繁育基地建设，解决资源严重短缺传统名贵中成药生产难以为继问题，为传承发展经典名方中药创造条件。

（三）滚动支持项目

为鼓励项目单位真正用好扶持资金，使项目取得预期成效，将在进一步加大对重点建设项目的扶持力度的同时，根据年度资金计划和绩效考核情况，统筹安排资金对部分优秀项目予以滚动支持。

二、项目申报主体基本要求

项目申报主体须符合以下各项条件：

1.具有独立法人资格的医药企业、药材专业种植养殖企业；

2.具有健全的财务核算与管理体系，运行管理规范；

3.具备项目实施所需的各种设施、设备、技术和人员，自有资金必须落实到位；

4.项目负责人原则上为单位法人代表，或具有独立承担项目实施能力并得到授权的人员。

三、项目申报要求

（一）申报主体要求

中药材生产基地建设项目申报主体应是中药骨干企业和大型中药材专业种植（养殖）企业。鼓励中药百强企业（含中药饮片企业），特别是具有创新中药品种的生产企业申报主要原料药材生产基地建设项目，或百强企业之间一家牵头多家联合，共建同品种药材生产基地。优质药材规范化采收、规模化加工示范基地建设项目申报主体应是专业从事中药材采收、加工的生产企业。优质药材质量控制示范基地建设项目申报主体应是长期从事中药质量标准研究和技术服务、仪器设备精良、技术队伍强大的科研单位和大专院校。

（二）品种及选址要求

依据《医药工业"十二五"发展规划》，2013 年选定 33 个中药材品种予以扶持（具体品种及其区域布局详见附 1）。

（三）建设要求

1. 目标。原则上每个中药材生产基地项目应确保新增建设面积达到该品种全省（区、市）总面积的 10% 以上，或可提高该药材供应量 10% 以上，且生产的药材质量达到或高于国家规定的相关标准。采收、加工综合基地建成后，能为区域提供良好的采收、加工技术服务和人员培训。质量控制示范基地建成后，能为全国中药材生产基地提供质量检测技术服务和人员培训。

2. 内容。药材基地建设分为原址扩建、择址新建两种类型。建设内容包括：生产设施改造、必须的生产工具及生产资料配备、药材的种植或养殖、生产加工与包装等。应明确建设基地的生产规模，拟定有针对性、可实际操作的规范化生产技术规程。建设地点必须明确到具体场地。采收加工和质量控制示范基地建设内容包括硬件建设和软件建设。硬件包括设施改造、仪器设备的配备；软件包括技术服务机制、服务队伍建设，同时形成药材基地和服务基地互动反馈机制。应明确能够为全国或区域提供药材采收加工或质量检测技术服务的具体内容。

3. 组织形式。中药材生产基地建设项目应有明确可行的生产组织模式，如"公司＋基地"、"公司＋农户"、"公司＋生产合作社＋农户"等。

4. 建设期。一般为 2 年，原则上不超过 3 年。

（四）资金使用要求

申报的基地建设项目资金应按以下科目选择列支。

1.土地费：用于土地租赁、农户土地补助等。

2.种源费：用于购买基地建设所需的种源。

3.农业生产资料费：用于基地土壤改良、生产过程、药材加工过程的消耗性生产资料。

4.设备费：用于药材生产或种源繁育过程中需要新购置的生产设备或升级改造。

5.农田基础设施建设费：用于种植农田或养殖场地基础设施的新建或改造。

6.初加工设施建设费：用于基地所产药材的初加工，包括清洗、干燥、贮存等设施建设。

7.技术协作费：药材生产基地向外部技术单位购买技术服务的费用。

（五）技术支撑要求

申报药材生产基地建设项目原则上应有科研单位作为技术支撑或协作，应制订特点鲜明、可操作性强的规范化生产技术规程，作为项目资金申报材料的组成部分。

四、项目申报与审查程序

（一）项目申报单位应严格按照本指南要求，认真编制《中药材扶持项目建议书》，通过省级工业和信息化主管部门向工业和信息化部申报。

（二）省级工业和信息化主管部门负责组织专家，按照本指南要求对企业申请的项目进行初审，上报项目数量不超过2个。

（三）工业和信息化部会同财政部组织专家进行评审，编制下达年度扶持资金项目计划。

（四）滚动支持项目无需重新申报，由我部根据绩效评价结果，商财政部共同确定。

后 记

　　为全面展示过去一年国内外消费品工业的发展态势，深入剖析影响和制约我国消费品工业发展面临的突出问题，展望未来一年的发展形势，我们组织编写了《2013—2014年中国消费品工业发展蓝皮书》。

　　本书由杨拴昌担任主编，内容分工如下：闫逢柱负责书稿的整体框架设计，并撰写第一章、第十一章。第二章、第四章由姚霞负责撰写，第三章由代晓霞、符一男负责撰写，第五章、第六章、第七章、第八章由陈娟、代晓霞、侯明、李延东负责撰写，第九章由陈娟负责撰写，第十章由李向阳负责撰写，第十二章、第十三章、第十四章由路琨、侯明、蒋国策、苏勇、曹慧莉负责撰写，第十五章、第十六章由路琨、李向阳、陈娟、李延东负责撰写。

　　在本书的撰写过程中，得到了工业和信息化部消费品工业司王黎明司长、高延敏副司长、吴海东副司长、王伟副司长、高伏副巡视员、王小青处长、李宏处长、吕志坤处长、曹学军处长、郭翔处长、汪敏燕处长以及孙平调研员等诸位领导的悉心指导和无私帮助，在此表示诚挚的谢意。

　　本书是目前国内唯一聚焦消费品工业的蓝皮书。我们希望通过此书的出版，能为消费品工业的行业管理提供一定的指导和借鉴。囿于我们的研究水平，加之撰写仓促，书中一定存在不少疏漏和讹谬之处，恳请各位专家和读者批评指正。